Simone Rethel-Heesters

ALTERSLOS – GRENZENLOS

Porträts und Gespräche über das Leben

WESTEND

Mein Verleger hatte schon wieder eine Idee: »Wollen wir nicht zusammen ein zweites Buch machen? Dieses Mal lassen Sie Menschen zu Wort kommen, die beispielhaft sind für ein befriedigendes Altern?« Ich war begeistert. »Ja, dann will ich diese Menschen auch während ihrer Tätigkeiten fotografieren!« »Gut, machen Sie das.« – Das war vor sieben, acht Jahren. Mein Verleger war geduldig. Er wusste, ich versuchte gerade nach dem Tod meines Mannes in meinem Schauspielberuf wieder Fuß zu fassen. Er meldete sich immer wieder: »Na wollen wir endlich loslegen?« Er ließ nicht locker – inzwischen hatte ich wieder viel Theater gespielt. Dann, ein Anruf von ihm: »So, nun komme ich zu Ihnen nach Starnberg, und wir machen Nägel mit Köpfen.« Er hatte recht, jetzt war die Zeit da.

Warum? Weil mich schon lang der Gedanke beschäftigt, anderen die tiefsitzende Angst vorm Alter nehmen zu können – na ja, zumindest ein wenig! Meine These, die mich seit Jahren umtreibt, ist Folgende: Ich glaube, wir hätten sehr, sehr viel gesündere ältere Menschen, wenn sie sich nicht zur Ruhe setzen würden. Ruhestand hat meist zur Folge: Stillstand und dies ist ungesund für Geist, Seele und Körper. Leider hören wir in den Medien meist nur von den Schrecken des Alters. Aber das soll nicht mein Thema sein. Ich möchte Mut machen.

Also habe ich mich mit Kamerakoffer und Ton-anlage auf den Weg gemacht, um ältere, aber ebenso auch jüngere Menschen zu treffen, die aktiv am Leben teilnehmen und die Auffas-sung haben, sich die Neugierde aufs Leben zu erhalten, und das bis ins höchste Alter. Ich konnte mit großartigen Menschen lange Gespräche führen und sie in ihrem Umfeld fotografieren. All das hat sehr viel mehr Zeit, als vorher erwartet, in Anspruch genommen. Mein Verleger bewies Geduld …
Entstanden sind private, vertraute Gespräche, bewegende Erinnerungen, amüsante Anek-doten, aber auch Ansichten über große poli-tische und philosophische Fragen.
Die Fotografien waren für mich jedoch immer ein wichtiges Augenmerk.

Mein Fazit: Für manche ist es ein großes Glück, in die Zukunft zu blicken und noch aktiv sein zu können, für andere auch eine Selbstverständlichkeit, die eigene Alters-grenze einfach zu ignorieren. Aus diesen Erkenntnissen ist der Buchtitel geboren:

ALTERSLOS – GRENZENLOS

Die Menschen in meinem Buch können somit Wegweiser sein. Nicht indem sie uns den Weg vorgeben, sondern indem sie uns durch ihren Mut und ihre Zuversicht anregen, selbst unseren eigenen Weg zu gehen.
Meinen Gesprächspartnern möchte ich aus tiefstem Herzen danken, dass sie mir so viel Zeit geschenkt haben, mir Einblicke in ihre Lebensgeschichten erlaubt haben und meinem Verleger, weil er einfach nicht locker-gelassen hat – Gott sei Dank!

PS: Ach ja, noch ein wichtiger Hinweis:
Ich habe mich bemüht, die Gespräche in ihrer sprachlichen Originalform zu belassen, damit ihre Authentizität erhalten bleibt.

GERHARD KÄMPFE

Jahrgang 1949, Kulturmanager und Intendant, begann seine Karriere Anfang der 1970er-Jahre als Musikproduzent und Drehbuchautor für Bühne, Rundfunk und Fernsehen. Er engagiert sich besonders in der Berliner Musik- und Kulturszene und gründete das Festival »Classic Open Air« am Gendarmenmarkt. Kämpfe ist künstlerischer Leiter der »Pyronale« und Intendant der Jüdischen Kulturtage.

NICOLE HEESTERS

Jahrgang 1937, Schauspielerin, absolvierte ihre Ausbildung am Max Reinhardt Seminar in Wien und steht bis heute in bedeutenden Theaterproduktionen auf der Bühne. Sie wirkt seit den 50er-Jahren in deutschen Spielfilmen mit und stand in über 50 Film- und TV-Produktionen vor der Kamera. Für ihre herausragenden Leistungen wurde sie mit zahlreichen Ehrungen ausgezeichnet, unter anderem im Jahr 2014 mit dem Nestroy-Theaterpreis als »Beste Schauspielerin Österreichs« oder im Jahr 2020 mit dem deutschen Theaterpreis als »Beste Schauspielerin«.

PROF. DIETRICH GRÖNEMEYER

Jahrgang 1952, Mediziner, erlangte durch Publikationen und Medienpräsenz hohe Aufmerksamkeit für seine Idee der „liebevollen Medizin". Sein Ziel ist eine engere Zusammenarbeit der verschiedensten medizinischen Disziplinen und eine ganzheitliche Wahrnehmung von Körper, Seele und Geist.

WALTRAUT HAAS

Jahrgang 1927, Schauspielerin, steht seit 75 Jahren auf der Theaterbühne und zählt zu den beliebtesten Filmschauspielerinnen des deutschsprachigen Nachkriegsfilms. Die Wienerin drehte über 70 Kinofilme und trat als Sängerin in großen TV-Shows auf. Sie wurde als beliebteste »Rössl-Wirtin« und als »Mariandl« längst zur letzten großen Film- und Bühnenlegende Österreichs erkoren.

HERMAN KLAUKE

Jahrgang 1931, Tischler, geht als Handwerker nach wie vor mit großer Leidenschaft seiner Berufung nach und arbeitet in Starnberg in seiner eigenen Werkstatt. Nach dem Tod seiner Frau und seiner Tochter ist er seiner Betriebsamkeit unbeirrt treu geblieben und fertig liebevoll Möbelstücke an. Eine Aufgabe, die neben körperlicher Kraft Gedächtnis und Geschicklichkeit fordert.

DIETER HALLERVORDEN

Jahrgang 1935, Schauspieler, Kabarettist und Intendant, erlangte bereits zu Anfang seiner Karriere große Beliebtheit als Komiker und Kabarettist der Berliner Theaterszene und gehört längst zu den angesehensten Charakterdarstellern im deutschsprachigen Raum. Er arbeitete als Synchronsprecher bei großen Kinoproduktionen und agierte in zahlreichen humorvollen und satirischen Fernsehformaten. Hallervorden baute das Berliner Schlosspark-Theater wieder zu neuem Glanz auf, engagiert sich politisch und ehrenamtlich.

48

58

PROF. WOLFGANG M. HECKL

Jahrgang 1958, Biophysiker und Generaldirektor des Deutschen Museums München, erhielt für seine Arbeiten zur Strukturaufklärung der DNS-Basen und für das Schreiben eines atomaren Bits unter dem Titel »kleinstes Loch der Welt« einen Eintrag im Guinness-Buch der Rekorde. Er publizierte über 350 Artikel und ist seit 2004 Generaldirektor des Deutschen Museums in München.

66

LEON SPIERER

Jahrgang 1928, Musiker und Dirigent, war 30 Jahre erster Konzertmeister der Berliner Philharmoniker unter der Leitung von Herbert von Karajan und Lorin Maazel. Er war von 1958 bis 1963 der erste Konzertmeister des »Royal Stockholm Philharmonic Orchestra«. 1969 erhielt er den Preis der deutschen Musikkritiker für »Vielseitigkeit bei der Interpretation verschiedener Musikstile«.

GREGOR GYSI

Jahrgang 1948, Politiker und Rechtsanwalt, ist Mitglied des Deutschen Bundestages und war langjähriger Vorsitzender der Linksfraktion. Er ist eine der zentralen und prominentesten Persönlichkeiten der Partei »Die Linke« und wirkte prägend auf das politische Geschehen in der Bundespolitik seit der politischen Wende ein. Zu seinen politischen Erfolgen zählt die Transformation der vormaligen DDR-Staatspartei SED zur PDS. Gysi trug maßgeblich zur bundesweiten Etablierung der links von SPD und Bündnisgrünen positionierten Partei bei und arbeitet heute zudem wieder als Anwalt in Berlin.

74

WALTER EICHHORN

Jahrgang 1936, Pilot und Kunstflieger, wanderte in jungen Jahren nach Kanada aus und avancierte im Jahr 1963 vom Privat- zum Berufspiloten. Ab 1986 flog er fast 25 Jahre lang das berühmte deutsche Jagdflugzeug aus dem Zweiten Weltkrieg, die Messerschmitt Me 109. Rund 60 verschiedene Flugzeugmuster hat Eichhorn in seinem Flugbuch verzeichnet, von der Einmotorigen bis zum Jumbo-Jet.

82

JUTTA SPEIDEL

Jahrgang 1954, Schauspielerin und Autorin, erlangte aufgrund ihrer Mitwirkung in beliebten Unterhaltungsfilmen bereits in jungen Jahren große Bekanntheit und gehört zum festen Bestandteil der bedeutendsten deutschen Bühnen- und Fernsehschauspielerinnen. Sie gründete im Jahr 1977 die Initiative Horizont e. V., eine Schutzeinrichtung für Frauen und Kinder in München.

90

98

JÜRGEN WÖLFFER

Jahrgang 1936, Schauspieler, Regisseur und Theaterleiter, gehört der berühmten Berliner Theaterdynastie an, welche die »Komödie« und das »Theater am Kurfürstendamm« seit fast 90 Jahren leiten. Die Wölffer-Bühnen waren und sind der Inbegriff des Boulevard-»Star«-Theaters in Deutschland. Weitere Privattheater in Hamburg und Dresden gehören zum Unternehmen. Wölffers Tätigkeiten wechseln sich stets ab zwischen Regiearbeit und eigener Darstellkunst.

PROF. LUTZ JÄNCKE

Jahrgang 1957, Neuropsychologe und Neurowissenschaftler, beschäftigt sich vorwiegend mit der funktionellen Plastizität des menschlichen Gehirns und hat dazu 400 Originalarbeiten publiziert. Zur Erforschung der kognitiven und neurowissenschaftlichen Grundlagen des Alterns gründete er den universitären Forschungsschwerpunkt »Dynamik des Gesunden Alterns« an der Universität Zürich.

106

WERNER KIMMIG

Jahrgang 1948, Fernsehproduzent, arbeitet seit 50 Jahren sehr erfolgreich im Unterhaltungsbusiness und gründete früh seine eigene Firma. Die Fernsehproduktion ist seit 1989 der Schwerpunkt des Unternehmens. Neben »Verstehen Sie Spaß?« oder »Die Helene Fischer Show« produziert Kimmig große Fernsehgalas wie »Echo«- und »Bambi«-Verleihungen und bedeutende Personality-TV-Shows.

112

FRANK LEHMANN

Jahrgang 1942, Journalist und Börsenexperte, ist einem breiten Fernsehpublikum bekannt als ehemaliger Moderator von Wirtschaftssendungen, sowie von Börsen-Berichterstattungen in zahlreichen ARD-Magazinen wie der Tagesschau und den Tagesthemen. Er war zudem Initiator und langjähriger Moderator der Sendung »Börse im Ersten« und veröffentlichte als Finanzexperte eigene Werke.

RENATA WENDT

Jahrgang 1943, Lehmbauerin, lebt in Norddeutschland und zählt wohl zu der ältesten aktiven Handwerkerin ihres Fachs. Zunächst arbeitete sie als Grafikdesignerin, bis sie ihr Leben komplett umstellte und Lehmbauerin wurde. Ihre Leidenschaft für ihre Arbeit ist ungebrochen, mehrere Medienanstalten berichteten über ihr besonderes Engagement beim Erhalt historischer Gebäude.

OTTO SCHENK

Jahrgang 1930, Schauspieler, Regisseur und Autor, begann seine Karriere am Theater in der Josefstadt, welches er später lange Jahre leitete, und am Wiener Volkstheater. Seit 1953 führt er Regie, Bekanntheit erlangte er auch mit seinen Inszenierungen an großen Schauspiel- und Opernhäusern weltweit. Er veröffentlichte eigene Bücher und wirkte in zahlreichen TV-Produktionen mit.

LUCY ENGLER

Jahrgang 1951, Lehrerin, war 30 Jahre als Grundschullehrerin in München tätig und rief zahlreiche gesellschaftliche Projekte ins Leben, vor allem für den Tierschutz. 2013 übernahm sie die Leitung der überparteilichen Künstlerinitiative »Wir für Ude«. Sie engagierte sich für spanische Gastarbeiterkinder, unterrichtete türkische Klassen, studierte Türkisch am Goetheinstitut, Englisch und Spanisch an der LMU.

IMPALA LECHNER

Jahrgang 1950, Bildhauerin, arbeitet seit 35 Jahren erfolgreich als freischaffende ART-Künstlerin »IMPALA«. Ihre gegenständlichen Bronzeskulpturen sind in zahlreichen Ausstellungen weltweit zu bewundern. Sie arbeitet in Deutschland und den USA. Ihr Credo ist es, etwas Machtvolles zu kreieren, was den Menschen berührt und ihn anregen soll, über die eigene Beziehung zum Leben nachzudenken. Die Künstlerin engagiert sich zudem sehr im Klima- und Umweltschutz.

PETER KRAUS

Jahrgang 1939, Sänger und Schauspieler, entwickelte sich bereits im Jahr 1956 zu einem der populärsten deutschsprachigen Rock-'n'-Roll-Sänger und galt als »das« Teenageridol. Er erzielte seinerzeit bereits einen Absatz von über 12 Millionen Tonträgern und spielte in Unterhaltungsfilmen mit. In den 70er-Jahren war er beliebter Gastgeber seiner eigenen TV-Show »Hallo Peter«.

PETER MAFFAY

Jahrgang 1949, Musiker, Produzent, gehört mit 19 Nr. 1-Alben und über 50 Millionen verkaufter Tonträger mit Abstand zu den erfolgreichsten Musikern. Er ist Miterfinder der Märchen- und Zeichentrickfigur Tabaluga und hat bedeutende Bühnenproduktionen auf die Beine gestellt. Er arbeitet mit großer Leidenschaft in zahlreichen sozialen Engagements und in seiner Privatstiftung.

ROLF KÜHN

Jahrgang 1929, Musiker, Komponist und Dirigent, arbeitete nach seinem Studium als Saxophonist und Klarinettist, u. a. beim RIAS-Tanzorchester. Er absolvierte als »bester Klarinettist« Auftritte in den USA, u. a. auch als Bandleader von Caterina Valente, John Coltrane oder Chet Baker. Er war Mitglied in der Benny-Goodman-Band und Leiter des NDR-Fernsehorchesters Hamburg. Tourneen führten ihn um die ganze Welt, er veröffentlichte zahlreiche Musikproduktionen und arbeitete genreübergreifend als Komponist und Arrangeur bei Crossover-Kompositionen.

188

PROF. HENNING WIESNER

Jahrgang 1944, Tierarzt, wurde 1972 nach erfolgreichem Studium Zootierarzt im Münchner Tierpark Hellabrunn und machte sich mit verschiedensten Forschungsarbeiten einen bedeutenden Namen. 1980 wurde er Zoologischer Direktor, ein Jahr später Vorstandsmitglied und ist seit 1975 als wissenschaftlicher Berater für die unterschiedlichsten Tierschutzorganisationen und Zoos auf allen Erdteilen der Welt tätig. Weltweit bekannt ist er für seine ausgefeilte und behutsame Blasrohr-Narkosetechnik.

PROF. RITA SÜSSMUTH

Jahrgang 1937, Politikerin, zählt zu den großen Persönlichkeiten der deutschen Nachkriegsgeschichte und hat nachhaltige Spuren hinterlassen: Familien- und Frauenpolitik, Freiheit und Integration sind nur einige der Themen, bei denen sie Wichtiges bewirkt hat und für die sie bis heute kämpft. Als Ministerin im Kabinett von Helmut Kohl und später als Präsidentin des Deutschen Bundestages setzte sie sich unbeirrt von parteipolitischen Vorgaben stets für das Wohl der Menschen ein. Sie veröffentlichte mehrere Bücher und trägt die Ehrendoktorwürde von neun Universitäten.

196

206

MARIO ADORF

Jahrgang 1930, Schauspieler, begann seine Theater-Karriere 1953 am Züricher Schauspielhaus. Schnell gelang ihm der Sprung ins internationale Filmgeschäft, wo er meist in Schurkenrollen besetzt wurde. Ihm gelang der Spagat zwischen skrupellosen Mördern und seriösen Unternehmern, da er jeder Rolle auch eine positive Tragik schenkte. Heute gehört er zu den profiliertesten zeitgenössischen Darstellern auf der Bühne, im Kino und im Fernsehen und veröffentlichte erfolgreich eigene Werke als Buchautor.

NICOLE HEESTERS:

»Ich finde Ruhestand etwas ganz Grandioses! Etwas ganz Wichtiges!«

Alter und Ruhestand wird in den heutigen Medien überwiegend negativ dargestellt. Dagegen möchte ich ankämpfen, weil ich anderer Meinung bin und weil ich vor allem andere Erfahrungen gemacht habe. Spielfilme, die Menschen im Alter zeigen, sind meistens lächerlich übertrieben und unrealistisch: Da werden die Alten bunt angezogen, sitzen auf schnellen Motorrädern und machen auf »Hippies«. Das finde ich als generelles Altersbild von angeblicher Aktivität äußerst albern. Das »normale« positive Altern mit Freude wird dagegen kaum in den Medien gezeigt.

Du siehst es so. Ich finde Ruhestand etwas ganz Grandioses! Etwas ganz Wichtiges! Ich rede jetzt nur von mir – und ich kann nur von mir reden. Ich finde Ruhestand einen Luxusbegriff! Du siehst darin immer sofort ein Abstellen von menschlicher Aktivität. Es gibt ja auch eine andere Ansicht darüber und in den Medien, sagst Du, wird hauptsächlich das Negative verbreitet. Man kann das aber auch anders sehen. Es fällt mir schwer, über das Altwerden im Allgemeinen zu sprechen. Mein Leben lang habe ich alte Menschen gesehen und wusste, dass das auch auf mich zukommt. Das ist für mich nie ein Schrecken gewesen. Nie, nie! Es ist ein Schrecken, wenn die Gesundheit aufhört, dann wird das Alter ein sehr schwerer Lebensabschnitt. Aber sonst ist Altwerden das Natürlichste! Wir erleben es jedes Jahr im Ablauf der Natur. Wenn die Blätter runterfallen, graubraun und faltig werden – wir müssen nur einen Baum angucken. Der Ablauf der Natur ist der gleiche wie bei den Menschen auch.

[Pause.]

Ich habe schon den Ehrgeiz, dass man das Alter so gut wie möglich, so würdevoll wie möglich, so schön wie möglich erleben sollte. Ich habe das große Glück, mir das Alter gut gestalten zu können. Das liegt auch daran, dass ich Geld habe, dass ich noch arbeiten kann. Noch kann ich meinen Beruf ausüben – noch will man mich! Dieses Glück ist vielleicht auch erarbeitet. Und ich habe nie Angst vor dem Alter gehabt. Ich bekomme jetzt wunderbare Rollen angeboten, vielleicht habe ich mir das geschaffen. Ich finde, das Altwerden fängt im Jungsein an. Ein Vorbereiten auf etwas, das auf einen zukommt. Man kann sich dem ja nicht entziehen und jeder Mensch muss es für sich alleine schaffen. Ich traue mich nicht, ein allgemeines Urteil darüber zu fällen.

Es ist schrecklich, wenn man sieht, dass Menschen gezwungen werden, ihren Beruf aufzugeben, wenn sie noch arbeiten wollen. Es ist genauso schrecklich, dass Leute vielleicht weiterarbeiten müssen, wenn sie aufhören wollen! Es freuen sich Tausende von Menschen auf die Pensionierung, manche ziehen sie vor, weil sie ihre Arbeit nicht mehr schön finden. Die wollen aufhören, die wollen in den Ruhestand! Das Wort Ruhestand muss man auch verschieden betrachten und es nicht nur als Strafe oder als Schrecken empfinden. Ich finde es wunderbar und könnte es tagelang genießen, wenn die Wohnung aufgeräumt und sauber ist, auf diesem Stuhl zu sitzen und ins Leere zu schauen – und ich bin dann nicht aktiv! Ich habe nur Ruhe, und das finde ich etwas ganz Kostbares. Das konnte ich in der Jugend nicht so genießen wie jetzt. Wahrscheinlich, weil man jetzt Erinnerungen hat.

[Pause.]

Ich weiß nicht, wie viel Zukunft ich noch habe. Das weiß kein Mensch, aber nehmen wir nur diesen einen Tag: Den zu genießen, empfinde ich als ein Geschenk. Und man hat heute eine viel größere Freiheit als früher! Ich muss nicht einmal mehr höflich sein, ich kann sagen: »Kinder, es interessiert mich nicht mehr! Dann schimpft über mich, das ist mir scheißegal, [sie lacht] ich will meine Ruhe haben!« Das kann mir keiner mehr übelnehmen, weil man sagt: »Na gut, die hat ihre 80 Jahre gelebt, lassen wir sie mal« – ein herrlicher Zustand! Ich kann die Menschen heute auch viel besser beobachten als früher. Ich bin reicher geworden im Kopf und ich glaube, auch im Gefühl [sie atmet tief durch und macht eine lange Pause].

Ich denke, viele Leute sehnen sich nach dem Ruhestand.

Genau; und kaum ist es passiert, sitzen sie da und haben eine große Leere! Eine Freundin von mir hat gesagt: »So, pensioniert – jetzt geht mein Leben los!« Solche Fälle gibt es auch sehr viele, aber natürlich überwiegt meist das Negative. Niemand hat das Alter erlebt, bevor er nicht selbst alt wurde. Natürlich ist das Älterwerden für Frauen schwieriger, wir haben einen anderen Rhythmus als Männer. Frauen bemerken plötzlich, dass ihr Ursprung oder ihre Kraft, Kinder kriegen zu können – was ja die ursprüngliche Bestimmung für uns war –, verloren geht, dann fängt schon wieder etwas anderes an. Was für eine Chance!

Du hattest vor einigen Jahren einen schweren Unfall mit Knochenbrüchen und warst zwei Monate lang bewegungsunfähig. Bei solch einem Erlebnis kann es durchaus auch schnell zu Ende gehen. Aber Du hast für Dich selber entschieden: »Ich mache weiter.«

Ja und da kamen Krankenschwestern, die ich nicht mochte und mich fütterten. Innerlich fühlte ich mich nach dem Unfall gesund und so habe ich mich gezwungen, eine Hand zu bewegen. Die Ärzte sagten: »Frau Heesters, was machen Sie da?« Aber es geht, es geht! Ich habe die Hand nach drei Wochen wieder bewegen können! Beide Hände waren gebrochen! Die Linke habe ich ruhen lassen, aber ich wollte mich nicht füttern lassen! Diese Kraft haben manche Leute, dafür kann man nichts, das ist ja nicht antrainiert. Das habe ich vielleicht vererbt bekommen, das ist meine Natur.

Von der Natur und ihrem Kreislauf lerne ich übrigens am meisten. Simone, Du hast mir erzählt, dass der Birnbaum von Jopie eingegangen ist, als er starb. Und meine Pflanze ist auch eingegangen, als Pit [Ehemann] gestorben ist. Ein Pflänzchen, das ich 34 Jahre hatte.

[Sie macht eine Pause.]

Du forderst in Deinem Buch »Sag nie, du bist zu alt« viel, obwohl wir ja eigentlich beneidet werden um unser Sozialsystem.

Ich fordere nur, dass Menschen, die arbeiten wollen, auch arbeiten dürfen! Ich finde es eine unglaubliche Verschwendung des Wissens und der Erfahrung dieser Menschen.

Es gibt eine Unmenge freier Stellen, vor allem in Handwerksberufen, da werden ältere Leute durchaus wieder eingestellt. Die Jungen machen alle »in Medien« oder werden Mannequins. Alles Berufe, die ich nicht so wichtig finde. Einen Klempner beispielsweise, den find ich wichtig!

Würdest Du gerne noch etwas Neues lernen? Eine neue Sprache?

Ich glaube, ich kann es nicht mehr. Beim Griechischen habe ich es kürzlich gemerkt, ich konnte es mir nicht mehr merken. Ich möchte gerne viel mehr lesen und das, was ich lese, nicht vergessen. Wenn ich mir das alles gemerkt hätte, was ich in meinem Leben gelernt habe – Gott, wäre das schön! Aber nach vier Monaten rutscht das weg, das ärgert mich ein bisschen.

Glaubst Du an ein Weiterleben?

Leben nicht, aber ich glaube an eine Energie, die weiter existiert. Sie lebt weiter, solange wir uns erinnern. Wenn ich an ein Bild von jemand denke, lebt derjenige. Wenn ich an Jopie denke, lebt er, wenn ich an Pit denke, lebt er. Wenn wir ihn vergessen, dann stirbt er, aber solange die Menschen ihn mitnehmen, lebt er. Man kann es auch Seele nennen, ja Seele.

Ich mache auch nichts, ohne mit Pit darüber zu sprechen. Erstens bekommt er jeden Tag einen Brief von mir, ich hole mir Rat bei ihm und bekomme Antworten. Ich frage mich, wäre er damit einverstanden, wenn ich dies oder jenes mache, wäre er stolz auf mich? Würde er wollen, dass ich dies mache? Dadurch habe ich ein Partner – ich bilde mir ein, einen Partner zu haben. Wir müssen sie fordern, wir müssen sie miteinbeziehen. Wenn man sich sehr an einen Menschen erinnert, kommt er näher.

Es gibt Menschen, die sagen: Früher war alles besser. Was war für Dich früher besser?

Ich fand den Rhythmus früher besser, es ist zu schnell geworden. Darum drehe ich nicht mehr gern, es ist nicht mehr mein Beruf. Überhaupt – die Ruhe ist weggefallen, das »Einfach verweilen«. Du selbst hast vor Kurzem gesagt: »Verweile doch – Du bist so schön.« Die Menschen sind unter Druck. Wenn man nicht mitgeht, fällt man aus der modernen Zeit.

Willst Du mit der Zeit gehen?

Was ist »mit der Zeit gehen?« Das Handy? Dass alle am Tisch sitzen und aufs Handy gucken – ist das »mit der Zeit gehen«? Das interessiert mich nicht. Auch in unserem Beruf: Wo sind die Gespräche geblieben, die die Kollegen über die Arbeit führen? Die finden nicht mehr statt! Nach der Probe sitzen sie da und gucken auf ihre Handys. Und keiner liest mehr Zeitung! Kaffeehäuser waren früher Inseln der Produktivität! Nicht umsonst haben die österreichischen Schriftsteller dort geschrieben und diskutiert. Das waren Plätze, wo sie produktiv wurden. Bei einem Coffee to go entsteht nichts. Du hast einen Kaffee in der Hand und rennst zum Bus. Das ist schade, und damit will ich nichts zu tun haben.

Ich habe ja ein Handy, ich maile ja, aber ich brauche nicht auf dem Handy zu lesen, wie viele Schritte ich am Tag gegangen bin, das spüre ich. Oder im Taxi, da wird gesagt: In 24 Minuten sind wir da, in 23 Minuten sind wir da, in 21 Minuten sind wir da. Ich brauche das nicht. Wenn wir da sind, sind wir da. Das ist eine Verschwendung des Kopfes, die nicht notwendig ist, weil es sich eh ergibt. »Mit der Zeit gehen« – so schön finde ich die Zeit nicht, die wir momentan erleben!

Bist Du lieber mit jungen oder alten Menschen zusammen?

Ich bin gern mit interessanten Leuten zusammen. Ob jung oder alt – die Frage ist, ob die mit mir zusammen sein wollen.

Kürzlich sagte ein Freund, in den südlichen Ländern gäbe es keine Altersheime, stimmt das?

Das weiß ich nicht. Aber natürlich ist es in diesen Ländern oft so, dass die Großmutter nach wie vor mit der Familie lebt. Nicht aus Geldgründen, sondern weil es die Großmutter ist, weil sie Familie ist. Diese Tradition hat bei uns leider aufgehört. Vielleicht muss ich ja mal in ein Heim, aber ich glaube, der Hass, der Ehrgeiz, die Beobachtung und das gegenseitige Sich-Begucken in einem Altersheim muss grauenvoll sein.

Aus diesem Grund und wegen der Erlebnisse, die ich in meiner Funktion als Botschafterin für die Initiative »Altern in Würde« hatte, kämpfe ich dafür, den Alten ihre Selbstständigkeit zu lassen. Ich habe mit Betreuerinnen in Altersheimen gesprochen, die mir dies auch bestätigt haben: Wir nehmen den alten Leuten alles ab, sie dürfen ja nicht einmal mehr ihren Teller in die Küche bringen, und dadurch werden sie lethargisch. Wenn sie beschäftigter wären, blieben sie länger wach im Kopf. Das ist eine Win-win-Situation. Man sagt immer, die Älteren nehmen den Jüngeren die Jobs weg, wenn sie weiterarbeiten wollen. Ja einerseits, aber andererseits, wenn die Älteren selbstständig sind, brauchen sich die Jüngeren nicht um sie zu kümmern. Also gewinnen sie an Zeit.

Manchen Omas muss man eben helfen …

Solange Mutter oder Vater aktiv bleiben, selbstständig bleiben, fallen sie den Jungen nicht zur Last. Meine These ist, wenn du dranbleibst, weiter am Leben teilnehmen darfst, wirst du nicht so hilflos und abhängig werden. Es gibt sicher Ausnahmen, aber das Gros wäre wacher, wäre lebendiger, wäre gesünder. Es geht halt langsamer bei Älteren, und die Jüngeren müssten lernen, geduldiger zu werden.

Das Umgehen mit dem Alter ist auch eine Erziehungssache.

Du und auch Jopie, Ihr beide wolltet nie von Krankheiten sprechen und auch nichts davon hören. Dabei ist das ja eigentlich ein ganz beliebtes Thema bei älteren Menschen, oder?

Was bringt es? Ich weiß, dass es keiner gerne hört. Soll ich jetzt stundenlang erzählen, was ich für Zipperlein habe? Das interessiert keinen Menschen, es bringt einen nicht weiter und es ist kein schönes Thema. Oder: Stundenlange Gespräche, wie ich geschlafen habe. Mir geht schon diese Frage: »Hast Du gut geschlafen?«, auf die Nerven.

Wärst Du gerne noch mal jung?

Na ja, mit welchem Bewusstsein? Mein Leben habe ich gelebt, das will ich nicht noch mal leben. Wenn, dann würde ich gerne die Zeit am Grundlsee noch mal erleben. Aber nein, das habe ich gehabt. Wenn ich noch mal geboren werde, bedanke ich mich und hoffe, dass es hübsch wird!

Mit welchem Bewusstsein wird man noch mal jung? Ich möchte vielleicht ein paar Tage wiedererleben, ein paar Erlebnisse wiedererleben. Ich würde gerne vieles mit Pit wiedererleben. Ich finde das Jetzt sehr schön und die Erinnerung ist wunderbar. Daher finde ich ja den Tag, das Heute, so wichtig!

Mit Corona änderte sich vieles in der Welt. Was fällt Dir spontan zu Corona ein?

Bier! Das spanische Bier!

Ja, auch [wir lachen]. Du hast trotz der großen Corona-Probleme enorm viel gedreht?

Na ja, das kann ich nicht sagen, ich war mit meiner Schwester zwei Monate in Österreich quasi eingesperrt. Beim ersten Lockdown konnte man ja gar nicht mehr raus. Sonst hatte ich das Glück, zwei Filme drehen zu können. Es war ein schwieriges Arbeiten unter den Zwangsmaßnahmen, grauenvoll, so will man doch nicht arbeiten. Wir haben in Antwerpen gedreht, im größten Hotspot von ganz Europa.

Wenn Du bei einer guten Fee drei Wünsche frei hättest, was wäre das?

Ach! [Sie stöhnt.] Ich will meine Wünsche nicht aussprechen, nicht öffentlich! Das sind meine Wünsche, die nur mir gehören. Na gut: Ich möchte irgendwann einfach von der Welt verschwinden ohne Krankheiten. Der zweite Wunsch ist, dass ich mir endlich mal merke, was ich schon mal wusste, dann wäre ich so schön gescheit! Dass ich mir endlich mal die Bücher merke und wenn ich sie zum dritten Mal lese, dann sage: Ach, die hab ich doch schon gelesen! Und der dritte Wunsch wäre [sie lacht], von solchen Fragen in Ruh gelassen zu werden.

GERHARD KÄMPFE:
»Es gibt einen einzigen Grund,
warum ich gerne 20 Jahre jünger wäre,
und der ist unsere siebenjährige
Tochter.«

Du bist vor einiger Zeit 70 geworden und hast es zu diesem Anlass richtig krachen lassen! Das war der letzte Tag der Pyronale, die Du mit veranstaltest. Daneben organisierst Du auch das Classic Open Air – wie kam es dazu?

Das war eine verrückte Idee! Ich war auf Tournee mit dem Ensemble des Friedrichstadt-Palastes. Wir spielten in der Philharmonie in Köln direkt neben der Domplatte, auf der gerade ein Konzert mit José Carreras stattfand. Ich fand es eine tolle Idee, Konzerte sozusagen im Herzen einer Stadt zu machen! Ich wollte etwas Ähnliches auf dem Gendarmenmarkt in Berlin organisieren, doch zuerst gab es eine Ablehnung vom Bezirksbürgermeister. Ein Vierteljahr später bekam ich plötzlich doch eine Zusage. In der Zeit der Wende hatte ich sehr viele Treffen mit Künstlern aus der ehemaligen DDR, die unser System noch nicht verstanden hatten. Irgendwann sagte ich denen: »Kommt, treffen wir uns regelmäßig. Ich bringe einen Steuerberater und einen Anwalt mit, und dann stehen wir euch Rede und Antwort.« Das war jemandem im Abgeordnetenhaus offenbar wieder eingefallen, und man hatte sich daher entschlossen, mir den Gendarmenmarkt doch zu geben. Ein Jahr später, im Juli 1992, eröffnete somit José Carreras das erste Classic Open Air-Festival.

Du leitest auch die Jüdischen Kulturtage. Kannst Du mir erklären, worin der Witz im sogenannten Jüdischen Witz liegt?

Ich glaube, die Besonderheit des Jüdischen Witzes ist, dass man sich selbst auf die Schippe nehmen kann, dass man die Eigenarten, die man hat, wie unter einem Mikroskop vergrößert. Juden, wo immer sie lebten, waren eine Minorität, was ja nicht gerade eine schöne Sache ist. Man hat meistens Probleme mit seinem Umfeld. Wer über sich selbst lachen kann, wirkt ungefährlicher. Unabhängig davon, erzählen Semiten ja grundsätzlich gerne Geschichten, Märchen und Legenden. Der Jüdische Witz ist eine Mischung aus all dem.

Wärst Du gerne jünger?

Es gibt einen einzigen Grund, warum ich gerne 20 Jahre jünger wäre, und der ist unsere siebenjährige Tochter.

Gab es, als Du und Nadine geheiratet haben, viele Leute, die euch Ratschläge erteilen wollten?

Bis hin zu meiner Exfrau hat keiner davon abgeraten. Ich glaube, unser Umfeld hat erlebt, welche Liebesbeziehung da entstanden ist. Nadine hat gleich nach einem Dreivierteljahr Beziehung etwas Wunderbares gesagt. Ich ging zu ihr und sagte: »Eigentlich ist das doch wahnsinnig, ich versaue Dir Dein ganzes Leben. Überleg mal, irgendwann bist Du mit so einem alten Sack zusammen.« Darauf sagte sie: »Gerhard, ist nicht jeder Tag, den man verliebt oder sich liebend miteinander lebt, es wert, dass man ihn lebt? Ist eine Liebesbeziehung wie eine Investition, die sich nur auszahlt, wenn sie 30 Jahre andauert? Hätten wir irgendeine Garantie, wenn ich 40 wäre oder 45 wäre? Sicher nicht.« Und damit hatte sie recht.

Hast Du schon mal darüber nachgedacht, Dich irgendwann zur Ruhe zu setzen?

Ich mache die Dinge, die ich mache, mit Leidenschaft. Vor einiger Zeit fragte mich eine Journalistin: »Sind Sie ein reicher Mann geworden?« Worauf ich sagte: »Ja, extrem! Erstens habe ich eine Familie, die ich sehr liebe und die mich Gott sei Dank auch liebt, zweitens habe ich einen Beruf, der mich mit totaler Leidenschaft ausfüllt, und drittens habe ich in meinem Umfeld zehn, zwölf, vielleicht sogar vierzehn Leute, die unter meinen Niederlagen leiden, als wenn es ihre wären, und meine Triumphe feiern, als wenn es ihre wären, und deswegen bin ich ein sehr reicher Mensch!«

Hast Du Angst vor dem Tod?

Ich habe eine ganz erstaunliche Erfahrung gemacht: Vor vielen Jahrzehnten war ich in Südafrika mit einer Freundin unterwegs. Um Mitternacht hielt ich mitten in der Wildnis an. Ich sah die Sterne wie im Bogen nach hinten gehen und dachte, wow, was für ein Anblick! Es war ganz erstaunlich, es war so, als könne man die Erdkrümmung sehen. Plötzlich krampfte sich mein Herz zusammen, es machte plopp und alles fiel von mir ab, jede Angst, jede Sorge, und ich verstand, dass ich immer schon ein Bestandteil dieses wunderbaren Ganzen war und dass ich es auch immer sein würde. Nicht in der Form, wie ich jetzt existiere, aber in irgendeiner Form.

Glaubst Du an ein Leben nach dem Tod?

Mein Großvater hat kurz vor seinem Tod gesagt: »Mann, bin ich jetzt gespannt.« Das fand ich einen tollen Satz.

Hast Du Tiefschläge erlebt?

Jede Menge. Ich habe eine ganze Weile meines Lebens Kampfsport betrieben. Beim Boxen gibt es Analogien zum wahren Leben. Punkt eins: Wenn man einen Kampf angeboten bekommt, im normalen Leben etwa einen Job, sollte man sich vorher genau überlegen, ob man es macht oder nicht. Wenn man es annimmt, muss man es auch durchziehen. Punkt zwei: Wer in seinem Leben nie

Niederschläge erlebt hat, der weiß nichts über sich. Und Punkt drei: Wenn man mit dem Rücken an den Ringseilen steht, weiß man: Jetzt geht es wirklich nur noch nach vorne.

Vor Jahren hattest Du einen katastrophalen Autounfall.

Vollkommen richtig. Ich fuhr Sonntagmorgens mit dem Auto die Clayallee runter, der Wagen geriet – aus welchen Gründen auch immer – ins Schleudern und knallte in ein dort parkendes Wohnmobil. Ich hatte eine ziemlich heftige Kopfverletzung und wachte erst im Krankenhaus wieder auf. Acht Minuten nach dem Crash fuhr ein junger Mann die Allee entlang. Er hielt an und ging zu meinem Auto. In dem Moment öffnete sich quietschend die Fahrertür, heraus kam ein sehr stark blutender Mensch, der auf ihn zuging und sagte: »Es gibt eine für mich wichtige Veranstaltung in Berlin-Mitte, könnten Sie mich ein Stück mitnehmen?« und dann umfiel. Das war ein ziemlich heftiges Ding, aber es sind Gott sei Dank keine Schäden geblieben.

Dir ist auch während der Pandemie beruflich viel weggebrochen.

Ja, die Großveranstaltungen sind weggeflogen, bei uns natürlich die beiden Schwerpunkte Classic Open Air und die Pyronale. Wir mussten eine Menge absagen. Für die Künstler ist es auch äußerst schlimm. Wenn man nicht in dem Geschäft ist, unterschätzt man häufig die Folgewirkung, auch für die Künstlerinnen und Künstler auf der Bühne, Sänger, Sängerinnen, den Chor, die Leute, die die Bühnen bauen, die Sicherheitsleute, die

Einlasskräfte, Licht und Ton. Es betrifft eine Reihe von Leuten, die ganz, ganz große Schwierigkeiten haben. Das ist für uns als Veranstalter sehr schwierig, denn diese Leute leben von den Aufträgen, und wir hatten das Problem, dass wir immense Kosten hatten, aber keine Einnahmen. [Er lacht bitter.]

Du hast eine kleine Tochter, wie erlebt sie die Corona-Zeit, diese Veränderung?

Sehr bewusst, weil in den ersten Monaten auch in den Schulen Lockdown war. Wenn sieben- bis achtjährige Kinder plötzlich das Wort Aerosol im Wortschatz haben, ist das auch für mich zumindest ein Zugewinn im Wortschatz. [Er lacht.]

Müssen wir uns daran gewöhnen, in Zukunft anders zu leben? In einer »neuen Normalität«?

Das ist schwer zu sagen. Wir wissen nicht, wie lange uns das Virus belästigt. Eine Lehre sollte man aus der Pandemie ziehen: Sein eigenes Leben zu hinterfragen, ob gewisse Dinge wirklich wichtig sind und ob es manchmal ganz gut ist, wenn man sich auf Dinge, die einen wirklich berühren, reduziert – das wäre eine Chance.

Wie stehst Du denn zu den Corona-Leugnern?

Ich finde es stellenweise unfassbar, was da für ein Blödsinn von sich gegeben wird. Es ist schön, dass wir in einer Gesellschaft leben, in der man seine Meinung frei äußern kann. Das soll auch so bleiben und daher müssen wir die Leute auch ihren Mist reden lassen. Das Interessante ist, dass sich eine Mischung aus Nationalisten, Rassisten, Antisemiten und reinen Verschwörungstheoretikern gemeinsam auf so einen Trip begibt.

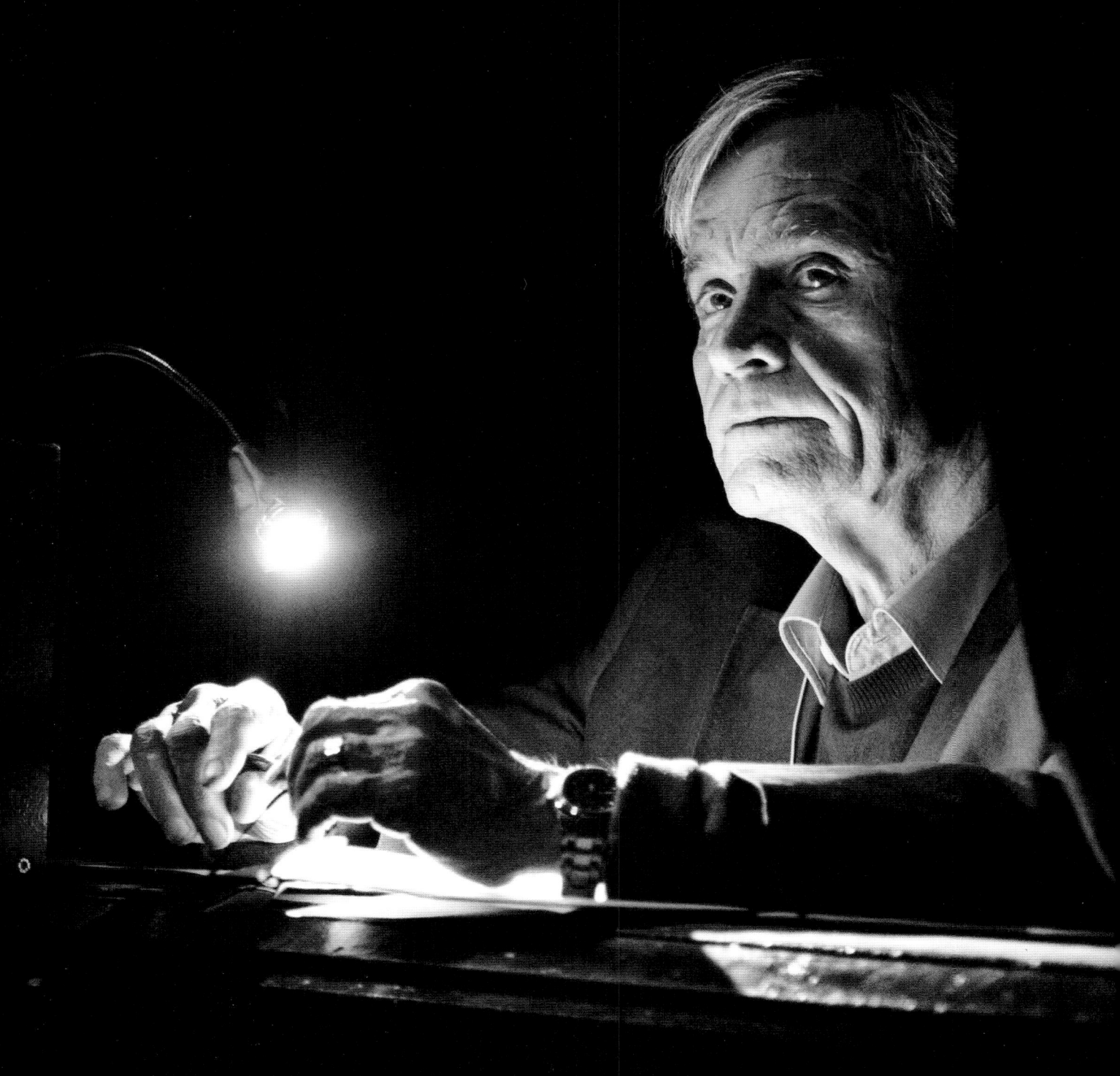

Das Wiederaufkommen des Antisemitismus hier in Deutschland finde ich unglaublich erschreckend. Lange Zeit habe ich gedacht, zumindest in Deutschland den Antisemitismus nicht mehr. Und nun frage ich mich, ob er unterschwellig immer da war und jetzt wieder offen in Erscheinung tritt.

Ich glaube, dass der Antisemitismus ein weltweites Problem ist, lediglich in Deutschland fand er seinen absoluten Tiefpunkt. Ich glaube, es hängt auch damit zusammen, dass die Angst vor dem Fremden, vor dem Anderssein – unabhängig, ob das Antisemitismus oder Rassismus ist – in vielen Menschen verhaftet ist. Nationalismus ist die eine Seite, aber ein ethnischer Nationalismus – also Deutschland den Deutschen – ist absolute Dummheit. Wir müssen feststellen, dass Populisten auf dem Vormarsch sind, weil es viel einfacher ist, gegen etwas zu sein, als komplizierte Vorgänge zu erklären. Das ist die Schwäche der Demokratie, und dann findet man auch ganz schnell einen Schuldigen. Bei den Nazis waren das vor allem die Juden. Wobei wir nicht vergessen dürfen, dass es in den Augen der Nazis auch Sinti und Roma, Kranke und viele mehr waren.

Wenn das in Deutschland noch schlimmer wird, denkst Du daran auszuwandern?

Es gab einen Satz, den wir Ende der 60er-Jahre hier in Berlin geprägt haben: »Bleib im Land und wehre Dich redlich« und so würde ich es auch gerne machen.

Ich frage mich, ob der Vormarsch der Nationalisten in ganz Europa nicht aus einer tiefen Abneigung gegen eben dieses vereinigte Europa entspringt?

Ich glaube, wir dürfen das nicht nur auf Europa beziehen. In den USA, in Brasilien oder in Indonesien stellen ebenfalls Nationalisten die Regierung. Aber ich habe das Gefühl, dass viele Menschen nach 70 Jahren Frieden und Wohlstand denken, das bliebe jetzt so. Nein, den meisten Leuten ist nicht klar, dass wir uns noch immer auf dünnem Eis bewegen. Die meisten Leute haben nie einen Krieg erlebt, ich ja auch nicht. Allein das ist es wert, dass man Europa zusammenhält, unabhängig von geostrategischen Überlegungen. Wir können Dinge nur auf unserer demokratischen Basis verteidigen, wenn wir zusammenhalten.

Du hast in Deinem Leben unglaublich viele Menschen kennengelernt. Wer hat Dich besonders beeindruckt oder beeinflusst?

Im künstlerischen Bereich waren es zum Beispiel Menschen wie José Carreras und Montserrat Caballé, die einfach tolle Künstler waren, aber eben auch tolle Menschen. Am meisten verblüfft hat mich Leonardo Di Caprio. Wir saßen uns bei einem Dinner gegenüber, und er fragte, ob ich seinen neuesten Film »Revolutionary Road« gesehen hätte. Ich hatte und er wollte wissen, wie ich ihn fand. Ich sagte: »Na, ich antworte mal im Sinne von Volker Schlöndorff, der gesagt hat, dass dieser einer der drei ganz großen Filme der USA sei, ein grandioser Film.« Da wurde er rot, dieser Weltstar, und ich sagte: »Ich werde übrigens den Film auch meinem 18-jährigen Sohn zeigen, damit er das Amerika der 60er-Jahre und Vietnam besser versteht.« Ein Jahr später standen wir uns wieder gegenüber. Ich war im Begriff, mich ihm vorzustellen, weil ich mir nicht denken konnte, dass er sich mein Gesicht gemerkt hat, aber weit gefehlt. Er fragte: »Hast Du Deinem Sohn den Film gezeigt?« Ein Jahr später! Das hat mich beeindruckt.

Wenn Du drei Wünsche frei hättest, welche wären das?

Mein erster Wunsch ist, dass die Menschen, die ich liebe, lange leben und gesund bleiben. Der zweite Wunsch ist, dass ich persönlich die Chance habe, eine ganze Weile hier zu sein, dass mir meine Arbeitskraft und vor allen Dingen meine Kreativität erhalten bleibt. Drittens möchte ich gerne, dass die Menschen in Bezug auf falsche Ideologien, aber auch in Bezug auf Ökologie zur Besinnung kommen. Wir sind dabei, diesen Planeten zu versauen. Und ich würde mir sehr wünschen, dass der Mensch umkehrt und sagt: Wir haben ein unglaubliches Schwein, auf diesem wunderbaren Planeten zu leben, und es geht darum, ihn zu retten, und nicht, dass wir uns gegenseitig den Schädel einschlagen.

PROF. DIETRICH GRÖNEMEYER:

»Ich finde schön, dass ich die Differenziertheit von Kulturen, Musik, Wissen und gesellschaftlichen Entwicklungen immer weiter erlernen kann und darf und es nicht aufhört, unglaublich faszinierend zu sein.«

Sie sind Leiter von drei Kliniken?

Das sind keine Kliniken, das sind Grönemeyer-Institute, ambulante Versorgungszentren. Mir ist wichtig, dass Operationen an der Bandscheibe, Schmerztherapien, lokale Tumorbehandlungen oder Biopsien im ambulanten Bereich passieren. Ich glaube, dass wir heutzutage durch die Miniaturisierung der Medizin in der Lage sind, viele Eingriffe so klein und so schmerzarm durchzuführen, dass sie ohne Vollnarkose und trotzdem hocheffizient sein können.

Mussten Sie den Lehrstuhl in Witten-Herdecke 2012 aus Altersgründen abgeben?

Nein, ich habe es gemacht wie der Papst, ich habe mich emeritieren lassen. Ich finde es gut, wenn man am Höhepunkt seiner Schaffenskraft den jungen Menschen die Möglichkeit gibt, sich einzubringen. Ich forsche weiter, bin wissenschaftlich aktiv und halte weiter Vorträge. Ich habe meine Forschung in die Entwicklung von technologischen Geräten intensiviert, zusammen mit meinen Kindern neue Methoden der naturheilkundlichen Behandlung entwickelt und mit meiner Tochter ein großes Nachschlagewerk zur Pflanzenheilkunde erarbeitet.

Können Sie mir Mikrotherapie in einfachen Worten erklären?

Ja, ganz einfach: Nutze einen Computer, mit dem du hochdifferenziert in den menschlichen Körper gucken kannst. Auf den Millimeter genau erkennst du, was du operieren musst. Gehe dorthin, ohne den Körper zu öffnen. So können die Instrumente kleiner werden, man geht direkt auf den Punkt, ganz klein, ganz fein.

All das ambulant?

All das ambulant. Das ist mein Geschenk an die Welt. Ich war der Erste, der das in dieser Form gemacht hat, ich habe es gegen viele Widerstände durchgesetzt.

In Ihrem Buch »Weltmedizin« machen Sie deutlich, dass in jeder ganzheitlichen Medizin Körper und Seele untrennbar miteinander verbunden sind. Sind Sie mit Ihrem jetzigen Alter in Harmonie?

Je älter ich werde, umso mehr kann ich für mich zumindest unterscheiden, was wichtig und was unwichtig ist. Nach tragischen Ereignissen in meinem Leben – ich bin zehn Meter in den Bergen abgestürzt und hatte zwei Motorradunfälle – bin ich insgesamt ruhiger geworden. Dinge, die andere Menschen aufregen, lassen mich gelassen werden. Denn emotionale Unruhe führt dazu, dass man nicht mehr rational denkt.

Dieser dramatische Sturz hat Ihr Leben verändert. Mich wundert das insofern, als dass Sie sich beruflich laufend mit derartigen Problemen beschäftigen müssen. Liegt es daran, dass es plötzlich Ihnen persönlich passiert ist?

Ich denke, dass ich selbst plötzlich direkt mit dem Tod in Berührung gekommen bin. Heute kann ich sagen: Wenn ich gleich sterben müsste, würde mich das nicht beunruhigen. Es gehört zum Leben dazu. Ich bin dankbar, dass ich bis heute leben durfte. Als ich abgestürzt bin, dachte ich, ich komme gar nicht mehr unten an, ich dachte, es sei vorbei, aus! Der Moment, in dem ich aufgeschlagen bin und nicht tot war, hat mich dankbar werden lassen und mich mit ganz viel Ruhe erfüllt. Ich begriff, dass das Ende nicht schlimm ist. Ich war ganz zuversichtlich, dass es gut ausgehen wird. Ich habe schon viele über die Schwelle vom Diesseits ins Jenseits – was es auch

immer ist – begleitet: meinen Bruder, meinen Vater, auch meine Mutter. Es ist ein Teil meines Lebens, aber selbst davon betroffen sein zu können, das hat mein heutiges Verhalten geprägt.

Da Sie von Ihrem Bruder Wilhelm sprechen: Wenn man als Arzt an die Grenzen kommt und weiß, da kann man nicht mehr helfen, verzweifelt man oder sagt man: Das ist die Natur?

Verzweifeln nicht, hadern. Hadern mit dem, was in uns, über uns oder mit uns ist, ob wir es Natur, Gott oder den großen Manitu nennen, das ist alles dasselbe. Auf der anderen Seite führte es bei mir dazu, zu sagen: Es ist so. Diese Erkenntnis macht wiederum ruhig. Es ist die Kunst des Lebens – ars vivendi – ars moriendi –, mit Freude zu leben, aber auch in Dankbarkeit gehen zu können.

Sie sprechen oft von einem Lebensalter von 120 Jahren – das hätte ich mir für meinen Mann gewünscht. [Ich lache.]

Ja, ich dachte, er würde das können. [Er lacht heftig.]

Glauben Sie wirklich, dass wir eines Tages 120 werden?

Ja, ich habe eine Fernsehsendung mit zwei 100-Jährigen gemacht und wollte noch eine 110-Jährige interviewen, aber drei Tage vor ihrem 111. Geburtstag ist sie leider verstorben. Sie hat bis zu ihrem Tod allein zu Hause gelebt und musste in den letzten zehn Jahren nur zweimal zum Arzt. Sie hat mir eine Nachricht hinterlassen: »Sagt dem Grönemeyer, er solle allen den Tipp geben, jeden Tag ein Stück Kuchen zu essen!« [Er lacht.] Kuchen, also Süßes, sprich fröhlich sein, denn Süßes macht glücklich! Wissenschaftlich gesehen wissen wir, dass Kinder, die heute geboren werden, in jedem Fall 100 werden können. 120 ist kein »secret«, keine Utopie mehr.

Was finden Sie am Älterwerden schön?

Ich finde schön, dass ich die Differenziertheit von Kulturen, Musik, Wissen und gesellschaftlichen Entwicklungen immer weiter erlernen kann und darf und es nicht aufhört, unglaublich faszinierend zu sein. Gleichzeitig erfüllt mich die Suche nach dem Sinn des Lebens mit Freude.

Werden Sie sich eines Tages zur Ruhe setzen oder glauben Sie, dass Sie immer etwas machen werden?

Ich glaube, wirkliche Langlebigkeit hat ganz viel mit mentaler und körperlicher Aktivität zu tun. Der Begriff Psychosomatik kommt nicht von ungefähr: Der Körper wirkt auf die Psyche, die Psyche wirkt auf den Körper. Genauso wichtig ist das Psychosoziale, andere Menschen inspirieren uns und geben in der Gemeinschaft Kraft.

Sie sind unglaublich fleißig. Gibt es bei Ihnen überhaupt Ruhe?

Vieles ist über lange Zeit angelegt. Ich schreibe fast jeden Tag, momentan mein Lebenswerk, ein Buch über Mikrotherapie, und arbeite an einer neuen Zeitung. Beides inspiriert mich. Aber auch ich brauche Ruhe, in der Ruhe liegt die Kraft.

Treiben Sie Sport?

Ja, ich laufe gerne, fahre Rad und mache Gymnastik. Ich laufe viel herum und diktiere auch im Laufen. Bewegung führt dazu, dass man nicht nur klarer denken kann, sondern dass das, was man formuliert und lernt, besser haften bleibt. Auch singen und gleichzeitig lernen spielt eine Riesenrolle, denn die Zentren im Gehirn liegen ganz dicht nebeneinander, das emotionale und das Gedächtnis, das Atmen beim Singen, das Koordinative, das Einatmen das Ausatmen. Das haben andere Kulturen sehr viel mehr in sich. In den asiatischen Kulturen spielt das Atmen immer eine große Rolle.

Ich war bisher immer eine Verfechterin der Schulmedizin. Nach der Lektüre Ihres Buches bin ich jedoch offener gegenüber der Alternativmedizin.

Man muss unterscheiden zwischen Spekulationen und Fakten. Mein Anliegen ist es, Schulmedizin und Naturheilkunde zu versöhnen.

Sie werden dafür ganz schön heftig angegriffen. Bei einigen Artikeln war ich richtig geschockt, Sie wurden sogar als Scharlatan bezeichnet. Wie geht man damit um?

Jaja, »Doktor Hokuspokus« und so. Wie geht man damit um? Ich weiß ja, dass ich keinen Hokuspokus mache. Ich habe mein ganzes Leben hinweg immer das formuliert, von dem ich nicht nur überzeugt war, sondern dessen Richtigkeit ich auch durch wissenschaftliche Nachrecherche klarmachen konnte.

Woher kommt dieser Hass zwischen Schulmedizin und Naturheilkunde? Im Grunde liegt es doch auf der Hand, dass das eine auch das andere unterstützen kann.

Dieser Widerstand hat, glaube ich, damit zu tun, dass wir als Ärzte zu Einzelkämpfern erzogen werden. Sie glauben nicht, wie groß der Kampf auch innerhalb der Disziplinen ist, wie viele Missverständnisse, aber auch Widerstände es gibt.

Von Naturheilkundlern höre ich immer das Argument, da stecke die Pharmaindustrie dahinter.

Diese Argumente sind falsch, denn gerade mit der Homöopathie werden Milliarden verdient, weltweit. Das ist unfair, sich da wechselseitig etwas vorzuhalten. Da geht es einfach um Geld.

Mir fällt auf, dass Sie bei allem, was Sie erzählen, lächeln. Ist das die Erfahrung mit der Weltmedizin oder ist das einfach Ihre Art?

Ich merke das ja nicht, mein Lächeln ist meine Haltung, auch jetzt, weil ich mich wohlfühle, während wir uns unterhalten.

Sie schreiben in Ihrem Buch über Bhutan, dort gibt es das »Bruttonationalglück«. Gibt es in Bhutan eine andere Lebenseinstellung?

Ja, ich habe erlebt, dass die Menschen dort gelassener sind, mit der Natur leben und mit sich selbst im Reinen sind.

Sie sagen Erstaunliches: Körperliches Wohlergehen ist zu 60 Prozent auf eigenes Handeln und nur zu 30 Prozent auf die Gene und zu 10 Prozent auf die Medizin zurückzuführen. Meinen Sie, dass man viel zu seiner Lebenseinstellung beitragen kann?

Für mich ist Handeln ganz wichtig. Fühlen und Denken sind das eine, aber im Aktiven zu bleiben, sich mental wie körperlich in Bewegung zu setzen, das ist für mich ein wesentliches Element, um glücklich werden zu können.

Von Ihnen stammt der schöne Satz: »Es geht nicht darum, dem Leben Jahre zu geben, sondern den Jahren, Leben zu geben.«

Diesen Spruch hat eine Krebspatient zu mir gesagt. Es gibt eine weitere Geschichte, die mich sehr berührt hat. 1982/83 sagte eine 75-jährige Patientin zu mir: »Es wäre so schön, wenn Sie mit mir Weihnachten feiern würden.« Eine tolle Frau, die eine unheimliche Lebenskraft ausstrahlte, und eine wunderbare Pianistin war. Weihnachten hat sie mich gebeten, ein Keyboard ins Krankenhaus mitzubringen, wir haben die Türen der onkologischen Abteilung geöffnet, sie hat ein Konzert gegeben und wir haben gemeinsam gesungen – es war so schön.

Danach sagte sie: »Sie müssen mit mir Silvester feiern, bitte tun Sie mir den Gefallen.« Gesagt, getan. »Lassen Sie uns gemeinsam in den Himmel gucken, dieses Feuerwerk gemeinsam genießen.« Da sah sie in den Himmel, nachts um zwölf Uhr und sagte: »Wenn ich jetzt sterben würde, das wäre das Schönste« – fiel um und war tot.

Das ist ja großartig!

Ja, auch wenn ich es jetzt erzähle [er macht eine Pause] – das ist leben und sterben von höchster Güte.

Sind Sie religiös?

Ich bin zutiefst religiös und zutiefst atheistisch. Ich glaube nicht an eine Person, ich finde es auch verrückt, wenn man darüber streitet, ob es Gott gibt oder wie er heißt. Ich fühle, da ist etwas und es ist nicht umsonst, dass wir leben und dass wir getragen werden. Ich war in meinem Leben in evangelischen, katholischen, islamischen, jüdischen und hinduistischen Tempeln und habe alle als Kraftorte erlebt und mich wohlgefühlt. Ich bin in dem Sinne religiös, dass ich an eine Kraft, die uns alle trägt, glaube.

Ist Ihr Credo der Toleranzgedanke?

Ja, ich bin sehr tolerant, sehr offen und versuche auch immer wieder, jeden Menschen als Kind zu sehen. Alle Menschen haben, wenn sie auf die Welt kommen, etwas ganz Unverbrauchtes. Ich sehe die Menschen und auch den Sozialisierungsprozess. Ich sehe, was allen widerfahren kann, ob positiv oder negativ. Und ich lerne von jedem.

Was würden Sie älteren Menschen mit auf den Weg geben?

Alles hat seine Zeit. In der Ruhe liegt die Kraft. Nutze die Zeit, deine eigenen Fähigkeiten weiterzuentwickeln, und höre nicht auf zu handeln. Lass dich nicht behandeln, sondern handle selbst. Sei deine eigene Marke, sei dein eigener Kraftpol und sei für dich, aber genauso für die anderen da.

Haben Sie Vorbilder?

Hippokrates als ärztlicher Vordenker und Gandhi. Gandhi ist für mich eine der großen Schlüsselfiguren. Ein Land friedlich aus der Unterdrückung herauszubringen war eine Leistung, die mich sehr stark begeistert. Ich glaube, dass wir von solchen Menschen wie Gandhi inspiriert sein müssen.

Gibt es einen Leitspruch in Ihrem Leben?

»Nur tote Fische schwimmen mit dem Strom.« Und: »Offen sein für Veränderungen, das Wissen von gestern kann das Know-how von morgen sein. Das Alte mit dem Neuen verbinden.«

Sind Sie neugierig, wie die Welt in 100 Jahren aussehen wird?

[Lautes] Ja, auch in fünf Millionen Jahren. Ich würde gerne wissen, was aus den Menschen geworden ist. Sind wir noch so wie heute oder ist der Orang-Utan in Indonesien, der gerade den Menschen die Hand reicht, dann ein Mensch? Und was sind wir dann?

Oder hat uns künstliche Intelligenz dann überwältigt? Haben Sie davor Angst?

Ich habe Angst davor, dass wir das Menschsein als unwürdig erachten. Menschen haben Eigenschaften, die nicht von einem Computer abgebildet werden können. Wir müssen begreifen, dass Computer für ein fantastisches Hilfsmittel sind, das Menschsein aber in seiner Würde und in seinem Fühlen, Denken und Handeln etwas ganz Besonderes ist. Wenn wir das als unwürdig definieren und Menschen auf der einen Seite nur noch als Ersatzteillager nehmen oder auf der anderen Seite zu Arbeitstieren entwickeln, indem wir sie an Maschinen anschließen, dann macht mir das Angst.

Wenn eine Fee käme und Sie hätten drei Wünsche ...

Erstens: Frieden auf Erden, aber ich werde das wohl nicht erleben dürfen. Zweitens: Eine Zukunft, die so geprägt ist, dass alle Menschen in Wohlbefinden bis zum letzten Tag leben dürften. Und das Dritte ist: Wir sind alle spirituell, und dazu sollten wir stehen. Wir sind Teil eines Kosmos, den wir nicht begreifen, vielleicht nie begreifen werden, aber wir sollten uns diese Spiritualität auch nicht nehmen lassen.

WALTRAUT HAAS:
»Es gibt ja so viele alte Weiber, die ich noch spielen kann.«

Bist Du mit Deinem jetzigen Alter in Harmonie?

Ja, ich bin mit meinem jetzigen Alter sehr in Harmonie, weil ich das ganz große Glück habe, einen Sohn zu haben – Marcus –, den ich nicht nur abgöttisch liebe, sondern der mir ein Engel ist. Jetzt, wo ich durch meinen schweren Sturz leider nicht ganz gesund bin, kommt er täglich zu mir ins Krankenhaus. Ich will schnell wieder auf die Beine kommen.

Was ist denn passiert?

Ich wollte mir ein Glas Wasser holen, bin über einen hochgeklappten Teppich gestolpert und lag plötzlich da – platt! Ich habe dagelegen und gedacht: »Was passiert jetzt mit mir?« Der Hund hat mich unentwegt abgeleckt, als wollte er sagen: »So, Frauli, steh doch endlich auf.« Nach zwei Stunden ist Gott sei Dank meine Haushälterin gekommen, ich bin sofort ins Krankenhaus gebracht worden und man hat festgestellt: Oberschenkelbruch! Jetzt bin ich hier und hoffe, dass es in ein, zwei Monaten wieder geht, ich will schnell wieder auf die Beine kommen, denn ich habe ja wieder ein Theaterstück zu spielen.

Du bist ja in der Tat ein richtiges Stehaufmännchen beziehungsweise -frauchen, denn es ist ja enorm, dass Du sofort daran denkst, weiterzumachen. Vor einiger Zeit bist Du auch schon mal die Treppe runtergefallen und hast Dir das Genick gebrochen.

Ja, das war vor drei oder vier Jahren, aber das ist alles wieder in Ordnung! Da habe ich mir den Halswirbel gebrochen. [Sie lacht.] Jetzt kann ich darüber lachen, aber nach dem Sturz bin ich auch dagelegen und habe mich gefragt: »Aha – und was ist jetzt?« Dann habe ich mich 14 Stufen mit meinen Ellbogen hinaufgeschleppt und Marcus angerufen.

Mit dem gebrochenen Halswirbel?

Ja, ich habe da merkwürdigerweise keine Schmerzen gehabt, die kamen dann erst später.

Diese Energie, die Du da, aufgebracht hast …

Es war kein Mensch da und so habe ich mich langsam – Stufe um Stufe – hinaufgezogen. Ich bin selbst stolz, dass ich das geschafft habe. Am selben Abend bin ich noch operiert worden. Am nächsten Morgen sagte ein junger Arzt zu mir, als ich von der Narkose aufgewacht bin, hätte ich als Erstes gefragt: »Wann kann ich wieder Theaterspielen?« Ich war ja in einem Engagement und musste dann natürlich umbesetzt werden.

Wo nimmst Du diese Kraft her?

Ich glaube, dass macht mein Mann oder meine Mutter, da oben. Da sind so viele, die auf einen aufpassen und an die glaube ich.

Wärst Du gerne noch mal jung?

Jünger nicht, denn ich habe als junger Mensch sicher viele Fehler gemacht. Na ja, vielleicht etwas jünger oder wenn möglich, jetzt ein bisschen zeitlich stehen bleiben …

Du hast nicht nur gleichaltrige Freunde, sondern auch junge?

Ja natürlich, der Thorsten ist jetzt 54, er ist nicht nur mein Agent, sondern auch mein lieber, herzlicher Freund.

Ich habe Deine Biografie gelesen: »Jetzt sag ich's«. Du hast ja mit unglaublich vielen Weltstars zusammengearbeitet.

Ja, zum Beispiel mit Tyrone Power, der wollte mich heiraten, aber der ist bei einem Dreh plötzlich gestorben. Während einer Fechtszene mit seinem Filmpartner erlitt er einen Herzinfarkt und war sofort tot. Er war ein fescher Mann! Mit Errol Flynn habe ich einen Film damals nicht zu Ende gedreht, denn der Produktion ging das Geld aus. Dann rief mich zwei oder drei Jahre später Roberto Rossellini an: »Sie haben doch mit Errol Flynn einen Film gedreht, würden Sie eventuell mit mir den Film zu Ende drehen?« »Selbstverständlich! Wer will nicht mit Roberto Rossellini drehen!« Doch dann hat er nach einer gewissen Zeit wieder angerufen und gesagt: »Es tut mir leid, auch ich habe nicht genug Geld dafür.« [Sie lacht.]

Du erzählst in Deinem Buch ja ziemlich intime Geschichten …

Ja, zum Beispiel meine Geschichte mit Rudolf Schock. Er war – außer Erwin – wirklich meine größte Liebe. Wir waren trotz seiner Ehe drei Jahre heimlich zusammen, aber ich wollte keine Familie zerstören und hab mich dann getrennt.

Mit Erwin warst Du 45 Jahre verheiratet?

Ja, das war eine wunderbare Ehe. Wir haben so viel gemeinsam Theater gespielt, Tourneen gemacht quer durch Deutschland und Österreich, wir waren oft drei Monate unterwegs. Das einzige Problem war, wenn wir zurückkamen – Marcus war noch klein, zwei Jahre alt –, hatte er sich uns entfremdet und versteckte sich hinter der Oma, er hat uns nicht mehr gekannt. Aber es war unser Beruf, wir mussten Geld verdienen.

Ist es nicht überhaupt schwierig für Kinder von Prominenten?

Wenn wir zum Beispiel gemeinsam in Wien spazieren gegangen sind und uns Leute begegneten, die uns erkannt haben, ist er schnell weggelaufen. Das mochte er gar nicht. Später war er aber doch sehr stolz auf seinen Vater.

Und Hans Moser war Dein Ersatz-Vater?

Ich habe ungefähr zehn Filme mit Hans Moser gedreht. Er hat mir Tipps gegeben, wie ich eine Rolle anlegen soll. Er kümmerte sich am Set rührend um mich und passte immer auf mich auf: »Die Kleine, lasst sie in Ruh, die steht unter meinem Schutz.« [Sie parodiert die berühmte Moser-Stimme.] Er kam auch gern zu uns nach Hause, und meine Mutter hat für ihn gekocht, Ente war se'n Lieblingsessen.

Du hast auch mit Jopie gearbeitet. Wie viele Filme hast Du mit ihm gedreht?

Drei oder vier. Der erste musikalische Film war 1951 »Tanz ins Glück«. Ich wusste nicht, dass der Heesters die Hauptrolle spielen wird, und sollte zunächst im Büro vorsingen. Ich klopfte an die Tür und hörte die unverkennbare Stimme vom Jopie: »Herrreiiin!« O je, der Heesters ..., ich bekam ganz weiche Knie und trat ein. Robert Stolz saß am Klavier, Heesters stand daneben. Robert sagte: »Jetzt singen Sie mal vor.« Ich schwärmte ja damals für Jopie und war deshalb entsetzlich aufgeregt, dass ich nun vor ihm noch eine Prüfung ablegen musste. Ich habe so schlecht gesungen, und er machte nur einen verdrehten Blick zum Himmel, als wollte er sagen: »Um Gottes willen, mit der soll ich jetzt den Film drehen?« Doch Robert Stolz durchschaute die Situation, schickte Jopie raus und begann mit mir von vorn. Wir haben später viel miteinander erlebt, es war immer eine große Freude mit ihm. Weißt Du, was ein schönes Erlebnis vor Kurzem war: Ich ging mit Thorsten zum Grab von Jopie. Der Platz hat so viel Atmosphäre mit seiner Büste und den Blumen. Wir hatten plötzlich solch ein Gefühl, dass er da war, und dann haben wir beide angefangen, zu singen. Ich bekomme jetzt noch Gänsehaut, wir hatten den Eindruck, er hört uns zu, er war uns so nahe.

Macht Dir der Beruf noch genauso Spaß wie früher?

Das kommt ganz auf die Rolle an, auf die Kollegen, auf den Regisseur. Wenn das zusammenpasst, bin ich begeistert und mache gerne mit. Auch jetzt bin ich schon wieder fest am Lernen für die Sommerfestspiele.

Hast Du das Gefühl, dass sich das Publikum in den Reaktionen im Vergleich zu früher verändert hat?

Sehr! Sie wollen heute immer nur Krawallsachen. Die zu Herzen gehenden Geschichten werden fast nicht mehr gemacht.

Bist Du im Alter gelassener geworden?

Ja schon. Früher musste alles immer sofort passieren.

Robert Stolz soll gesagt haben: »Ich will so lange leben, wie ich arbeiten kann.« Denkst Du auch so?

Nein. Wenn ich arbeiten kann, ist das schön, aber ich lebe auch gerne ohne Arbeit, weil ich eine wunderbare Familie habe und ein herrliches Zuhause. Aber es gibt ja so viele alte Weiber, die ich noch spielen kann. [Sie lacht.] Und die alten Weiber sind ja gute Rollen. Ich habe zum Beispiel die böse Alte in »Geschichten aus dem Wienerwald« gespielt. Ich will jetzt solche Rollen spielen, denn das macht mir einen irren Spaß!

Wie lernst Du Deine Texte?

Ich lerne zunächst alleine, weil ich nicht herumstottern will. Ich hatte schon mal Angst, dass das Gehirn nachlassen würde, aber dem ist nicht so.

Was war früher für Dich in Deinem Leben besser?

Na, das ist ganz klar, meine Zeit mit Erwin. Und er hat mir alles Geschäftliche abgenommen, er hat entschieden, was wir machen, was wir spielen.

Was ist heute besser? Gibt es technische Errungenschaften, die Dir helfen? Hast Du beispielsweise ein Hörgerät?

Nein, brauche ich nicht. Und diese technischen Geräte verstehe ich nicht, mehr als ein Handy brauche ich nicht.

Gibt es jemanden, den Du gerne kennenlernen würdest?

Unseren jungen Bundeskanzler Sebastian Kurz würde ich gerne kennenlernen. Der imponiert mir, mir gefällt seine Art und wie er spricht.

Wie erlebst Du die Corona-Zeit?

Es ist schlimm, dass zurzeit gar nichts mehr geht. Aber ich kann nicht klagen, ich bin dankbar, dass ich einen großen Garten habe, den ich besonders im Sommer genießen konnte, und war täglich – wie sonst auch – mit dem Hund spazieren. Ich hatte trotz Corona noch ein paar Gastauftritte vor Publikum – irgendwie ist das bei uns gegangen.

Was sind Deine drei Wünsche für Deine Zukunft?

Dass meine Familie und ich gesund bleiben. Ich habe ansonsten keine Wünsche, ich bin wunschlos glücklich. Und dass es so bleibt wie bisher.

[Ich lache.] Na ja ich wünsche mir für Dich, dass es nicht so bleibt wie jetzt und Du wieder ganz gesund wirst. Da bin ich eigentlich sicher!

HERMANN KLAUKE:

»Man muss wissen, was man zu tun hat.«

Wie alt bist Du jetzt?
Ich bin 88. Ja, inzwischen bin ich älter geworden.

Ich habe Dich ja für mein letztes Buch auch interviewt, das ist über zehn Jahre her. Hast Du das Gefühl, dass Du inzwischen das Alter mehr spürst?
Eigentlich nicht. Ich denk auch gar nicht daran, außer dass ich ein Hörgerät habe, habe ich keine Beschwerden. Nein, ich habe nichts, außer ein bisserl erhöhtem Blutdruck. Da nehme ich was dagegen, aber auch nicht immer. Jetzt zum Beispiel ist der Blutdruck auch wieder bisserl erhöht, ganz automatisch, weil Du da bist. [Beide lachen.]

Jetzt hast Du eben Dein Hörgerät etwas höher eingestellt, gell?
Ja, das kann man Gott sei Dank. In der Werkstatt stell ich nur die halbe Stärke ein, sonst reißt's däs Ohrwaschl weg, wenn ich die Maschinen einschalte!

Dein Beruf nennt sich Kunstschreiner? Oder bist Du Schreiner? Oder Zimmermann?
Nein, eigentlich bin ich Tischler, ich bin ja Westfale und in Westfalen sind die Schreiner Tischler und in Bayern sind es Schreiner. Das ist der gleiche Beruf, die gleiche Arbeitsweise. Ich mache hauptsächlich Möbel und Holzdecken.

Gehst Du denn noch jeden Tag in Deine Werkstatt?
Ja, jeden Tag, das muss ich, da freu ich mich drauf!

Macht Dir die Arbeit die gleiche Freude wie früher?
Ja, aber wenn was Neues kommt, macht es noch mehr Spaß. Ich versuch auch immer wieder neue Sachen zu machen. Des kribbelt, wenn man was nicht Alltägliches hat. Der Denkprozess fängt meistens nachts irgendwann an: Wie mach ich das, wie geht das, funktioniert das überhaupt? Ich habe mir einen großen Lehnstuhl gebaut, in dem man aufrecht sitzen muss. Ich habe die Rückwand hohl gemacht, so 40 Zentimeter höher, und dann habe ich das ausprobiert. Erst mit furniertem Sperrholz, später Nussbaum drauffurniert und alles verpresst. Das ist einwandfrei schön geworden. Das war kein Auftrag. Das mache ich einfach nur für mich, damit ich weiß, ich kann das. Dann bin ich zufrieden.

Und den stellst Du dann in den Laden und wenn einer kommt, verkaufst Du ihn?
Na, den verkaufe i net. Es ist ja so, die Leute wollen nichts zahlen und um herzuschenken, da ist mir das zu schade. Da soll meine Enkelin dann entscheiden, was sie damit macht.

Du hast eine Enkelin? Aber nicht von Deiner Tochter, die kürzlich verstorben ist?

Meine Tochter hatte keine Kinder, leider. Sie hat irgendwas an der Leber gehabt, man hat da nichts gewusst. Auf einmal musste sie nachts ins Krankenhaus und dann hat es geheißen, sie stirbt. Entweder sie kriegt eine neue Leber oder sie stirbt. Das war eine Katastrophe. Das ist das Schlimmste, wenn Kinder vor einem sterben. Das ist ungut. Meine Frau ist am 1. November gestorben und dann meine Tochter am 4. April. Die war ein lustiges Madl, deshalb hat man auch nichts gemerkt, sie hatte eine Hasenpension. Die war ausgebucht bis zum Gehtnichtmehr. Ich hab dauernd neue Kästen, neue Regale und neue Käfige bauen müssen.

Das muss doch ein schreckliches Erlebnis sein, wenn man erst die Frau verliert und dann kurz danach seine Tochter.

Ich habe meine Frau drei Jahre gepflegt. Das heißt nicht gepflegt, sondern ihr im Alltag geholfen, denn sie war aufgearbeitet. Sie hat zu viel gearbeitet, sie hat nicht ruhig sitzen können und musste immer was tun.

Du bist ja nicht anders.

Ich kann auch nicht herumsitzen. Ich bau zwar schöne Bänke, aber darauf sitzen tue ich selten …

Du bist ja jetzt alleine …

Ja, das spüre ich schon. Aber da muss man sich dran gewöhnen. Ich habe ungefähr eineinhalb Jahre gebraucht. Aber man darf sich nicht verschlampern, man muss aufstehen, man muss seinen Tagesablauf machen und man muss wissen, was man zu tun hat. Das ist wichtig.

Bist Du mit Deinem jetzigen Alter zufrieden oder wärst Du gerne jünger?

Ich bin eigentlich schon zufrieden, weil ich mich ja mit meinen 88 nicht alt fühle. Man ist so alt, wie man sich fühlt, wie man beweglich ist – auch geistig. Wenn ich die alten Leut' seh, ja um Gottes willen, diese alten Schluckspezi, die da so dahinkraxeln, die gehen fünf Schritte, da müssen sie sich schon wieder hinsetzen, da denke ich: Laufts doch weiter, mach halt mal zehn Schritt, des geht doch! Aber na, wenn man nachgeben tut, des ist der Untergang.

[Ich lache.] Wenn Du aufstehst, wie sieht Dein Morgen aus?

Zuerst waschen. Dann mach ich mir mein Frühstück, meine drei Brote und lese meine Zeitung durch. Gegen 8:30 Uhr räum ich alles auf und gehe in die Werkstatt bis 11:30 Uhr.

Hier ist es ja picobello sauber, machst Du das alles allein?

Das mache ich alles alleine, kehren, staubsaugen, Betten machen, überziehen, waschen und selbst bügeln. Bei den Hemden tue ich meistens nur die Krägen bügeln.

Auf jeden Fall siehst Du fesch aus!

Ja, man darf sich nicht gehen lassen.

Deine Firma existiert nicht mehr, aber die Werkstatt für Rahmenanfertigung schon?

Ja, meist Bilderrahmen. Wir machen Rahmen für St. Petersburg.

Was heißt »wir«?

Die Vergolder, die stellen das fertig, und ich mache die Rohlinge. Meistens sind das alles Frauen.

Warum sind das meistens Frauen? Weil Du gerne Frauen um Dich hast?

Ja, außerdem auch! Das Vergolden ist mehr oder weniger Frauenarbeit geworden. Es gibt natürlich auch Männer, aber dafür haben sich jetzt viele Frauen interessiert. Die haben ihren Meister in München gemacht und ein Geschäft eröffnet. Seitdem sind sie meine Kunden. [Er lacht] Meine Vergolder-Damen sagen übrigens, ich muss 115 Jahre alt werden!

Wieso das?

Weil sie dann in Rente gehen!

[Wir beide betrachten Fotos von früher.]

Hast Du auch geboxt?

Ja, ich bin ungeschlagen abgetreten. Ich war Leichtgewicht.

Machst Du heute noch irgendeinen Sport?

Ja, Schießen, aber nicht auf Tiere, sondern auf Scheiben. Ich bin Sportschütze. Seit längerer Zeit darf man ja im Sitzen schießen, aufgelegt schießen und in der Schlinge schießen. Aber stehend freihändig, damit fängt man an, und ich tue halt immer stehend freihändig schießen. Das ist die größere Herausforderung und das mit 88!

Da muss man doch sicher eine enorm ruhige Hand haben?

Ja, man muss ruhig sein, man muss stehen und schauen können. Ich brauche keine Brille net, auch zum Lesen net, außer es ist so wuzerl klein g'schrieben. Auch beim Arbeiten nicht. Beim Arbeiten wär's sehr schlecht, da ist ja dann Staub drauf – »Brille und Rauchen« –, des geht net bei der Arbeit. [Pause.] Ja, ich bin da schon sehr zufrieden.

Gibt es Möbel, die Du gemacht hast und nicht hergeben willst?

Ja, das war schon immer so, ich geb nicht gern was her. Vor allem, wenn man lang dran gearbeitet hat. Früher, wenn ein Schrank fertig war und die Leute wollten ihn abholen, dann habe ich g'schwindelt: Na, Montag, des geht net, ich hab da kein Fahrzeug. Ich wollte den Schrank doch erst einmal anschauen! Das ist wie ein Kind, das man weggeben muss. Dann haben die Leut den Schrank, und ich selber hab nix mehr davon! Manchmal fahre ich auch später zur Kundschaft hin, um mir die Sachen noch mal anzuschauen, die ich vor 30, 40 oder 50 Jahren gemacht habe.

Du bastelst doch auch manchmal in Deine Möbel so Geheimzeichen rein, oder?

[Er lacht spitzbübisch.] Ja, ich tu da ab und zu Geld einbau'n oder eine Zeitung. Ich hab mal einen Barocktisch aus Eiche gebaut und unter die Platte geschrieben: »Die ist für Genies gemacht, die essen und trinken können.« Nach einem halben Jahr haben sie das entdeckt und haben mich gleich angerufen.

Du hast mir mal gesagt, das bisschen Leben, das man hat, muss man behalten. Früher hast Du immer gepfiffen.

Ja, morgens wird gepfiffen, ich habe immer mein Fenster auf. Dann höre ich die Vogerl und pfeife mit denen.

Lebst Du gerne?

Ja, freilich lebe ich gerne! Aber man muss im Alter das machen, was man kann, net des, was man will, weil das, was man will, geht halt nimmer – irgendwann ist eine Grenze da. Ich weiß, wo meine Grenze ist. Das weiß ich schon aus meiner Sportzeit, da muss man auch seine Grenzen kennen. Das ist mit dem Werkzeug das Gleiche: An der Fräse zum Beispiel, wie weit kann ich hier gehen, ohne dass etwas passiert.

Gehst Du in die Kirche und glaubst Du an ein Leben nach dem Tod?

Nein, daran glaube ich nicht. Wenn's aus ist, ist's aus. Wenn's des geben tat, wo kämen wir denn da hin, die Welt ist doch jetzt schon überbevölkert! Das ist doch alles Fantasie. Ich gehe nur in die Kirche, wenn ich was machen muss. Wenn ich dort eine Bank richten oder am Altar was machen muss.

Gibt es Vorbilder in deinem Leben?

Vorbilder habe ich eigentlich keine, weil ich mir sage, das ist dem sein Leben, ich muss mein eigenes Leben leben, das, was mir möglich ist. Bei mir bleiben nur die hängen, die einen schlechten Eindruck auf mich gemacht haben. Das Gute war gut, aber das Schlechte kann man nicht vergessen, das bleibt mehr hängen.

Wenn Du nicht mehr arbeiten könntest, was wäre dann?

Das kommt auf die persönliche Einstellung an, was einem selber gefällt. Es gibt Leute, die wollen nur wandern oder lesen, und andere wollen eben immer was machen. Gut, wenn man eine Krankheit hätte, bei der man nichts mehr machen kann, was tut man dann? Da kann man nur bitten: Lasst mich sterben!

Hättest Du drei Wünsche für die Zukunft?

Mein Wunsch wäre, dass ich mich so verabschieden würde wie meine Mutter. Sie ist ins Bett gegangen und aus. Sie war gesund, es hat ihr nichts gefehlt. 78 Jahre alt, legt sich ins Bett und ist nicht mehr aufgewacht. So möchte ich auch sterben, und sonst wünscht man sich nur, dass man gesund, geistig und körperlich einigermaßen fit bleibt, sodass man selber aufstehen und sich selbst versorgen kann.

Also ich hätte für Dich den dritten Wunsch: Dass Dein erster Wunsch noch lange nicht eintritt!

DIETER HALLERVORDEN:
»Erst mal will ich 100 werden und dann sehen wir mal weiter.«

Du bist der Prototyp und Inbegriff meines Buchthemas. Darf ich fragen, wie alt Du bist?
Ja, als geborener Optimist hoffe ich, im September diesen Jahres 85 zu werden.

Abgesehen von Deinem tatsächlichen Alter: Wie alt fühlst Du Dich?
Ich glaube, dass ich in meinem tiefsten Innersten sehr viel Kind geblieben bin. Ich fühle mich eher wie ein sehr gesunder Sechziger, aber das hat natürlich auch viel damit zu tun, dass man dafür sorgt, dass sich Herz, Verstand und körperliche Tüchtigkeit im Gleichgewicht halten. Ich hatte zwar meine kleinen Laster, ich habe sie aber immer in Maßen gehalten. Mein Körper hat mir ganz schnell angezeigt: Mensch, das ist zu viel, auch beruflich, sodass ich mal kürzertreten und Pausen einlegen musste. Ich habe sehr auf meinen inneren Schweinhund gehört, der mir sagt: Dieter, davon ist es jetzt genug. Ich habe in meinem Leben sehr viel Sport gemacht. Man kann mir zwar ein Leben nach dem Tod versprechen, aber solange das nicht bewiesen ist, will ich erst mal dieses ausnutzen. Ich habe eine große Lebenslust, allerdings muss ich einschränkend sagen, dass ich Schwierigkeiten habe, längere Zeit allein zu verbringen.

Das kann ich gut verstehen. Wärst Du gerne noch mal jung?

Ich habe nicht viel zu bereuen, und all die Torheiten, die ich eingegangen bin, möchte ich nicht wiederholen. Ich habe auch vor, noch ein paar Jahre dranzuhängen, am liebsten ein paar Jahrzehnte, zumal ich mich in einer sehr glücklichen Zweisamkeit befinde. Nein, wieder jung möchte ich nicht sein.

Du hast gesagt, dass die Rolle des Paul Averhoff in »Sein letztes Rennen« absolut wesensgleich mit Dir ist. Kannst Du das definieren?

Paul Averhoff verkörpert meine Lebensphilosophie: Ein Ziel haben, gegen alle Widerstände dieses Ziel durchsetzen, einen langen Atem haben, nie aufgeben, schon mal hinfallen, aber immer wieder aufstehen und einfach daran Freude haben. Den Menschen beweisen, die so ungläubig meinen, man würde irgendwelchen Zitronenfaltern nachjagen, dass man das erreichen kann, was unmöglich erscheint, wenn man wagt, nach den Sternen zu greifen.

Denkst Du, man muss im Alter energiegeladen und stark sein, um neue Dinge in die Tat umzusetzen, und vor allem an sich selbst glauben?

Ja, ich glaube schon, dass man natürlich ein gewisses Selbstvertrauen haben muss. Man darf zwar keine Bugwelle an Selbstbewusstsein vor sich herschieben, mit der man andere Leute vergrault, aber man muss natürlich eine gewisse innere Sicherheit haben. Man muss die Dinge, die man macht, gerne machen und man muss überzeugt sein davon. Ich würde mich niemals zu Arbeiten hin quälen, wenn ich nicht das Objekt meiner Begierde selbst ausgesucht hätte. Aber da bei mir der Beruf aus einem Hobby heraus entstanden ist und man ein Hobby ja nicht so leicht aufgibt, möchte ich auf die Bühne klettern, solange mich die Beine noch von alleine hochtragen, solange der Kopf noch mitmacht und solange mich noch mehr als zwei, drei Leute sehen wollen.

Fragen Leute Dich manchmal, warum Du Dir das noch antust und Dich nicht zur Ruhe setzt? Und wenn ja, nervt Dich das?

Wenn es solche Fragen gibt, amüsiert mich das eher, weil die Leute das eben nicht begreifen. Sie sehnen sich ewig nach dem Ruhestand, und wenn sie den Ruhestand dann haben, wissen sie gar nichts mit der Zeit anzufangen, weil sie kein Hobby haben und ihnen die Arbeit eigentlich fehlt. Man sieht es auch bei Politikern – Adenauer ist ein gutes Beispiel: In dem Moment, in dem der Mann sein Amt abgegeben hat, hat er nicht mehr lange gelebt. Aber die Frage, warum ich mir das noch antue [er lacht] – das ist ja genau umgekehrt: Ich stehe auf der Bühne und denke: Mensch, macht das einen Spaß und du wirst dafür auch noch bezahlt! Nicht, dass ich das Geld bräuchte, aber ich halte es für eine Gnade, noch arbeiten zu dürfen.

Mit 64 hattest Du den Mut, noch ein Kind zu bekommen, beziehungsweise natürlich Deine Frau, und mit 73 hattest du den Mut, mit Deinem Privatvermögen das Berliner Schlossparktheater zu retten. Jetzt mit über 80 hast Du den Mut, eine neue Beziehung einzugehen, und zwar mit einer wesentlich jüngeren Frau. Du hast mit allem einen großen Erfolg, deshalb wundert mich Deine Aussage, es falle Dir schwer, Glück zu empfinden.

Ja, ich ertappe mich oft dabei, wenn ich alleine bin oder wenn ich mich vorbereite, dass ich mich frage: Warum lächelst du nicht? Warum freust du dich nicht? Warum bewegst du in deinem Kopf Gedanken, was passieren könnte, wenn ...? Ich bin da irgendwie undankbar.

Du hast mal erzählt, dass Du beim Applaus plötzlich ganz tieftraurig würdest. Ich hatte einen lebensklugen Religionslehrer, der dieses Phänomen so erklärte: Das sei ein gesunder, naturgegebener Mechanismus, vergleichbar mit der elektrischen Überspannung. Da würde die Sicherung raushauen, damit man nicht durchdreht.

Das Bild ist schön! Mir ist es zum Teil unerklärlich: Ich sage mir, nun ist doch alles vom Feinsten und trotzdem beschleicht mich ein Gefühl von Traurigkeit, nah an einer Depression, aber das ist immer seltener der Fall, seit ich Christiane kenne. Man muss eben ab und zu mal neue Herausforderungen wagen, damit einem nicht langweilig wird. Ich habe jetzt schon wieder Pläne im Kopf, es muss was Neues her. Also nicht privat [wir lachen], aber beruflich. Ich bin eben gerade auf der Suche.

Du vergleichst Dein Leben mit einem Bergsteiger, der den Gipfel erklommen hat und noch ein höheres Ziel sucht. Ist das so? Warum sagst Du nicht: Das habe ich erreicht, das ist großartig und das genieße ich jetzt?

Das ist mir eben nicht zu eigen. Als ich hochgelobt wurde, selbst in Amerika für »Didi – der Doppelgänger«, da hätte ich auch sagen können: So, das ist es jetzt, aber ich wusste genau, dass ich noch etwas anderes kann. Ich finde es als Schauspieler interessant, eine gewisse Vielseitigkeit zu haben. Da gibts noch Farben zu entdecken, von denen ich weiß, dass ich sie noch gerne zeigen würde. Warum soll ich sagen, ich habe schon den Gipfel erreicht? Vielleicht kann ich doch noch irgendwo auf einem Umweg weiterklettern. Mich hat es immer gewundert, dass man mich als Schauspieler, der in der sogenannten leichten Sparte tätig war, erst für voll genommen, künstlerisch bewundert und geehrt hat, als ich einen »ernsten« Film gedreht hatte. Die Anerkennung hätte an sich viel eher dem »Didi« gebührt, denn Komiker zu sein und Lacher direkt vor Publikum zu erzeugen ist sehr viel schwerer, als eine Charakterrolle zu spielen. Was mich vor allem genervt hat, ist eben die Häme von Kritikern, die über Jahrzehnte über mich herein geprasselt ist, weil sie Marty Feldmann hoch lobten, aber Dieter Hallervorden, der ja absolut verwandt mit Marty Feldmann ist, in Grund und Boden kritisiert haben. Es war nicht ganz einfach, das durchzustehen, weil die Kritiker natürlich auch die Meinung vom Publikum beeinflussen, und dementsprechend herablassend sind die Leute mit mir umgegangen. Es war nicht immer einfach, sich innerhalb der Bundesrepublik Deutschland auf Tournee zu bewegen, weil alle dachten, dass ich Didi bin. Die haben nicht begriffen, dass das eben eine Kunstfigur ist. Ich meine, ich habe Romanistik und Publizistik studiert, habe mich mit Honoré de Balzac beschäftigt, mit Maupassant. Es ist wirklich ein bisschen mehr im Kopf drin, als der Didi zu haben vorgibt. Das hat mich schon – manchmal sehr – tief berührt, ja. Deshalb war es auch eine Genugtuung, dass ich für »Sein letztes Rennen« den Filmpreis bekommen habe, als alle Kritiker bei der Süddeutschen Zeitung, bei der Frankfurter Allgemeinen plötzlich umschwenkten und glaubten entdeckt zu haben, dass ich ein grandioser Schauspieler bin.

Gibt es etwas, dass Du am Älterwerden schön findest? Manche empfinden es ja sogar etwas beschämend.

Beschämend überhaupt nicht. Sicher, wenn ich morgens aus verschiedenen Gründen drei Tabletten nehmen muss, denke ich schon, das ist nicht so gut. Aber insgesamt gesehen hat Älterwerden auch mit Erfahrungswerten zu tun, die man sammelt, und auch mit einer gewissen Altersklugheit, die dann einkehrt. Ich bin früher viel ungeduldiger, viel kritischer gewesen und war viel wirscher anderen Menschen gegenüber. Jetzt ist mir bewusst, dass wenn ich andere Menschen anlächle, kommt das Lächeln zurück und ich erreiche meine Ziele viel besser, wenn ich eine Kritik erst mal mit einem Lob beginne. Also Alter bringt auch Vorteile mit sich.

Ein Thema, das man nicht so gerne anspricht, ist die Veränderung des Körpers. Macht Dir das als Mann Schwierigkeiten?

Wenn die Gelegenheit da ist, flüstert Christiane mir zu: »Du siehst aber gut aus!« Es gefällt mir schon, wenn ich das höre. Wenn ich bedenke, dass das ein 85-jähriger Körper ist, kann ich schon ganz zufrieden sein. Ich war nie ein eitler Mensch, das konnte ich mir gar nicht leisten. Natürlich habe ich schon versucht, das Gefährt in Form zu halten, also das Chassis zumindest, aber auch der Motor muss in Ordnung sein.

Du treibst ja auch Sport …

Egal wann ich zum Drehen abgeholt werden, egal wann ich Termine habe, ich stehe rechtzeitig auf, sodass ich aufs Trimm-Dich-Rad kann. Eine knappe halbe Stunde lang und anschließend 35 Minuten schwimmen. Das bewirkt was, nach dem Sport geht es mir einfach gut. Da kommt natürlich auch dazu, dass man den inneren Schweinehund überwunden hat. Wenn man den Körper in jeder Art benutzen und fordern will, muss man ihn in Form halten.

Sprichst Du viel von früher?

Ich bin, wie es in der DDR-Hymne hieß, »der Zukunft zugewandt«. Mich interessiert, was in den nächsten Minuten, in den nächsten Tagen und Monaten passiert. Sicherlich denke ich zurück, wenn ich an meine Eltern denke oder speziell an meinen Vater, mit dem mich sehr viel verbunden hat. Dann bleibe ich in Gedanken lange dort hängen, aber eigentlich nur aus Liebe.

Du bist ja auch jemand, der im Internet postet, oder macht das jemand für Dich?

Nein, nein, das mache ich schon selber. Es muss auch ein Sinn dahinterstecken, und das kann man auch von mir erwarten.

Du wurdest im Internet als Antisemit bezeichnet. Wie gehst Du damit um?

Ich stehe dazu, dass ich den Netanyahu als Politiker absolut nicht mag. Nun ist der Jude, und wenn ich das sage, dann wird unterstellt, ich meine alle Juden – absolut nicht! Ich habe beispielsweise eine lange Bekanntschaft mit Ilja Richter – mehr als Bekanntschaft. Ich habe viel mit Juden zusammengearbeitet. Um mich auf meine Rolle in »Chuzpe – Klops braucht der Mensch!« vorzubereiten, haben mir Juden sehr geholfen. Ich bin mit Juden immer gut ausgekommen. Ich kritisiere die israelische Politik und finde schon, dass man mit Palästinensern fairer umgehen könnte.

Ich habe jüdische Freunde, die darauf immer sehr allergisch reagieren. Sie sagen, das sei die neue Form des Antisemitismus, wenn man sagt: »Ich hab nichts gegen Juden, aber was in Israel passiert, da bin ich nicht mit einverstanden.«

Mein Großvater hat eine Synagoge vor einer Brandstiftung bewahrt. Er hat daraufhin seinen Job verloren, das hätte ihn Kopf und Kragen kosten können. Ich bin von meiner Herkunft her davor gefeit, Antisemit zu sein. Das bin ich weiß Gott nicht, aber ich nehme mir trotzdem das Recht heraus zu sagen, dass es genau in dem Teil, wo Jesus den Frieden gepredigt hat, die größten Probleme im Nahen Osten gibt. Das ist ein Pulverfass. Alle Seiten wären gut beraten, einen Weg zu finden. Jitzchak Rabin, der Ministerpräsident von Israel, der hatte ja einen Weg gefunden, ist dafür aber ermordet worden!

Macht Dir die Arbeit heute noch die gleiche Freude wie früher?

Ich glaube, wenn man Dinge machen will, muss man mindestens die 100 Prozent anstreben. Erreichen wird man sie meistens nicht, aber wenn man es nicht wenigstens versucht, dann landet man im Durchschnitt. Und Durchschnitt möchte ich nicht produzieren. Das heißt, ich gehe nach wie vor mit großer Liebe zum Detail an die Sachen.

Kannst Du Ratschläge von Jüngeren gut annehmen?

Beruflich gesehen, höre ich genau zu und sage, ich geh den Weg mal mit, versuch's mal so. Ich hab ein großes Timing-Gefühl und merke ganz schnell, das war ein guter Ratschlag oder das mag ein guter Ratschlag sein, aber nicht für mich. Also, ich mache einfach eine Auslese: Die guten ins Töpfchen, die Schlechten ins Kröpfchen.

Was ist bei Dir in Planung?

Es gibt mehrere Möglichkeiten: Entweder ich nehme mein Studium wieder auf und mache noch meinen Doktor. Ich hatte mein Doktorandenseminar aufgegeben, weil ich die »Wühlmäuse« gegründet hatte, und das ärgert mich bis heute. Die andere Möglichkeit wäre, ein Theater aufzumachen, das zentraler liegt, einen ganz anderen Spielplan bedient, und die dritte Möglichkeit wäre, ein Kind zu adoptieren, aber das werden sie mir in meinem Alter nicht gestatten. Ich weiß, ich werde irgendwas finden, ich weiß nur noch nicht was.

Hast du Angst vor dem Tod?

Auf den Tod freuen, tue ich mich natürlich nicht. Ich möchte nur nicht, wenn ich krank werden sollte, aufgrund von Maschinen lange vor mich hingammeln. Erst mal will ich 100 werden und dann sehen wir mal weiter.

Ich glaube, Du bist auf dem besten Weg, das zu erreichen! Gibt es ein Vorbild eines alten Menschen für dich?

Bei mir war es eigentlich immer so, dass ich keine Vorbilder hatte, weil man ja immer versucht, Vorbilder nachzuahmen. Indem man jemanden nachahmt, hinterlässt man ja eigentlich keine eigenen Spuren.

Gibt es einen Leitspruch in deinem Leben, eine Botschaft?

Es gibt zwei: Der eine Leitspruch wurde von meinem Vater in mein Poesiealbum geschrieben [er sucht länger in seiner Erinnerung]: »Ich will! Das Wort ist mächtig, spricht's einer leis und still, die Sterne holt vom Himmel das kleine Wort ich will.« [Er lächelt]. Da ist was Wahres dran. »Ich will und ich kann.« Der andere ist: »Immer mindestens einmal mehr aufstehen als hinfallen.«

Ich habe es mir am Ende meiner Gespräche zur Gewohnheit gemacht, meine Protagonisten nach drei Wünschen an eine Fee zu fragen.

Erst mal möchte ich so jung werden wie Christiane, sodass ich sie begleiten kann, bis sie selbst sagt, so, das war jetzt genug. Aber im Sinne von: Wir haben das Leben jetzt genügend gelebt, wir machen jetzt Platz für andere. Und zweitens, dass mein Sohn Johannes die Kurve kriegt und begreift, dass man nur durch Lernen und durch Verarbeiten von Kritik und Anregungen sein Leben glücklich gestalten kann. Mein dritter Wunsch wäre, dass ich gerne so fit wäre, dass mein Körper Belastungen aushält, um eine Wildwasserfloßfahrt machen zu können. Und ich würde gerne, wenn das bezahlbar wäre, mal im Weltall mitfliegen. Solche Träume würde ich mir gern erfüllen.

Donnerwetter, [ich lache] das ist schön! Diese Art Wünsche hatte ich noch nicht! Danke!

PROF. WOLFGANG M. HECKL:

»Ich würde gerne so lange arbeiten können, wie ich lebe.«

Wie alt bist Du jetzt?
Meine Standardantwort auf diese Frage ist immer eine Gegenfrage: Ich bin am 10. September in Parsberg geboren, kurz bevor Elvis Presley zu uns in die Oberpfalz kam. Das ist etwas kryptisch. Wann kam Elvis Presley denn in die Oberpfalz? Er kam am 3. November auf dem Truppenübungsplatz in Grafenwöhr an, eine Fahrstunde von Zuhause entfernt, im Jahr 1958! Just in dem Moment, als Elvis ausgeatmet hat, habe ich seine Moleküle eingeatmet, da war ich kaum zwei Monate alt, deshalb kann ich nichts dafür, dass ich ein Rock'n'Roller geworden bin. [Er lacht.] Aber gefühlt bin ich viel jünger, vielleicht ein 1968er-Jahrgang.

Das Deutsche Museum wird zurzeit renoviert. Du sagtest vorhin, dass sich die Renovierung des Deutschen Museums auch deshalb lohnen würde, weil die Besucher, die als Kind vielleicht ins Deutsche Museum gegangen sind, später Wissenschaftler werden.
Ja richtig, berufsstiftende Wirkung! Letzten Endes lohnt es sich für die Gesellschaft. Wenn Kinder oder Jugendliche Begeisterung und Spaß zum Beispiel an Ingenieurstechnik finden, weil sie so ein tolles Mitmachexperiment gemacht haben, und sie dies der Gesellschaft später als Ingenieur in Form von Erfindungen und Entdeckungen zurückgeben, dann ist die Wertschöpfungskette geschlossen. Wir haben viele Zeitzeugen, die uns das bestätigen.

Würdest Du gerne ewig weiterarbeiten?

Na ja, ewig kann keiner. Irgendwann muss man auch dem Nachwuchs die Sachen in die Hände geben. Aber als geistig arbeitender Mensch hat man das Privileg – das ist bei Dir ja genauso, wir sind ja auch Handwerkerfreunde [er lacht] –, dass wir im Grunde genommen so lange arbeiten können, wie wir wollen. Wir können ein Buch schreiben, wir können Ideen entwickeln, wir können malen – das haben wir auch gemein –, wir können handwerken, es gibt also kein Enddatum, wie bei jemandem, der am Band steht, ausgelaugt und froh ist, wenn er mit 60 oder 65 endlich aufhören kann. Wir haben das Privileg, wir dürfen weitermachen.

Ich meine aber, dass auch diese Menschen sich überlegen sollten, später etwas anderes zu machen.

Ja, absolut und der Schlüssel dazu – und das gilt aus meiner Sicht für jeden – ist, dass man früh genug anfangen muss. Ich hab schon zig Leute kennengelernt, die nehmen sich immer vor: Wenn sie dann mal in Ruhestand sein werden, dann werden sie dies und das machen. Die kommen dann aber nicht mehr dazu, weil sie es nicht rechtzeitig angefangen haben. Mir hat ein alter, ehemaliger Professor Emeritus einmal Folgendes geantwortet, als ich ihm sagte: »Jetzt haben Sie ja Zeit, jetzt können Sie ja vieles machen.« »Sie glauben es nicht, in dem Maße, wie ich Zeit gewonnen habe, verliere ich ständig Zeit, weil ich viel länger brauche.« Das werde ich nie vergessen.

Ja, nichts zu tun ist viel anstrengender, als viel zu tun. Hast Du Dir denn schon überlegt was Du machen wirst, wenn Du schließlich aufgehört hast?

Ich werde die vielen Ideen, diese vielen Buchprojekte, die ich zum Teil schon angefangen habe, auch wirklich fertig machen. Ich möchte etwa meine Privatsammlung an

technischen Geräten ordnen, in einem Buch über das Privatsammeln verarbeiten und vielleicht auch ausstellen. Zudem eine überarbeitete Auflage meines Buches »Die Kultur der Reparatur« rausbringen. Es hat sich inzwischen viel getan; die EU-Gesetzgebung, das Recht auf Reparatur, was ich schon immer gefordert habe, ist jetzt unterwegs.

Du hattest auch gefordert, dass Geräte länger funktionsfähig bleiben.

Ja, die sogenannte geplante Obsoleszenz. Nach zwei oder drei Jahren, wenn die gesetzliche Garantiezeit zu Ende ist, hat man immer wieder das Phänomen, dass genau dann die Geräte kaputtgehen. Und ein Schelm, wer Böses dabei denkt. Sicher gibt es da auch Zufälle, aber natürlich ist es so, dass viele Geräte heutzutage so designt sind, dass der Materialeinsatz auf Kurzlebigkeit hinausläuft. Vor fünf oder zehn Jahren wurden Handys noch so gebaut, dass man selbstverständlich den Akku wechseln konnte. Heute werden sie verklebt. Das sind letztlich die Auswüchse der Konsumgesellschaft. Aber das können wir uns nicht mehr beliebig lange leisten. Wir tun so, als hätten wir zwei Erden. Wir verbrauchen die Ressourcen und richten einen großen Schaden an der Umwelt an. Übrigens die Reparatur ist ein Phänomen des Lebens. Das bringe ich gerne als Beispiel in meinen Vorträgen über das Kulturphänomen des Homo reparans. Wir brauchen nur daran zu denken, dass sich in jeder Sekunde unser Körper hunderttausendfach repariert. Ohne Reparatur könnten wir nicht leben, es ist ein natürliches Prinzip. Wenn etwas nicht mehr repariert werden kann, muss es recycelt werden. Aber nicht mehr so wie bisher, dass man beispielsweise aus Plastik Parkbänke macht, das nennt man »Downcycling«, abwärts, sondern wir müssen lernen, molekular zu recyceln. Also Atom für Atom und Molekül für Molekül wieder in den Kreislauf zurückgeben.

Glaubst Du, dass es in unserem Weltall eine ebenso gleiche Erde gibt, wie wir sie bewohnen, oder ist es ein Zufall?

Darüber ließe sich viel sagen. Es gibt selbstverständlich erdähnliche Planeten. Schon allein in unserer Milchstraße gibt es Milliarden Planeten. Es müsste ja mit dem Teufel zugehen, wenn nicht auf ein paar davon solchen Bedingungen existieren, die Lebensentstehung möglich machen. Das heißt aber nicht, dass erstens das Leben genauso aussieht wie hier, denn man kann sich Leben auch mit anderen Molekülen vorstellen. Es gibt vielleicht nicht nur kohlenstoffbasiertes Leben, es gibt vielleicht auch siliziumbasiertes Leben. Zweitens taucht immer die Frage auf: Wann werden wir in Kontakt treten? Ein Leben oder eine Zivilisation muss auch in einem Zeitfenster entstanden sein, das mit unserem kompatibel ist. Um zum Beispiel ein Signal vom Rand der Milchstraße aus heute zu empfangen, müsste dieses vor etwa hunderttausend Jahren abgesendet worden sein. Wir können heute bis zum Rande des Universums blicken, also so 13 Milliarden Lichtjahre, aber wir sehen da die Vergangenheit vor 13 Milliarden Jahren.

Das heißt wir sehen Lichter, die schon längst verglüht sind.

[Er lacht.] Ja, man kann das intellektuell kaum fassen. Da sind wir ja so klein, wir Menschen, da sind unsere Probleme so minimal. Wir halten uns für so wichtig als Krone der Schöpfung – es ist lächerlich. Auch im Kontext, leben und alt werden. Was wir heute wissen, ist erst die erste Seite im Kochbuch des Alten, des Herrgotts, wie es Einstein gesagt

haben soll. Mehr nicht. Allein das scheint uns schon so unwahrscheinlich komplex, faszinierend, großartig, dass es ein Privileg ist, ein Glücksfall, dass wir überhaupt hier leben dürfen und aus diesem Becher der Erkenntnis trinken dürfen.

Heute kann man Leben verlängern und sogar 100 Jahre alt werden. Liegt das auch am Meiden von Viren?

Das ist, glaube ich, nicht möglich, es gibt einen evolutionären Wettlauf mit den Viren, besser wäre: vermeiden, dass Viren uns töten. Es ist schon sehr erstaunlich, dass das »kleinste Lebewesen auf der Erde« uns die größten Probleme macht. Das liegt daran, dass Viren teuflisch gut sind im Ausnutzen von Wirtszellen. Viren wollen sich nur vermehren. Um sich zu vermehren, müssen sie ihr Erbgut in den Zellkern eines Wirtes einschleusen und diese Wirtszelle umprogrammieren, sodass sie nur noch Viren herstellt und platzt. Der Mensch stirbt am Ende, aber das sichert das Überleben der Viren. Doch wenn das Virus alle Menschen töten würde, hätte es auch seinen Wirt verloren. Es ist immer ein Wechselspiel, und Gott sei Dank ist die Forschung in der Lage, Gegenstrategien zu entwickeln.

Dein Fachgebiet ist die Nanotechnologie. Kann Du das in einfachen Worten erklären?

Nanos ist griechisch der Zwerg. Nano ist 10^{-9}, also ich beschäftige mich in meiner physikalischen Forschung mit der Zwergenwelt.

Also mit mir.

[Lachend] Gerne auch mit Dir, denn Du bist wie jeder Mensch aufgebaut aus diesen Nanozwergen. Jeder Mensch ist ungefähr aus 1027 Atomen aufgebaut, eine eins mit

27 Nullen. Wenn ich wissen will, warum ein Medikament wirkt, wenn etwa ein Aspirin-Molekül irgendwo angedockt und den Kopfschmerz verhindert, dann muss ich mir das molekulare Geschehen anschauen.

Du erklärst alles physikalisch, doch wie erklärst Du Gefühle, Liebe? Zum Leben kommt doch auch Gefühl dazu.

Oje, oje, das ist mir viel zu kompliziert, das übersteigt die Komplexität der physikalischen Erklärungsmodelle bei Weitem – zumindest im Moment. Auf der anderen Seite ist es natürlich so, dass Gefühle etwas mit Serotonin zu tun haben, also selbstverständlich mit Molekülen. Wenn ich Dich gut riechen kann, bist Du mir sympathisch. Gefühle sind nichts anderes als manifestiertes biophysikalisches Geschehen.

Wir tragen die Milchstraße in uns, sagt der Philosoph Friedrich Nietzsche. Verstehe ich das richtig, die Konstruktion unseres Körpers ist im Kleinen aufgebaut wie das Universum?

Dieselben physikalischen Gesetze gelten für den Mikrokosmos einer Zelle und den Makrokosmos des Universums. Beispielsweise werde ich von der Erde angezogen, so wie ich die Erde anziehe. Die wichtigste Kraft ist für uns die elektromagnetische Wechselwirkung, weil sie bestimmt, wie alles in unserer Umgebung und wir selbst aufgebaut sind und wie die Selbstordnung von Molekülen zu Leben führt. Die gesamte Natur basiert auf Symmetrien und Erhaltungssätzen. Der wichtigste ist der Energieerhaltungssatz: Energie geht nicht verloren, sie wird umgewandelt. Wenn ich bremse, verwandelt sich mechanische Energie in Wärme.

Was hat das mit dem Thema Altern zu tun?

Gerade alte Menschen sollten auf der Basis von gesicherter Naturerkenntnis darüber nachdenken, wie das eigene Verhalten dazu beiträgt – oder auch nicht –, eine lebenswerte Erde für die Nachkommen zu erhalten. Wie habe ich gelebt, was hinterlasse ich, was kann ich dafür tun, dass ich meine Enkel, meine Kinder dazu erziehe, dass sie nicht die Fehler machen, die ich vielleicht im Leben gemacht habe? Die Jungen müssen Lösungen finden, aber ältere Menschen sollten sich an dem Prozess mit all ihrer Erfahrung, mit all ihrer Vergangenheit, mit all ihren Fehlern beteiligen. Gott sei Dank geschieht das gerade bei älteren Menschen.

Du hast von Garmi erzählt. Einem Roboter, der älteren Menschen Handgriffe abnehmen kann.

Das ist ein sogenannter Pflegeunterstützungsroboter im Bereich der Geriatronik, den der Professor Sami Haddadin an der TUM in Garmisch-Partenkirchen entwickelt. Er soll Pfleger und Pflegerinnen unterstützen, etwa Patienten zu heben, oder Patienten in der Nacht etwas zu trinken geben. Ziel ist es, die Robotik, Künstliche Intelligenz und Mechatronik in der Altersmedizin und Altersversorgung so einzusetzen, dass Menschen länger zu Hause wohnen bleiben können, autark.

Spricht der Roboter auch?

Am Sprechen und vor allem am Hören wird gerade gearbeitet, man kennt das ja von KI-basierten Systemen, zum Beispiel von der Fahrzeugnavigation. Man kann zum Roboter dann sagen: »Garmi, ich habe Durst.« Er kennt die Begriffe Wasser, [er lacht] Wein, Bier, Schnaps.

Nehmen Deine Interessen im Alter zu oder ab?

Ich kannte einen Physiker, der mir sagte: »Weißt Du, ich habe schon alles gesehen und erlebt, es interessiert mich nichts mehr.«

Oh nein!!! [ruft er empört aus], im Gegenteil. Das hat man Max Planck auch gesagt, als er zu einem Professor der Physik als Student ging und fragte, ob er ihm raten würde, Physik zu studieren. Der Professor sage: »Nein, junger Mann, da ist im Wesentlichen alles schon entdeckt.« Das war so um 1900 herum, und der Witz der Geschichte ist ja gerade, dass Planck durch die Neuentdeckung der Quantenphysik ein völlig neues Fenster aufgemacht hat.

Wenn man Dir heute sagen würde, Du darfst Ferien machen, aber nichts machen, nichts basteln, gar nichts!

Furchtbar, schrecklich. Da bist du tot. Das bemängeln schon meine Tochter und Frau, wenn wir mal im Urlaub sind und am Gardasee am Strand liegen, das kann ich praktisch nicht. Nach einer halben Stunde werde ich kribbelig, ich muss was machen, dann stelle ich meine Staffelei auf. Nichts tun gibt es nicht.

Kommen wir zum Coronavirus: Glaubst Du, dass es die Menschheit verändern wird in ihrem Denken?

Das ist in gewissem Sinne die Hoffnung, nicht wahr? Man überlegt sich, was wirklich wichtig ist im Leben. Der Wert einer persönlichen Begegnung wird einem wieder ganz anders klar. Die Chance wäre jetzt auch, unser Wirtschaftssystem in Bezug auf die Lieferketten zu überdenken. Wie kann es denn sein, dass wir in einem so hoch entwickelten Land wie Deutschland kein Desinfektionsmittel mehr herstellen, weil wir ein Wirtschaftssystem erfunden haben, in dem alles ausgelagert ist. Wir stellen keine Medikamente mehr her, weil es woanders billiger ist. Allein die Wissenschaft kann uns aus dieser Bredouille herausführen, bestes Beispiel ist die Schnelltestentwicklung eines Corona-Impfstoffes in Deutschland.

Gibt es einen Leitspruch in Deinem Leben?

»Don't ask – fix it!« »frag' nicht lang – versuch, es zu reparieren, mach' es!«

Warum lohnt es sich aus Deiner Sicht, alt zu werden?

Weil es so spannend ist, jeden Tag mehr von der Welt zu verstehen. Alles, was da ist und was noch kommt.

Nun kommt die berühmte Frage nach der Fee mit drei Wünschen …

… ich habe nur einen Wunsch.

Und der ist?

Dass alle meine Wünsche in Erfüllung gehen. [Ich lache.] Sehr gut!

LEON SPIERER:
»Wir haben das Privileg, weiterzumachen.«

Du wirst am 14. Januar diesen Jahres 92, richtig?

Ich werde am 14. Januar 91.

Da habe ich Dich älter gemacht, das geht ja gar nicht.

Das stört mich nicht.

Und ein paar Tage nach Deinem Geburtstag fliegst Du nach Brasilien?

Ja.

Das finde ich schon mal sehr bewundernswert!

Warum?

Na ja, mit 92 so nach Brasilien ...

91!

Wie kann ich mir das »Orchestra of the Americas« vorstellen? Es kommen junge Künstler aus aller Welt angereist, und mit denen übst Du?

Richtig. Am Schluss machen wir ein Konzert, und ich spiele auch mit. Am ersten Pult als Konzertmeister, das war ja auch bei den Philharmonikern meine Tätigkeit.

Als »erste Geige«. Und jetzt in Brasilien, da spielst Du ebenfalls Geige und dirigierst – als Geiger?

Beides am ersten Pult. Da sitzen zwei junge Geiger, und ich setze mich daneben. Während ich spiele, mache ich Zeichen mit Kopf, Arm, Körper und Augen, hauptsächlich mit den Augen. Aber wir haben ja auch vorher geprobt. Damit jeder die Werke kennenlernt, dirigiere ich, ohne Geige, so wie jeder Dirigent. Wenn ich die Möglichkeit habe, dann bereite ich diese jungen Leute so weit vor, dass ich auch plötzlich mitten im Stück aufhören kann, zu dirigieren. Damit die jungen Leuten Vertrauen oder Responsibility ...

... Verantwortung.

... Verantwortung entwickeln.

Bist Du in einem musikalischen Haus aufgewachsen?

Ja, das kann man so sagen. Mein Vater wurde in Polen in einer großen Familie geboren und war Kaufmann. Nach der Schulzeit ist er nach Deutschland gegangen und hat ein Geschäft für Männerbekleidung eröffnet. Meine Mutter stammt aus Kiew. In der Familie waren viele musikalisch, ein Bruder spielte auch Geige. Er war so begabt, dass die Eltern entschieden, nach Berlin zu ziehen, denn da gab es das beste Studium für ihn. Er hat in den 20er-Jahren ein Salonorchester geformt, das war eine sehr unruhige Zeit. Die Menschen lebten in den Tag hinein, man wusste nicht, was morgen kam. Man ging um vier Uhr nachmittags Tee trinken mit Tanz, um 19 Uhr einen Cocktail trinken mit Tanz und dann Abendessen mit Tanz. Einer meiner Onkel hatte ein Tanzorchester, er selbst spielte Geige und hat das so gut gemacht, dass man ihn den »König der Tanzgeiger« nannte. Da muss ich etwas abbekommen haben.

Bist Du von Anfang Musiker gewesen?

Meine Eltern sind 1934 zuerst nach Luxemburg emigriert, genau wie mein Onkel. Das haben damals viele Musiker und sehr viele deutsch-jüdische Menschen gemacht, denn man konnte ja nicht sofort Papiere für Amerika oder andere Länder bekommen. Meine Tante hatte nur ein Kind, so wie meine Mutter. Er war ein Jahr älter als ich und musikalisch sehr begabt. Er fing in Luxemburg an, Geige zu lernen. Und weil man schon dabei war, hat man auch mir eine Geige in die Hand gedrückt. Um Deine Frage jetzt ganz präzise zu beantworten: Später in Argentinien – wohin meine ganze Familie emigriert ist – wollte mein Vater das Beste für sein einziges Kind – vor allem materielle Sicherheit. Und ich war selbst auch nicht ganz sicher, ob ich nur Geige spielen wollte. Ich interessierte mich auch für – wie heißt das auf Deutsch – für Business-Administration?

Buchhaltung. Also nichts Künstlerisches eigentlich?

Gar nicht, nein. Um meinen Vater zufriedenzustellen und eigentlich mich selbst auch, habe ich dann Buchhaltung an der Universität studiert. Während dieser Zeit habe ich sehr viel Geige gespielt. Das Interesse für die Geige ist mit den Jahren viel stärker geworden, aber ich habe trotzdem bis zum Ende studiert.

Und wie ging es dann weiter?

Ich hatte einen sehr guten Lehrer, und ein Teil meiner Familie hat mich unterstützt. So konnte ich ein Stipendium bekommen, um ein paar Jahre später in England weiter zu studieren. Danach habe ich versucht, mich in Deutschland als Konzertmeister vorzustellen. Ich habe eine Stelle in einem ganz kleinen, bescheidenen Orchester bekommen, da gab es nur einen – den – Konzertmeister, das war das Fränkische Landesorchester. Ich war eine Saison in Nürnberg und hatte schon den Drang, zu einem größeren Orchester zu wechseln, in dem ich mehr Chancen sah. Ich hatte das Glück, eine Stelle in Bremen an der Oper zu bekommen. Von dort ging es weiter nach Stockholm zum Königlichen Sinfonie-orchester. Das war eine sehr schöne Zeit. Ich war inzwischen verheiratet mit einer jungen Malerin, deren Familie auch dieselbe Emigration von Berlin nach Argentinien gemacht hatte. Während dieser fünf Jahre in Stockholm sind drei Kinder geboren. In Stockholm war auf einmal die Rede von den Berliner Philharmonikern und ihrem sehr bekannten Dirigenten Herbert von Karajan. In einer deutschen Zeitschrift habe ich gelesen, dass die einen ersten Konzertmeister suchten. Ich habe mich beworben, hatte einmal mehr Glück und habe diese Stelle bekommen.

Du hast einmal gesagt, das wäre Deine glücklichste Zeit gewesen, die 30 Jahre bei den Berliner Philharmonikern.

Ja, es war meine glücklichste, musikalische Zeit.

Das bringt mich zu einer Frage, die mich sehr beschäftigt. Karajan hatte ja politisch nicht gerade eine reine Weste, er soll zweimal in die NSDAP eingetreten sein. Hat Dir das keine Schwierigkeiten bereitet?

Ja, das war eine bekannte Tatsache. Aber das hatte mit seiner Musik und seinen Musikern null zu tun. Menschlich hatte ich nicht die minimalsten Schwierigkeiten. Und ich war ja auch nicht der einzige jüdische Mensch im Orchester.

Wie geht es Dir jetzt, wenn Du Menschen begegnest, von denen Du annimmst, dass sie nazistische, antisemitische Ansichten haben? Kannst Du mit denen umgehen oder das ignorieren?

Weißt Du, in Deinen Worten, findest Du natürlich die Antwort. All das, was jetzt passiert, meine innersten ... [er bricht ab.] [Leise.] Ich suche da einen Begriff. Ich will sagen, es tut weh, ich finde es einen Horror.

Ich selbst bin enttäuscht. Denn ich dachte, nach diesen schrecklichen Dingen, die passiert sind, dass die Deutschen gelernt hätten und anders denken würden. Jetzt zweifele ich daran und denke, das war unterschwellig immerzu da. Das erschreckt mich so sehr.

Ja. Und darum tut es so sehr, sehr weh! Aber ich will nur sagen, in der Zeit, in der ich in diesem herrlichen Orchester war – viele Musiker waren bedeutend älter als ich –, hatte ich nie das Gefühl, dass jemand etwas gegen meine Person oder mein Judentum hatte. Wenn, dann hat er das für sich behalten.

Ich war sehr gut bekannt mit Hans Rosenthal. Er hat immer gesagt, dass man nicht »Jude« sagen soll, sondern »jüdisch« oder »ein jüdischer Mensch«. Wie empfindest Du das?

Ich finde »jüdisch« besser. Weil man dieses Wort »Jude« zu oft als Schimpfwort benutzt hat. In früheren Jahren in Deutschland habe ich oft die Zeitung aufgemacht, es ist irgendwas passiert und da stand dann: »Herr Soundso, der Jude.« Aber wenn es irgendjemand anders wäre, der nicht jüdisch war, hätte man das nie extra betont. Heutzutage fängt das wieder so an, man spricht von Muslimen, man spricht von Juden und so weiter. Was furchtbar schade ist, furchtbar schade.

Arbeitest Du am Computer?

Ich habe einen Laptop und ein Handy. Das werde ich nie lernen können, weil mein Kopf nicht dafür gemacht ist. Ich versuche es, aber es geht nicht. Man fragt die Firma Google: »Was bedeutet das und das?« Es geht bei mir nicht, warum weiß ich nicht.

Wärst Du gerne jünger?

Oh ja! So im Spaß frage ich meine Freunde oft: »Wie alt würdet ihr jetzt gerne sein?« Ich würde gerne wieder unter 20 sein, wieder denselben Beruf machen, aber wissen, was mich alles während meines musikalischen Lebens erwartet.

Hast Du Angst vor dem Tod?

Oh nein. Leider ist mein ältester Sohn in diesem Jahr sehr plötzlich gestorben. Das ist natürlich etwas, was man nur sehr schwer verkraftet. In Worten kann man nicht beschreiben, was man da fühlt. Aber auch vor dem Tod von meinem Sohnes hatte ich, glaube ich, nie Angst.

Warum arbeitest Du eigentlich immer in Brasilien, darfst Du als Philharmoniker in Deutschland nicht mehr arbeiten?

Natürlich, ich kann arbeiten, wo ich will. Ich werde aber nicht mehr gefragt. Ich war auch früher oft in Japan tätig, und irgendwann wurde mir gesagt, dass man dort nur Musiker bis zum Alter von 85 beschäftigt.

Wahnsinn! Das hat also nichts damit zu tun, ob einer gut ist oder nicht. Fühlst Du Dich momentan wohl?

Ja, ich fühle mich wohl. Das Einzige, wobei ich mich nicht wohlgefühlt habe, war, als Du mit dem Thema der 30er-Jahre angefangen hast.

Ist Dir das unangenehm?

Ich verstehe Dich schon. Nein, nur mein Gefühl über das, was da geschehen ist, wie man Menschen behandelt hat, schlimmer als Tiere – das ist so … im Inneren … so scharf. Am liebsten rede ich nicht über dieses Thema. Das ist ein Gefühl, das ich habe.

Es gibt viele Leute in Deutschland, die dann immer sagen: ich kann's nicht mehr hören.

Das finde ich falsch.

Eben, deshalb spreche ich darüber. Man darf niemals darüber nicht mehr sprechen. Aber ich will Dich natürlich nicht damit verletzen.

Nein, nein, Du verletzt mich gar nicht, nein. Es ist nur, [er sucht nach den richtigen Worten] es sind im Inneren starke Gefühle, die ich nicht in einem normalen Satz formulieren kann.

Darf ich Dich trotzdem noch fragen, ob Du lieber in Argentinien leben würdest als in Deutschland?

Oh nein. Was passiert ist, ist passiert. Nein, auf keinen Fall. Dieses Land hat ja zum Glück Menschen, die unentwegt versuchen den Menschen, die in diesem Land leben, das Gefühl zu geben, dass diese Zeit vorbei ist, definitiv vorbei und nie wiederkommen wird.

Robert Stolz hat mal gesagt: »Ich will so lange leben, wie ich arbeiten kann.«

Da würde ich eher sagen: Ich würde gerne so lange arbeiten können, wie ich lebe. Wenn ich nicht mehr arbeiten kann, muss ich nicht unbedingt sofort sterben. Ich habe ja eine Familie und eine Frau.

Hast Du denn Pläne, irgendwelche Reisen zu machen und neue Länder zu sehen?

An Plänen fehlt es nicht, da kommt viel eher die Frage, ob es uns noch möglich ist. Man sollte noch die Kraft haben, eine Reise zu machen, aber es würde uns natürlich Spaß machen. Wir waren zum Beispiel vor zwei Jahren in Namibia. Wir hatten ein Auto gemietet und sind rumgefahren. An einer kleinen Grenze mussten wir unsere Pässe zeigen. Die Frau, die die Pässe angeschaut hat, fing an zu lachen und rief ihre Kollegen: »Kommt mal raus und schaut euch diese beiden alten Verrückten an, die allein hier herumfahren.« So etwas würden wir natürlich gerne wieder machen.

Welche Menschen haben Dich in Deinem Leben besonders beeindruckt oder beeinflusst?

Es gab viele. Da waren Karajan, Leonard Bernstein, der ja quasi ein Universalgenie war: Komponist, Pianist, Dirigent, Schriftsteller, und auch John Barbirolli, das war ein italienischer Cellist, der Dirigent wurde. Den fand ich auch musikalisch außerordentlich gut. Ansonsten vielleicht meinen Geigenlehrer in Buenos Aires. Er war ein sehr guter Geiger und ein fabelhafter Pädagoge.

Hast Du je darüber nachgedacht, beruflich aufzuhören?

Ja, natürlich ist es mir schon in den Sinn gekommen. Ein Instrument zu spielen, wo der Unterschied von einem Ton zum anderen minimal sein kann, ist schwer. Ein Geigenbogen wiegt höchstens 60 Gramm, und mit diesen 60 Gramm musst du Töne produzieren, die wunderbar klar und schön sind. Aber wenn du durch das Alter ein kleines Wackeln in der Hand hast, merkt das dein Bogen sofort. Mit dem Alter wird das Spielen schon schwerer. Ich versuche dann oft, leichtere Sachen zu spielen, die ich noch spielen kann. Da ich noch keine Probleme mit den Armen oder den Fingern habe, ist es, glaube ich, nur eine Sache des Übens. Üben und noch mal üben.

Und was sind Deine nächsten Pläne?

Ich bin seit vielen, vielen Jahren sehr liiert mit einer Stadt in Italien, die heißt Vicenza und da bin ich jedes Jahr. Dann steht ab Ende Juni das Orchestra of the Americas an.

Da hast Du ja enorm viel vor mit Deinen 92.

Nein, 91!

[Wir lachen.]

GREGOR GYSI:

»Man muss das Alter anders leben, als viele Alte es tun.«

Darf ich Sie fragen, wie alt Sie sind?

71.

Das ist ein Alter, in dem sich andere zurückziehen. Sie machen ja wirklich unglaublich viel. Finden Sie es schwer, zum richtigen Zeitpunkt abzutreten?

In einer Diktatur ist es so, dass es keinen Rücktritt gibt. Bis man politisch in Ungnade fällt oder bis man stirbt, bleibt man in den Ämtern. In der Demokratie ist das anders. Das Problem ist nur, dass die meisten nicht rechtzeitig aufhören können. Wenn zum Beispiel Helmut Kohl in seiner letzten Legislaturperiode erklärt hätte, zum Ende höre er auf, wäre er mit Glanz und Gloria gegangen. Aber er hat sich abwählen lassen. Die meisten verpassen den richtigen Zeitpunkt, weil sie umgeben sind von Menschen, die ihnen nur erzählen, wie toll sie sind. Und ich habe mir 2015 gesagt, dass meine Akzeptanz gerade relativ hoch ist in der Gesellschaft und dass das der richtige Zeitpunkt ist, um an die nächste Generation abzugeben. Das heißt ja nicht, dass man völlig aufhört, aber man gibt Verantwortung ab, und damit bin ich eigentlich ganz zufrieden.

Ja. [Ich lache.] Wären Sie gerne jünger oder sind Sie mit Ihrem jetzigen Alter zufrieden?

Ich lasse solche Gedanken in mir gar nicht zu. Da ich es sowieso nicht ändern kann, habe ich beschlossen, das Alter zu genießen, und das halte ich für sehr wichtig. Man muss das Alter anders leben, als viele Alte es tun.

Inwiefern?

Erstens muss man ein Datum festlegen und sagen: dann bin ich alt. Zweitens muss man die Privilegien des Alters annehmen und nicht ablehnen. Als ich 60 war, fragte mich ein junger Mann, ob er mir die Tasche tragen dürfe, da habe ich gesagt: »Werden Sie mal nicht komisch, das kann ich schon allein.« Eigentlich hätte ich sagen sollen: »Selbstverständlich und da steht noch ein Koffer.« Das heißt, die Privilegien nicht zurückweisen, sondern annehmen. Der nächste Punkt ist, dass die meisten denken, dass sie verpflichtet sind, alles zu vererben. Auch das ist schon wieder ein schwerer Irrtum. Man soll sich auch was gönnen, man ist nicht verpflichtet, alles zu vererben. Selbst wenn Tochter und Sohn schief gucken, da müssen sie einfach durch. Drittens begehen die Alten den Fehler, dass sie den ganzen Tag über Krankheiten quatschen, und davon wird man nicht gesund. Wenn man das beachtet, sich altersgerecht verhält und amüsiert, dann kann man das Alter auch genießen, und ich bin sehr dafür, es zu tun.

Dürfen Sie eigentlich als Rechtsanwalt begrenzt Arbeiten? Als Arzt muss man ja zu einem bestimmten Zeitpunkt aufhören.

Das ist schon ein Widerspruch in sich. Nicht nur als Arzt muss man zu einem bestimmten Zeitpunkt aufhören, auch als Hochschulprofessor. Die Kommunalbürgermeister dürfen nur bis zu einem bestimmten Alter arbeiten, aber Bundeskanzler kannst du in jedem Alter werden und solange du willst.

Es gab mal ein Lied von Curd Jürgens: »60 Jahre und kein bisschen weise, aus gehabtem Schaden nichts gelernt.« Damals schien mir 60 Jahre unendlich alt. Finden Sie auch, dass sich der Blickwinkel in Bezug auf das Alter enorm verändert?

Ja, weise bin ich erst, seit ich 70 bin. Mit 60 noch nicht. [Wir lachen.] Nein, in Wirklichkeit ist es natürlich so, dass die Alten oft die neue Generation nicht verstehen, und dann begeht man Fehler. Dann denkt man, man kann denen sagen, wie man sich richtig kleidet oder welche Musik schön ist. Das kann man alles vergessen, das entscheidet die Jugend für sich, wir wollen doch auch nicht, dass die Jungen uns das vorschreiben.

Beurteilen Sie Dinge in Ihrem Umfeld jetzt anders als früher?

Ja natürlich. Ich bin zum Beispiel gelassener und toleranter geworden. Ich habe im Laufe meines Lebens erfahren, wie unterschiedlich Ansichten sein können. Auch glauben viele Menschen, dass sie das meiste frei entschieden haben, was ein schwerer Irrtum ist. In Wirklichkeit ist man durch seine Sozialisation geprägt. Wenn du in einem konservativen katholischen Elternhaus aufgewachsen bist, lag es nahe, dass du in die CDU gehst. Wenn du bei Bergleuten aufgewachsen bist, lag es nahe, dass du in die SPD gehst. Das unterschätzt man.

Gibt es heute Momente, in denen Sie bereuen, zurückgetreten zu sein?

Erstens, bin ich ja nicht zurückgetreten, sondern nur nicht erneut zur Wahl angetreten. Zweitens: Nein, ich habe das nie bereut. Ich habe zwar nicht mehr Zeit, aber ich kann die Zeit anders verbringen als vorher. Vorher habe ich jeden Antrag gelesen und mich damit beschäftigt. Natürlich rede ich auch weniger im Bundestag. Am Anfang hat mich das ein bisschen gestört, weil ich dachte: Welche Rolle spiele ich jetzt hier? Aber inzwischen habe ich meine Rolle gefunden und bin auch damit zufrieden.

Mit welchen Gefühlen beobachtet man, was die Nachfolger machen?

Mit unterschiedlichen. Ich gehe nicht so häufig zu Fraktionsversammlungen, weil ich nicht der Vorgänger sein will, der sich ständig meldet und immer alles besser weiß, das ist ja furchtbar. Wenn ich gebraucht werde, gehe ich hin, und dann mach ich auch etwas, aber in Grenzen.

Was möchten Sie jungen Menschen mit auf den Weg geben?

Dass sie rebellischer werden, nicht gewalttätig, aber sie müssen wissen, dass die Alten gerade über ihre Zukunft entscheiden. Sie dürften sich ihre Zukunft nicht nehmen lassen, weder durch Klimawandel noch durch Versäumnisse bei der ökologischen Nachhaltigkeit noch durch grobe soziale Ungerechtigkeit. Sie müssen für Chancengleichheit in der Bildung streiten und beim Zugang zu Kunst und Kultur. Heute muss man sich häufig den Zugang dazu leisten können, das ist falsch, auch das dritte Kind der Hartz IV-Empfängerin muss den gleichen Zugang zu Kunst und Kultur haben.

Sie haben in ihrem politischen Leben ungeheuer viele Verletzungen hinnehmen müssen. Sie haben das zwar immer mit viel Humor und süffisanten Bemerkungen abgetan, aber sie sagen selbst, das wäre kein schönes Gefühl.

Ja, ich habe neue Eigenschaften an mir festgestellt. Ich bin preußisch stur. Ich kann nicht gehen, wenn ich so behandelt werde, weil ich mich ungerecht beurteilt fühle. Also bleibe ich und ringe darum, anders beurteilt, akzeptiert zu werden. Es geht natürlich auch um die Akzeptanz der Partei. Das Wichtigste war, als mir Hass begegnete, habe ich nicht zurück gehasst. Das schafft man nur, wenn man analysiert, warum derjenige einen hasst. Jesus Christus sagt in der Bergpredigt, wir sollen unsere Feinde lieben, nun, das kann ich auch nicht, aber immerhin nicht zurück hassen konnte ich.

Sie sind aus tiefstem Herzen Pazifist?

Nein, ein Pazifist erkennt ja auch nicht die Notwendigkeit an. Ich sage, wenn ein Land militärisch angegriffen wird, muss es sich auch verteidigen. Aber ich bin ein strikter Gegner von Angriffskriegen jeglicher Art, auch vor völkerrechtswidrigen Kriegen, von der Vorstellung, dass man auf militärische Art und Weise die Probleme lösen kann. Das kann man nun wirklich nicht.

Glauben Sie, dass wir noch einmal einen Krieg erleben werden?

Es gibt doch Krieg, es ist doch alles voller Krieg, in Europa hatten wir zum Beispiel den Jugoslawienkrieg. Wenn wir die EU retten, wird es zwischen Mitgliedsländern der EU keinen Krieg geben, wenn die EU kaputtgeht, wird der Krieg nach Europa zurückkehren.

Kann die Angst vor der Atombombe vor einem Krieg schützen?

Das weiß ich nicht. Sie schützt davor, dass Länder, die die Atombombe besitzen, angegriffen werden. Deshalb wollen ja immer mehr Länder Atomwaffen haben, deshalb müssen die Länder, die sie haben, abrüsten, dann können Sie auch verlangen, dass andere keine Atomwaffen haben. Aber letztlich darf man nicht vergessen, dass die Menschheit auch durch ein Versehen untergehen kann. Zum Beispiel gab es mal die Computeransage, dass die USA die Sowjetunion angreife. Der zuständige Offizier hat die Waffen nicht ausgelöst, die er eigentlich hätte auslösen müssen, weil er glaubte, das sei ein Computerfehler, und es war ja auch ein Irrtum. Aber wenn er sie ausgelöst hätte, wäre hier alles in Schutt und Asche.

Woher kommt es, dass jetzt fast in jedem Land so populistische Politiker an die Macht kommen?

Das hat einmal den Grund, dass die Leute das politische Establishment nicht mehr mögen, weil es nicht ehrlich ist. Zweitens ist ihnen die Welt zu unübersichtlich geworden. Wer soll denn noch verstehen, welches Interesse Saudi-Arabien und der Iran an Syrien haben? Da das nicht nachvollziehbar ist und auch nicht aufgeklärt wird, haben diejenigen Erfolg, die sagen, zurück zum alten Nationalstaat, da kann man alles überblicken. Das geht gar nicht, weil weder die ökologische noch die soziale Frage oder eine andere rein nationalstaatlich zu lösen ist. Man muss sich Gedanken machen, wie man das Interesse, solche Leute zu wählen, Schritt für Schritt abbauen kann.

Was sagen Sie zu dem wiederaufkeimenden Antisemitismus in Deutschland?

Der Antisemitismus verbreitet sich. Er ist übrigens in den alten Bundesländern stärker als in den neuen, das ist interessant. Während der Rassismus in den neuen Bundesländern wieder stärker ist als in den alten. Das hängt mit der unterschiedlichen Geschichte zusammen. Die Bundesrepublik hatte immer diplomatische Beziehungen zu Israel und hat deshalb das Schicksal der Palästinenser vernachlässigt. Die DDR hatte sehr gute Beziehungen zu den Palästinensern und hat deshalb das Schicksal Israels vernachlässigt. So sind die Reaktionen in der Bevölkerung unterschiedlich. Aber egal, ob Rassismus, Nationalismus oder Antisemitismus, man muss das immer entschieden bekämpfen, weil man Menschen nach dem beurteilen soll, was sie tun und was sie nicht tun, nach ihrem Charakter und nicht danach, ob sie nun jüdisch oder nicht-jüdisch, palästinensisch oder nicht-palästinensisch, österreichisch oder deutsch sind.

Jüdische Menschen erklären mir, es gebe jetzt eine neue Form des Antisemitismus. Man sage: Ich bin nicht Antisemit, aber was die Israelis mit den Palästinensern machen, wie Israel einen Vernichtungskrieg führe, das müsse man doch sagen dürfen. Sie schreiben in Ihrem Buch: »Kritik an Israel gerät immer wieder in den Verdacht des Antisemitismus. Vor allem Deutsche kommen aus dieser Falle nicht heraus. Das darf uns quälen, zumal Nachkommende mit dieser Schuld nichts zu tun haben, allerdings auch Verantwortung tragen für die Zukunft.

Israelische Urängste mögen von sämtlichen Beobachtern relativiert werden. Von deutscher Seite darf das nicht geschehen – so wenig, wie das unermessliche palästinensische Elend nicht relativiert werden darf.« Diese Erklärung entspricht meiner Ansicht, obgleich ich auch kurz nach dem Krieg geboren wurde, schäme ich mich aber nach wie vor für diese schrecklichen Taten und habe Schuldgefühle. Wir Deutschen sollten sehr vorsichtig sein, darüber zu urteilen.

Wobei ich Netanjahu selbstverständlich auch kritisiere, und ich finde auch die Art, wie sie die Palästinenserinnen und Palästinenser im Westjordanland und Gazastreifen behandeln, völlig falsch. Wenn ich ein sicheres und souveränes Israel will, kriege ich das nur, wenn es ein sicheres und souveränes Palästina gibt. Netanjahu macht den Weg dahin von Tag zu Tag schwerer und komplizierter.

Glauben Sie, dass Sie heute auch noch abgehört werden?
Ganz bestimmt! Die NSA hört alles ab. Wenn ein bestimmtes Wort fällt, schaltet sich das Gerät ein, und so meinen sie, dass sie bestimmte Dinge rausbekommen. Die, die ständig abgehört werden, das sind natürlich nicht so viele. Ich hatte auch eine dicke Verfassungsschutz-Akte, aber jetzt haben sie wohl meine Kontrolle eingestellt. Das mussten sie nach einem Urteil des Bundesverfassungsgerichts. Da mache ich mir nichts vor, Geheimdienste dieser Welt leben davon, dass sie sich zu viele Informationen holen, bis sie so viele Informationen haben, dass sie alles durcheinanderbringen.

Jetzt habe ich noch eine freche Frage: Wir sind ja beide ziemlich klein, deshalb glaube ich, dass ich das fragen darf. Ich habe beobachtet, dass kleine Männer oft sehr große Frauen bevorzugen, ist das bei Ihnen auch so?
Nö, ich mag es eigentlich eher handlich. Aber ich sag ja immer, ich bin nicht klein, ich bin nur kurz. [Er lacht.]

Würden Sie bitte drei Wünsche formulieren – für Ihr weiteres Leben.
Mein erster Wunsch wäre, dass ich jeden Monat einen Wunsch frei hätte, sonst kann ich mich ja nicht entscheiden – verstehen Sie? Mein zweiter Wunsch wäre, dass ich Fremdsprachen perfekt beherrschen würde, um mehr Kommunikation betreiben zu können. Mein dritter Wunsch wäre, dass es endlich weltweit keinen einzigen Krieg mehr gäbe. Dass der Krieg einfach ausgestorben ist, für die Menschheit. Wenn ich dann noch jeden Monat einen Wunsch frei hätte, könnte ich ja noch beliebig gute Dinge tun – wenn mein erster Wunsch erfüllt wird. Wenn nicht, wär's traurig!

Gregory S.

WALTER EICHHORN:

»Ich kann mir aussuchen, wann ich fliegen will, wohin ich fliegen will.«

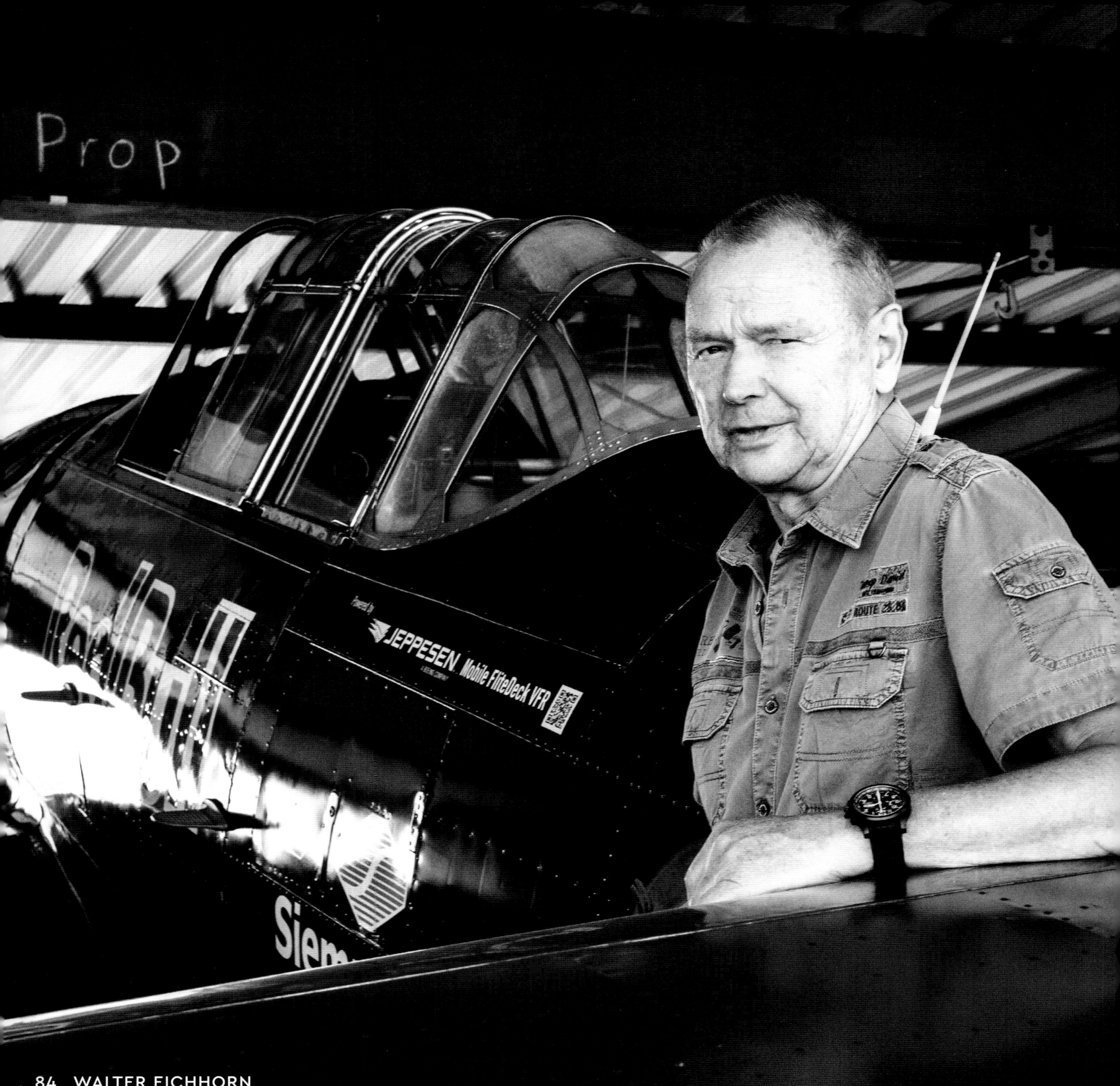
Prop
JEPPESEN
Mobile FliteDeck VFR

Ein Großteil Ihrer Fragen müsste eigentlich mein Buch »36.000 Stunden am Himmel« beantworten. Ich will gleich noch fliegen. Wie lange brauchen wir denn?

Nicht lang, versprochen! Darf ich Sie fragen, wie alt Sie sind?

Ich bin ganz dicht an 80, wenn 82 noch dicht an 80 ist in Ihren Augen. Im Juli habe ich Geburtstag, da werde ich 83.

Mal abgesehen von Ihrem tatsächlichen Alter: Wenn Sie es in Jahren ausdrücken sollten, wie alt fühlen Sie sich denn jetzt?

[Lacht.] Von Tag zu Tag verschieden, das geht von 17 bis 90.

Also haben Sie einige Zipperlein?

Na ja, sicher, selbstverständlich. Aber bevor ich zum Doktor gehen kann, ist es meistens schon wieder erledigt. Ich hatte auch einige ernsthaftere Probleme, aber die sind alle behoben.

Gibt es etwas, dass sie am Älterwerden schön finden?

Das könnte ich so nicht sagen, aber es gibt auch nichts, das ich schlimm finde. Ich bin halt langsamer geworden, aber das wusste ich schon vorher, und das weiß ich jetzt erst recht. Wenn ich heute eine Strecke von 100 Metern laufen soll, dann braucht das eben etwas länger.

Es gibt ja die Altersgrenze von 65 in vielen Berufen. Hätten Sie sich vorstellen können, in den Ruhestand zu gehen und nicht mehr zu fliegen?

Nein, auf keinen Fall. Ich musste sogar mit 60 bei der Lufthansa aufhören. Man hat mittlerweile erreicht, dass man bis 65 fliegen darf. Das hätte ich selbstverständlich auch gerne gemacht, aber das ging damals noch nicht.

Sie waren Flugkapitän bei der Lufthansa, Fallschirmspringer, Test-, Film-, Show- und Stuntpilot. Was treibt Sie an, dass Sie jetzt noch fliegen?

Weil es mir Spaß macht, genauso wie früher und ganz besonders heute, weil es kein Muss mehr ist. Ich muss nicht morgens um 4:00 Uhr aufstehen, damit ich um 6:00 Uhr zum Dienst gehen kann. Wenn ich um 9:00 Uhr aufstehe, ist das auch in Ordnung. Ich kann mir aussuchen, wann und wohin ich fliegen will.

Und es ist nicht Routine geworden?

Doch auch! Wahrscheinlich könnte ich gar nicht mehr fliegen, wenn es keine Routine wäre. Das ist die Erfahrung – nicht wie manch einer, der mit 50 oder 60 anfängt, weil er es sich dann erst leisten kann, die Privatfliegerei. Ich war damals 22, ich bin nach Kanada gegangen ...

..., weil es in Deutschland nach dem Krieg verboten war.

Ich bin mit einem Freund 1953 nach Kanada gegangen, weil wir der Meinung waren, in Deutschland würde von Deutschen nie wieder geflogen werden. Bei uns oben in Jever, wo ich herkomme, gab es natürlich viel Fliegerei, aber das waren erst die Kanadier und dann die Engländer. 1956 ging es allerdings auch in Deutschland wieder los, doch ich blieb in Kanada. Ich habe nach wie vor die kanadische Staatsbürgerschaft. Damals konnte ich dort als Ausländer erst nur privat fliegen, nicht beruflich. Die kanadische Staatsbürgerschaft hat man damals erst nach zehn Jahren erhalten. Wenn man jedoch einen besonderen Grund hatte, konnte man auch sie schon nach fünf Jahren beantragen und ich hatte einen, denn ich hatte mich bei der Air Canada beworben.

Ihre Auszeichnung »Living Legend of Aviation« ist ähnlich wie bei uns Schauspielern der Oscar, oder?

Ja, das könnte man so sagen. Aber auf den »Bob Hoover Freedom of Flight Award« bin ich noch stolzer. Den Bob Hoover kannte ich seit über 50 Jahren. Ich habe ihn in Kanada auf einem Flugtag kennengelernt. Vor zwei Jahren ist er gestorben, mit 96, eine Legende in der Fliegerei. Der hat alles geflogen, er war Test- und Aerobatic-Pilot und gilt in Luftfahrerkreisen als einer der, wenn nicht sogar »der beste« Kunstflugpilot, der je gelebt hat. Ich habe ihn alle zehn Jahre wieder mal getroffen, und da wollte er dann immer in meinem Flugzeug sitzen, weil das die Messerschmitt war, die Me 109. Ich sagte natürlich, das sei kein Problem. Er ist bis kurz vor 90 geflogen, mein großes Idol. Und von ihm habe ich erstaunlicherweise diesen Pokal bekommen. Das steht alles in meinem Buch.

Ja, Sie haben recht. [Ich lache.] Da sind Ulf Merbold dabei, Tom Cruise, Harrison Ford, John Travolta und, und, und. Sind Sie mit Tom Cruise noch befreundet?

Was heißt befreundet? Ich bin mit ihm eine Woche lang geflogen in Berlin für den Film »Operation Walküre«, und da habe ich mich sehr gut mit ihm verstanden. Er fliegt ja auch und er wollte unbedingt in dem Flugzeug sitzen, das ich geflogen bin.

Und die Me 109 gehört Ihnen?

Da habe ich einen Scherz: Wenn die Me 109 mir gehören würde, würde ich gar nicht mit Ihnen reden. Das ist ein Flugzeug, wenn Sie Glück haben, kriegen Sie so eine heute für zwei Millionen, man hat auch schon drei Millionen dafür verlangt.

Ist die denn gefährlich zu fliegen?

Na ja, bei Start und Landung sind viele Unfälle passiert. Das ist ein Einsitzer, da muss man sich selber reinsetzen und losfliegen, denn man kann halt keine Schulung machen. Außerdem ist sie eigentlich übermotorisiert. Es gab eine Zeit, da war ich der Einzige, der die Me 109 noch geflogen ist, das ist ein Ausnahmeflugzeug. Ich habe als kleiner Junge schon davon geträumt, die zu fliegen.

Und Sie waren auch Fallschirmspringer?

Ja, da muss ich kurz ausholen. Ich war auf einem Flugplatz, da wurde Segelflug betrieben, Motorflug und Fallschirmspringen. Ich wollte wissen, wie das ist, wenn man aus dem Flugzeug abspringen muss. Also bin ich zu einer Lehrerin gegangen, das war Ilona Berger aus Ungarn. Die sagte: »So geht das nicht, so einfach nur einmal springen. Sie müssen mindestens zehn Sprünge machen!« [Lacht.] Das ist aber nicht gleich so gegangen, wie ich mir das vorgestellt hatte, so einfach. [Er lacht erneut.] Da habe ich mir gesagt: »Nein, so schnell hörst du nicht auf!« Von Mal zu Mal klappte es besser, und schließlich hat es mir Spaß gemacht. Dann bin ich geflogen und gesprungen, ich brauchte ja Flugstunden. So habe ich dann Fallschirmspringer abgesetzt. Das hat zwei Dinge gebracht: Zum einen bekam ich zwar kein Geld, aber einen Sprung umsonst für jeden fünften Fallschirmspringer, den ich abgesetzt hatte. Zum anderen wurde ich zum Absetzpiloten für die Weltmeisterschaft im Fallschirmspringen gewählt.

Absetzen heißt?

Ich habe das Flugzeug geflogen und die Fallschirmspringer abgesetzt, also rausspringen lassen. Das heißt, ich bin voll rauf und kam leer wieder runter.

Wie viele sitzen denn da in so einem Flugzeug?

Zehn Leute. Aber 1970 wollte ich nicht mehr als Absetzpilot fliegen, sondern selbst eine Mannschaft aufbauen. Also habe ich ein Team zusammengestellt – »Walters Vögel« –, und dann haben wir drei Weltmeisterschaften gesprungen. Unsere Übungen waren nicht das Zielspringen, sondern zehn Mann im freien Fall zusammenzubringen auf Zeit, das wird bewertet – Mannschaftfliegen, Zehnerstern.

Machen Sie noch Kunstflug mit Ihrem Sohn?

Nein, der Arzt hat mir nahegelegt, das nicht mehr zu tun, weil das schon eine brutale Fliegerei ist, mit gewaltiger Belastung. Aber das war vor zwei Jahren, erst mit 80. Ich kann noch eine Rolle fliegen, aber ich habe mir selbst auferlegt, dass die Belastung nicht mehr als 3g sein darf. Bei einem Looping bin ich Minimum 4 bis 5 g Belastung ausgesetzt. Das muss ja auch nicht mehr sein, ich habe trotzdem Spaß am Fliegen.

Wie sind Sie denn Lufthansapilot geworden?

In Hamburg war ein Aufnahmeteam und ich kam da rein, habe gefragt: »Wie ist das denn so bei der Lufthansa, so mit Fliegen?« Da haben die gelacht: »Herr Eichhorn, ›so mit Fliegen‹ geht das überhaupt nicht bei uns hier.« Aber die fanden es witzig, dass ich aus Kanada kam und einfach reingeplatzt bin. Sie sagten darauf: »Wir merken uns Ihren Namen, bewerben Sie sich bei uns in Köln!« Mein Vater hat mir dann nach Kanada geschrieben: »Du, die nehmen auch Piloten mit fliegerischer Vorausbildung.« Gemeint waren natürlich ehemalige Bundeswehrpiloten. Aber mein Vater fragte, ob auch ein Buschpilot aus Kanada infrage käme. Kein Problem, man musste nur die entsprechenden Flugstunden haben und den Berufspilotenschein, somit durfte ich an der Prüfung bei der Lufthansa teilnehmen. 16 Mann, alles Bundeswehrpiloten, davon sind vier übriggeblieben. Und ein halbes Jahr später war ich dann in Bremen auf der Flugschule, mit 29. Sie können das alles in meinem Buch nachlesen.

[Ich lache.] Habe ich schon. Denken Sie viel an früher?

Das kommt vielleicht später, aber im Augenblick ist noch genug Action.

Gab es während Ihrer Fliegerei mal eine gefährliche Situation, die auch schief hätte gehen können?

Na ja, in der Zeit, als ich die Messerschmitt flog, kam es viermal zu Motorausfällen, und dabei hatte ich durchaus meine Portion Glück. Aber man muss jeden Tag Glück haben, auch Sie. Das haben Sie gebraucht, um hierher zu finden, und wenn Sie nach Hause fahren, brauchen Sie ebenfalls eine Portion Glück. Sie können auch Urlaub machen, in einen falschen Bus steigen und der kippt die Böschung herunter. Ich habe in diesen Sachen Glück gehabt. Bei mir war das mit so einem kleinen Flugzeug, da ist der Motor ausgefallen und wir haben uns überschlagen. Das Flugzeug war hin, aber uns ist nichts passiert, es hat Gott sei Dank nicht gebrannt.

Haben Sie Angst vor dem Tod?

Das kann ich Ihnen vielleicht in ein paar Jahren sagen.

Beschäftigen Sie Themen wie derzeit beispielsweise der Klimawandel?

Ich nehme das hin, so wie es ist. In Kanada habe ich mir eine Philosophie angewöhnt: »Wenn du es ändern kannst, dann tu es auch, wenn nicht, dann vergiss es.« Das trifft auf viele Themen, die Sie ansprechen, zu. Brauchen wir noch lange?

Nein, wir sind gleich fertig! Sie können gleich fliegen. Als wir das erste Mal telefoniert haben, da erzählten Sie, dass Sie sich immer ganz bewusst an das Ende des Parkplatzes stellen, um eine gewisse Strecke zurücklegen zu müssen.

Ja, die körperliche Fitness ist eben etwas ganz Entscheidendes. Das ist nicht kilometerweit, aber so 200 Meter laufe ich halt zurück.

Haben Sie drei Wünsche für die Zukunft?

Besonders wichtig ist die nötige Gesundheit, um meine Wünsche erfüllen zu können. Denn wenn die Gesundheit nicht mehr da ist, geht auch die Fliegerei zu Ende. Aber das entscheidet der Fliegerarzt, ich will mir darüber gar nicht so viel Gedanken machen. Für den Moment wünsch ich mir, in meinen Flieger steigen zu können. Ach ja, auf einem Flugzeugträger zu landen, das wäre mein Wunsch. Sind wir jetzt fertig?

Ja!

So, das haben wir doch jetzt super hingekriegt!

JUTTA SPEIDEL:
»Ich weiß nicht, wie alt ich bin.«

Wie alt bist Du?

[Lachend.] Ich kenne zwar die Zahl, aber ich weiß nicht, wie alt ich bin. Vielleicht 20, keine Ahnung – nein, vielleicht ein bisschen älter.

Bist Du mit Deinem jetzigen Alter in Harmonie?

Ich bin mit mir in Harmonie. Mit mir und dem, was sich in meinem Alter vielleicht etwas verändert hat gegenüber von vor 30 Jahren. Aber ich muss Dir sagen, ich finde es auch unglaublich schön, was für sich selber zu tun. Ich habe früher viel weniger Wert auf meine Gesundheit oder meine Fitness gelegt. Alles, was ich mache, mache ich sehr bewusst und ich stelle fest: Ich bin eine ziemlich fitte.

Wärst Du denn gerne noch mal jung?

Ich bin jung, aber dumm möchte ich nicht mehr sein [Sie lacht heftig.] – jung und dumm, das will ich nicht mehr sein.

Bist Du gerne älter geworden?

Immer, ich habe mich immer darüber gefreut, ein Jahr älter zu werden, weil ich das als eine Bereicherung empfand. Ich habe niemals mit dem Alter gehadert, sondern immer gedacht: »Nein, wie toll, ich habe schon so viele Jahre leben dürfen.« Das ist doch großartig!

Wie hat das eigentlich angefangen mit Deinem »Horizont«-Projekt?

1995 habe ich nach etwas gesucht, was ich in der Stadt betreuen kann. Da war ich 41, meine Kinder waren neun und zwölf. Mir war Obdachlosigkeit schon immer ein Thema, ich wollte was für die Frauen und Kinder tun. Da bin ich durch puren Zufall drauf gestoßen, nämlich beim Drehen. Wir waren in der Akademiestraße in München, in einer heruntergekommenen Pension. Ich fragte: »Was ist denn das für ein Ort?« Da wurde mir von einer Bewohnerin in gebrochenem Deutsch gesagt: »Ja, wir sind Frauen von der Straße …« Aber da waren auch Kinder und Männer – es war einfach ein furchtbarer Zustand. Da dachte ich mir: »Das muss man anders machen!« So hatte ich das Thema, habe recherchiert, mir angeguckt, was es so an Einrichtungen gab, und hab mir quasi mein Konzept selber gebaut.

Aber die Idee ist ja zunächst einmal nur eine Idee. Wie kann man so etwas umsetzen?

Ich habe dem Oberbürgermeister Christian Ude und dem Kulturreferenten im Rathaus das Konzept vorgestellt. Die beiden sagten: »Ja, das ist eine super Idee, aber glaubst Du, dass Du das schaffst?« Ich habe gesagt:

»Ja, warum denn nicht?« Die beiden waren sehr skeptisch, aber ich habe das durchgezogen. Dann wurde die Satzung geschrieben und der Verein gegründet, damit war klar: das funktioniert. Daraufhin bin ich zum Wohnungsamt gegangen und habe gesagt: »Ich brauch ein Haus oder eine riesengroße Wohnung, ich möchte jetzt einfach mal anfangen.« Geld hatte ich abgesehen von einem kleinen Erbe keines, das musste ich erst sammeln. Ich habe einen Sozialpädagogen sowie eine Erzieherin gesucht, und eine Freundin von mir machte das Büro. Ja, das war der Beginn. Relativ schnell hatten wir Geldmangel, also bin ich einfach auf die Straße gegangen, habe selbst bemalte Regenschirme verkauft, und plötzlich bekam ich ein Haus, wo wir unterschlupfen konnten.

Wann kam das erste richtige Geld?

Du, ich bin wirklich mit der Tröte und Flyern in der Hand in die Fußgängerzone gegangen und habe alle Leute angequatscht. Mit einem kleinen Stand, so fing es an. So habe ich die ersten 100 D-Mark gesammelt. Das wurde dann immer mehr, denn ich habe die Leute begeistern können. Später haben wir eine riesige Benefizveranstaltung mit vielen Kollegen im Theater in »der Komödie« auf die Beine gestellt.

Welche Kriterien müssen erfüllt sein, um hier im Horizonthaus aufgenommen zu werden?

Zunächst müssen es Menschen sein, die im Wohnungsamt registriert sind. Es gibt inzwischen zwei Häuser. 14 Mütter mit ihren Kindern sind von Haus eins in Haus zwei gezogen, das sind Frauen, die auf dem guten Weg sind. Alle, die Du hier siehst, sind inzwischen integriert und haben Arbeit gefunden. 17 Nationen versammeln sich hier, das musst Du Dir mal vorstellen!

Wie funktioniert das mit der Sprache?

Die lernen alle Deutsch bei uns, sie gehen ganz normal in die Schule, und nach der Schule bekommen sie hier eine Förderung.

Sind die Wohnungen voll ausgestattet?

Ja, das sind wunderbare Wohnungen, das Konzept hat Hand und Fuß. Hier gibt es ein Café, eine Kita, eine Werkstatt und eine Kulturbühne für große Veranstaltungen.

Wie viel Zeit investierst Du selbst für die Tätigkeit im Horizonthaus?

Das ist ein Vollzeitjob. Ich bin im Büro und habe viele Veranstaltungen zu betreuen, auf denen ich Connections mache und Geld sammele.

Du bist ja sehr durchorganisiert, hast Du einen Terminkalender?

Nein, ich habe das alles in meinem Hirn.

Bist Du ein Computer-Mensch?

Ich hasse es! Ich hab so Schubladen im Kopf, mache sie morgens auf und gucke nach, was ist heute zu erledigen? Und dann arbeite ich die quasi ab.

Baust Du zu den Menschen, die hier leben, eine Beziehung auf?

Nicht wirklich. Ich musste viel Lehrgeld bezahlen, weil ich mir die Sachen immer angehört habe. Nein, ich habe dafür Sozialpädagogen, Lehrer und Erzieher, die entsprechend ausgebildet sind und darum auch wirklich wissen, was da bei unseren Bewohnern hinkt. Ich mache es nicht mehr. Zu den Kindern, das ist eine andere Nummer, das war schon immer so. Ich hatte früher ein rotes Cabriolet und wenn ich damit in das erste Haus fuhr, schrien bereits von Weitem die Kinder: »Da kommt die Frau mit dem roten Auto!« Und so hieß ich auch für sie. Ich mag Kinder, ich finde Kinder unglaublich spannend, und das ist ja mit ein Grund, warum ich dieses Projekt gegründet habe. Weil ich einfach will, dass sie eine Zukunft, eine Chance haben.

Glaubst Du, dass dieses Projekt auch weiterlaufen würde ohne Dich?

[Sie atmet tief durch.] Das ist eine Frage, die mir immer gestellt wird von Leuten, die viel Geld geben und fragen: »Was passiert mit Horizont, wenn Sie mal nicht mehr leben?« Dann werde ich immer ziemlich grantig und sage: »Entschuldigung, ich bin ein junger Mensch, ich habe noch wahnsinnig viel vor! Sie brauchen keine Sorge zu haben, dass ich die nächsten 20 Jahre sterbe.« [Sie lacht.] Nein, ich gehe davon aus, dass Horizont noch ganz, ganz lange existiert. Ich stelle mit Freuden fest, dass sich in den letzten zehn Jahren ein Stamm gebildet hat, der so genau Bescheid weiß, dass Horizont in der gleichen Form weiterlaufen würde, wenn mir wirklich was passieren sollte. Im besten Fall ist es so, dass ich praktisch als »Icon« darüber stehen bleibe. Über mich läuft natürlich eine Menge Marketing, das ist klar.

Ist diese Aufgabe genauso wichtig für Dich wie die Schauspielerei?

Mittlerweile ist sie sogar wichtiger.

Könntest Du eines von beidem aufgeben?

Nur ungern. Ich würde meinen Beruf, den ich liebe, gerne weiterhin betreiben, aber nicht um jeden Preis. Ich habe heuer eigentlich alles, was mir angeboten wurde, abgesagt, weil sich der Mehrwert für mich nicht eingestellt hat.

Könntest Du Dir vorstellen, Dich zur Ruhe zu setzen und nichts mehr zu machen?

Gar nichts mehr? Entsetzlich! Da kann ich ja gleich in die Grube springen.

Würdest Du Dich langweilen?

Da ich mich ja nie langweile, würde ich gerne mal wissen, wie sich das anfühlt. [Sie lacht.] [Plötzlich] Also, doch, doch! Oh, ja, ich langweile mich mit anderen Menschen manchmal ganz schrecklich, und dann stehe ich auf und gehe.

Macht Dir die Arbeit noch den gleichen Spaß, brennst Du noch wie früher?

Ich brenne genauso, aber ich bin sehr viel klüger und weiß einfach 500-mal mehr als früher, als ich angefangen habe. Und ich glaube diese Naivität, die man haben muss, um so etwas mit diesem Enthusiasmus durchzuziehen, die hätte ich heute nicht mehr. Aber ich weiß ja gar nicht, wie mein Leben aussähe, wenn ich Horizont nicht hätte. Vielleicht wäre ich eine frustrierte Schauspielerin, die jetzt damit hadert, dass man sie nicht mehr so oft besetzt.

Welche Themen bewegen Dich derzeit besonders?

Da gibts grundsätzlich eine Sache, aus der alles entsteht, und das ist die Respektlosigkeit. Diese Respektlosigkeit gegenüber dem eigenen Leben, gegenüber dem Leben anderer, gegenüber der Erde, gegenüber allem, was es überhaupt möglich gemacht hat, dass wir auf zwei Beinen durch diese Gegend gehen. Ich verstehe nicht, wie man so mit der Welt und mit den Menschen umgehen kann. Ich kann diese Dummheit nicht verzeihen, dieses präpotente Ich-Gehabe von einer Gesellschaft, bei der ich mir denke: »Schaffe doch erst mal etwas mit deinen eigenen Händen, bevor du Urteile über andere fällst, die vielleicht das Beste aus ihrem Leben machen.« Diese Leute, die sich darüber erheben, da könnte ich sehr, sehr zornig werden. Und wenn mir so ein Arschloch begegnet, werde ich ziemlich radikal.

Bist Du auch in der Fridays for Future-Bewegung aktiv?

Na klar, ich habe mich mit einem Riesenplakat »Grandmas and Grandpas for Future« auf den Marienplatz gestellt. [Sie lacht.] Ich bin auch für Europa auf die Tribüne gegangen, weil ich glaube, dass wir in der heutigen Gesellschaft überhaupt nur eine Chance haben, wenn Europa und das Miteinander funktioniert.

Gibt es Dinge, die Du mit Deinem jetzigen Wissen anders machen würdest?

Mir war immer wahnsinnig wichtig, dass ich risikofreudig bleiben konnte. Wenn mich etwa meine Rollen nicht mehr interessiert haben, bin ich auch ausgestiegen – zum Beispiel aus »Forsthaus Falkenau«, aus »Alle meine Töchter« und aus »Um Himmels Willen«. Das hätte mir mein Konto so gefüllt, dass ich mein Geld gar nicht hätte verleben können, aber das interessiert mich nicht. All das würde ich heute auch nicht anders machen, denn das kam ja aus mir heraus.

Lebst Du gerne?

[Freudig] Ja! Ich lebe gerne, jeden Tag! Wenn ich aufwache, sage ich mir direkt: »Hui, du hast die Nacht überlebt! Guten Morgen, Jutta.«

Hast Du Angst vor dem Tod?

Sagen wir mal, ich wäre ziemlich zornig, wenn er mich schon heute ereilen würde, damit wäre ich nicht einverstanden. Aber, das Ulkige ist, dass ich mir manchmal schon gedacht habe: »Na ja, wenn mich jetzt der Schlag treffen würde, wäre das auch in Ordnung. Ich habe richtig gut gelebt.«

Wie siehst Du Deine Zukunft? Wünschst Du Dir, dass es so weitergeht, wie es jetzt ist?

Ich habe zum Beispiel den Wunsch, dass auf mich noch ganz tolle Rollen zukommen, auch filmisch, nicht nur am Theater. Mein zweiter Wunsch ist, zu wissen, dass meine beiden Töchter in einer guten Partnerschaft aufgehoben sind. Mein anderer Wunsch ist, meinen Enkelsohn so lange zu begleiten, bis er erwachsen ist und als richtiger Mann vor mir steht. Und ich wünsche mir für Horizont, dass ich das dritte Haus noch richtig in Schwung bringe. Das würde ich gerne so um die 70 rum erlebt haben.

Trotzdem willst Du danach weitermachen?

Ja, aber ich könnte mir vorstellen, dass sich dann meine Prioritäten wieder verlagern. Vielleicht drehe ich dann wieder.

Und würdest Du gerne noch etwas Neues lernen oder anfangen?

Einerseits ärgere ich mich natürlich, dass ich zwölf Jahre mit einem Italiener zusammen war, aber nicht wirklich perfekt Italienisch spreche. Auf der anderen Seite bin ich zu faul, um noch mal richtig in die Schule zu gehen und Italienisch zu lernen. Aber ich bin so ein praktischer Mensch, wenn Du mich fragst: »Was machst du lieber, Vokabeln lernen oder in deinem Garten buddeln?«, dann sage ich: »Im Garten buddeln!«

Ich auch! [Wir beide lachen.]

Und was ist Dir in Deinem Leben das Wichtigste?

Das Wichtigste? Ja, ich weiß es: Herr – oder eher – Frau meiner Sinne zu sein! Ich erlebe so viel Demenz, Alzheimer und Parkinson. Also, wenn mir das passiert ... ich weiß nicht, was ich tun würde. Man denke an Gunther Sachs, zum Beispiel.

Deshalb mache ich ja dieses Buch. Weil ich der Meinung bin, dass die Demenzgefahr gefördert wird, wenn man einfach aufhört.

Ja! Logisch! Klar!

JÜRGEN WÖLFFER:
»Jetzt sitze ich da, und keiner fragt mich mehr.«

Du bist 82 geworden, hast du das Gefühl, das Alter zu spüren?

Eigentlich nicht, das heißt manchmal schon, das sind dann aber meistens äußere Sachen. Ich bin Gott sei Dank gesund, ich habe keine Krankheiten, ich gehe ganz, ganz selten zum Arzt. [Pause.] Ich bin Deiner Meinung, wenn man nichts mehr zu tun hat, wird man alt! Man braucht den Stress genau wie die Tiere, die brauchen auch Adrenalin, um sich in Bewegung zu halten, sich jung zu halten. Es ist einfach wichtig, dass man morgens aufstehen muss, nicht liegen bleibt, weil ja sowieso keiner mehr auf einen wartet. Dazu kommt etwas für mich ganz Gravierendes: Man möchte gebraucht werden. Wenn man nur zu Hause sitzt und nichts mehr zu tun hat, hat man das Gefühl, nicht mehr gebraucht zu werden. Früher hatte ich das Gefühl, ich werde sehr gebraucht, ich war furchtbar im Stress und habe dann auch manchmal gedacht: »Oh, das wird mir zu viel«, aber jetzt fehlt mir das. Und zwar aus dem gleichen Grund: Man kommt sich mit einem Mal nicht mehr so wichtig vor, und »wichtig sein« ist vielleicht unsympathisch, aber ein großer Antrieb für einen Menschen.

Ich weiß nicht, findest Du das unsympathisch?

Das habe ich aus Scham gesagt.

Ja, das ist ja wiederum Dein Charme! Wann hast Du die Leitung des Theaters an Deinen Sohn Martin übergeben? Hast Du es bereut, weil es vielleicht zu früh war?

Ja, ich fand es etwas zu früh für mich, dass ich die Leitung in Berlin 2004 abgegeben habe, in Hamburg habe ich sie noch, und ich bin weiter sein Kompagnon. Ich habe noch Gesellschaftsanteile, allerdings hat er mittlerweile die Mehrheit. Aber wenn ich sage »zu früh«, meine ich, dass es nicht wirklich zu früh war, sondern für mein eigenes Leben zu früh war, mir fehlt das. Früher bin ich nicht im Urlaub gewesen, ohne dass ich nicht mindestens drei oder viermal mit einem meiner Büros telefoniert hätte. Jetzt sitze ich da, und keiner fragt mich mehr. Das Schlimme ist, ich merke, es geht ohne mich genauso gut. Vielleicht sogar manchmal besser. Und das ist schlecht für das Ego. Der Zeitpunkt war der theoretisch hundertste Geburtstag meines Vaters, dem ich und die ganze Familie sehr viel zu verdanken haben. Vor allem die Theater in Berlin. Ich habe damals gedacht, dass mein Sohn in Zukunft sonst immer der Junior bleiben würde. Es zeichnete sich auch ab, dass es Schwierigkeiten geben könnte mit den Theatern – jetzt sind sie ja sogar abgerissen! Das wollte ich ihm ersparen.

Hättet Ihr nicht am Anfang gleichwertig sein können oder funktioniert so etwas nicht?

Ja, ich habe auch gedacht, dass das so sein wird. Denn ich hatte meinen Sohn ja auch immer mit einbezogen, ich meine auch, dass ich auf ihn gehört habe. Aber Martin hat mich dann zitiert: »Ja, wir können alles besprechen, aber einer muss das Sagen haben.« Da musste ich ihm recht geben.

Also ich kann mich erinnern, mein Vater hat mir immer beim Malen über die Schulter gesehen und mir Ratschläge gegeben. Ich war wütend und habe zu ihm gesagt: »Lass, ich will das selber finden!«, und wenn er weg war habe ich es so gemacht, wie er sagte.

Gibst Du Martin Ratschläge?

Ich gebe schon Ratschläge, ob er sich daran hält, kann ich nicht beurteilen. In letzter Zeit gibt er mir sogar Ratschläge, und die finde ich fast alle gut, wobei meine Frau auch einen großen Einfluss hat.

Hat Dich das Drama um die Zerstörung der beiden Theater, des Ku'damm-Theaters und der Komödie, altern lassen?

[Er atmet tief durch.] Im Laufe der Zeit sicher, es war ja schon lange zu befürchten, dass die Gebäude inklusive der Theater verkauft werden, und zwar an Investoren, die nicht mal aus Europa kommen. Diese Investoren hatten gar keinen Sinn für die Stadt Berlin, schon gar nicht für Theater der Stadt Berlin, und denen war der Kurfürstendamm nicht wichtig, denen war nur das Geld wichtig.

Würdest Du am liebsten noch mal ein neues Theater bauen?

Das würde ich gerne, und es gab auch mehrere Versuche. Ich habe von meinem Vater gelernt, Theater zu projektieren. Ich war ganz stolz darauf, dass ich es geschafft habe, die Komödie in Dresden und das Theater im Winterhuder Fährhaus in Hamburg zu bauen. Natürlich nie mit meinem Geld, ich brauchte Leute, die das Geld dafür gaben. Das ist heute zunehmend schwerer geworden, und deshalb wird es wohl nichts werden. Die beiden Häuser waren so etwas wie meine Kinder, genauso wie das Theater am Kurfürstendamm, wo ich ja reingeboren und darin aufgewachsen bin.

Du sagtest, Theater zu verlieren, ist, wie einen Sohn zu verlieren. Du hast einen Sohn verloren, wie wird man mit so einem schrecklichen Schicksalsschlag fertig?

Es ist die Natur. Irgendwann ist das Leben zu Ende. Anscheinend haben wir Mechanismen, die uns davor schützen, daran kaputtzugehen. Ich glaube wirklich, das ist die Natur. Ich habe immer gesagt: Da ist eine Schafsherde, es kommt ein Wolf und der reißt ein Schaf, es ist große Aufregung und merkwürdigerweise, eine Stunde später ist alles wieder ruhig. Nur so kann ich mir das erklären. Ich denke heute noch an meinen toten Sohn und manchmal natürlich auch sehr emotional, aber es ist so, man findet sich damit anscheinend ab. Ich habe mich auch damit abgefunden, dass mein Vater gestorben ist, der genauso eng mit mir war. Mein Vater war mein engster Vertrauter, mein engster Geliebter, wenn man so will, der war auch eines Tages nicht mehr da. Aber das nimmt man natürlicher hin, weil er älter war. Bei meinem Bruder Christian ist es dasselbe. Das Eigenartige bei meinem Bruder ist nur, es gab auch Perioden, in denen wir uns gar nicht so gut verstanden haben. Trotzdem ist man durch das, was man zusammen erlebt hat, verbunden, und diese Bindung wurde immer stärker, umso älter wir wurden. Besonders als es ihm gesundheitlich nicht so gut ging. Vielleicht ist das die Gemeinheit des Schicksals, dass wir ganz eng waren, kurz bevor er gestorben ist.

Glaubst Du an ein Leben nach dem Tod?
Nein, eigentlich nicht. Ich glaube, es ist eine Arroganz von uns Menschen, zu glauben, wir wären unsterblich und es ginge immer weiter. Wir gehören zur Natur, wie die anderen Lebewesen auch, und wir sind wie die anderen auch: Man stirbt, und dafür wächst etwas Neues.

Du bist ein positiver Mensch, sehe ich das richtig?
Ja, oberflächlich und positiv. [Wir lachen.]

Mir gefällt Deine Begeisterungsfähigkeit. Ältere Menschen haben das oft gar nicht mehr.
Ja, das habe ich, Begeisterungsfähigkeit, auch für den Beruf. Ich bin ein spontaner Mensch, ich mache meist alles aus dem Augenblick heraus. Ich glaube, das habe ich von meinem ersten Intendanten Karl-Heinz Stroux gelernt.

Glaubst Du, Du hättest ebenso diese Neugierde und Kraft, wenn Du Deine Frau Christine nicht hättest?
Ich würde auf Anhieb sagen, das hat damit nichts zu tun. Aber es kann schon damit zusammenhängen, weil eine gewisse Zufriedenheit im Privatleben sicher auch Einfluss nimmt. Man braucht Feedback von jemandem, der einen gut findet. Wenn man mit einer Frau zusammenlebt, die alles blöd findet, könnte ich mir vorstellen, dass einen das furchtbar hemmt.

Aus meiner Erfahrung kann ich sagen, dass mir früher alles viel leichter fiel, weil ich das Gefühl hatte, ich habe Jopie hinter mir. Da war ich mutiger.

Ich bin ja auch jemand, der gerne seine Probleme erzählt. Das wurde mir früher oft vorgeworfen, »Du schüttest dein Herz aus und dann ist es für dich erledigt«. Und dann haben die anderen ihr Problem damit. [Er lacht.]

Du hast schon immer gern geflirtet und tust es heute noch genauso. Bevorzugt auch mit Bedienungen ... nein, eigentlich mit jedem ... Du flirtest ja auch mit einem Ober! Ich glaube, das hält Dich jung ...
Das ist erst mit dem Alter gekommen, vielleicht auch mit dem Bewusstsein, mir kann ja gar nichts passieren. Mir macht es Spaß, nett zu sein, sicher auch aus egoistischen Gründen. Ich glaube, wenn ich nett bin zu anderen, dann sind sie auch nett zu mir. Manchmal übertreibe ich auch ein bisschen, wenn ich etwa sage, so etwas Schönes hätte ich überhaupt noch nicht gesehen.

Was glaubst Du, wie glücklich die dann nach Hause gehen!
Ich fand es immer etwas Schönes. Vielleicht kommt es auch daher, weil unser Vater uns viel ins Ausland mitgenommen hat. Ich fand es vor allen in den südlichen Ländern immer schön, dass die Leute bemüht sind, freundlich zu sein. Bei uns hat man immer das Gefühl, die Leute denken, es wäre eine besondere Charakterstärke, wenn man unfreundlich ist, dass das Heldentum sei. Deshalb mag ich Südländer gern und habe auch einen Hang zu Schwarzen. Sie sind oft wie Kinder in meinen Augen, und das finde ich einfach hervorragend. Ich finde es ganz furchtbar, wenn Männer so eitel sind, aber komischerweise finde ich es bei Italienern oder Schwarzen entzückend. Da passt es hin, weil sie wie Kinder stolz darauf sind, dass sie so begabt sind, dass sie so schön sind.

Würdest Du gerne noch etwas Neues lernen?

Ich würde gerne Französisch lernen. [Er lacht.] Wir gehen in Frankreich immer zu einem Sprachkurs, ich würde gerne gut Französisch können, aber ich bin ein bisschen zu faul. Ich finde aber auch Spanisch und Italienisch toll. Mit meinen Söhnen war ich im Spanischkurs, der Einzige, der nichts gelernt hat, war ich. [Er lacht.]

Bei Premieren von Theaterstücken, bei denen Du selbst Regie geführt hast, gehst Du immer während der Vorstellung raus?

Nein, ich gehe erst gar nicht rein! Weil ich immer furchtbar aufgeregt bin. Deshalb habe ich mich auch entschlossen, nicht mehr Schauspieler zu sein. Vielleicht war das ein Fehler, dass ich nicht Schauspieler geblieben bin, aber im Grunde genommen war ich lieber Theaterdirektor und Regisseur.

Denkst Du viel an früher? Bist Du jemand, der viel von früher spricht?

Ja, ich spreche sehr viel von früher. Wenn andere Leute etwas erzählen, fällt mir sofort dazu etwas ein, was ich erlebt habe.

Ältere Menschen sagen doch oft: »Früher war alles besser!«

Dann müssen wir aber auch sagen, wann »früher« war? »Früher« gab's das Mittelalter, die Hunnen und Hitler. Was davon meinen sie? Selbst die »glorreichen« 20er-Jahre: Auf Bildern kann man heute sehen, was das gerade in Berlin für eine Armut war!

Und heute gibt es viele technische Errungenschaften, die sehr vorteilhaft sind ...

Sehr vorteilhaft, aber sie haben auch Nachteile. Dass du heute immer zu erreichen bist, hat zwar einen großen Vorteil, kann aber auch furchtbar nerven. Du, Simone bist ja sehr technisch interessiert, das war ich früher auch, aber für das Digitale habe ich die Geduld nicht, und ich will es auch nicht wissen. Ich arbeite auch nicht gerne am Computer. Oder beim Fernseher: Unser Fernseher ging immer wunderbar, warum muss ich jetzt ein neues System haben? Früher habe ich eingeschaltet, und das Bild war da, jetzt muss ich zwei Fernbedienungen einschalten, den Receiver einschalten, warten, noch mal warten und – dann funktioniert er nicht! Dann ruft man irgendwo an und hört: »Geht er nicht? Ja, ziehen Sie mal den Stecker raus, warten Sie zehn Minuten, dann geht's vielleicht.« Inzwischen ist aber das weg, was ich sehen wollte!

Du interessierst Dich für Politik. Findest Du das nicht erschreckend, dass die Leute wieder offen darüber reden, dass sie zugeben, Antisemiten zu sein? Hättest Du gedacht, dass bei uns in Deutschland so etwas möglich ist?

Nein, das hätte ich nicht gedacht, und ich verstehe es auch nicht. Ich verstehe sowieso nicht, wie man gegen irgendeine Bevölkerungsgruppe sein kann, deswegen trage ich auch den Davidstern an der Kette, den ich von Christine bekommen habe. Nicht, weil ich Jude bin oder sein möchte, eigentlich müsste ich auch die Patimal dazu tragen, weil ich zum Ausdruck bringen will, dass ich gegen Rassismus bin. Ich bin weder religiös noch sonst was, aber ich bin dagegen, anderen Leuten etwas zu verbieten. Aber da ich nichts dagegen unternehme, wollte ich wenigstens etwas mit dieser Kette um den Hals zum Ausdruck bringen.

Findest Du es gut, dass Du in diesem Jahrhundert beziehungsweise im letzten lebst?

Vor ein paar Jahren hätte ich das sicher noch bejaht. Im Augenblick, gerade zu den Dingen, die Du ansprichst und dass es mit Europa so schwierig ist – auch mit Trump –, fürchte ich, dass eine schlechte Zeit auf uns zukommt. Ich sage oft, wir können glücklich sein, dass wir zu dieser Zeit und an diesem Ort leben. Denn in der ganzen Welt gibt es schreckliche Orte, und wir vergessen immer, dass es vor gar nicht so langer Zeit auch bei uns ganz furchtbar war.

Gibt es jemanden, den Du gerne kennenlernen würdest beziehungsweise nicht gerne kennenlernen würdest?

Ich wäre bei vielen neugierig, sie kennenzulernen. Ich kann mir sogar ein Gespräch mit Trump vorstellen. Der ist davon überzeugt, Kaufmann zu sein, und dass er alles richtig macht – etwa als rücksichtsloser Kaufmann, der Leute unter Druck setzt, bis er kriegt, was er will. Das ist natürlich nicht sehr sympathisch, aber dennoch würde ich ihn gerne kennenlernen. Ich wüsste keinen, vor dem ich Angst haben müsste. Erdoğan könnte ich mir nicht vorstellen, schon allein, weil ich ihn nicht verstehen würde.

Hast Du drei Wünsche für Deine Zukunft?

Ich habe prosaische Wünsche: Erst einmal habe ich den Wunsch, dass es meiner Familie und meinen Freunden gut geht und dass sie keinen schlechten Tod erleiden. Das wäre mein allergrößter Wunsch, und da will ich mich gerne bei meinen Freunden persönlich miteinreihen. [Er lacht.] Zweitens bin ich sehr an unserem Theater interessiert, dass es gut weitergeht. Ich wünsche mir auch, dass politisch keine schlechten Zeiten für uns in Europa kommen, ich bin begeisterter Europäer!

Und jetzt frage ich Dich: Was heißt: »prosaisch«?

[Wir lachen.]

Prosaisch = nüchtern, sachlich, trocken, ohne Fantasie!

PROF. LUTZ JÄNCKE:

»Ich finde das sehr gefährlich, dass wir die älteren Menschen aus dem Berufsleben kicken.«

Ich habe einige Vorlesungen und Vorträge von Ihnen im Internet gesehen. Da kommt ein Lacher nach dem anderen. Ist das Ihr Wesen oder machen Sie das bewusst, um die Zuhörer mehr mitzureißen? Denn ich glaube, man merkt sich dann auch alles viel besser, oder?

Ich denke, dass der größte Teil davon, wenn nicht alles, mein Wesen ist. Und ich kann das gar nicht anders. Ich weiß allerdings auch, dass die Menschen bei positiven Emotionen empfänglicher sind. Und wenn du diesen Impetus hast, dem Publikum, den Studenten oder wer dir auch immer zuhört, etwas beizubringen, wenn du das wirklich willst, dann strengst du dich auch an, dann überlegst du auch, wie du die Menschen erreichst.

Wann war Ihnen denn klar, dass Sie Hirnforschung betreiben wollen?

Es war eigentlich anders geplant. Aber dann bin ich in der Oberstufe mit klassischer psychologischer Literatur in Verbindung gekommen, habe das Zeug gelesen und fand es unheimlich spannend. Durch Zufall bin ich nach Düsseldorf gekommen, habe angefangen mit Biologie, später Psychologie. Schließlich habe ich einen Präparationskurs mitgemacht, in dem wir Gehirne sezieren mussten. Und das hat mich gepackt. Ich habe diese Dinger da gesehen, diese 1,2 bis 1,4 Kilogramm schweren Gehirne, und habe mich gefragt: Wie kann das sein, dass in diesem kleinen Organ all das sitzt, was uns ausmacht?

Haben das Gewicht oder die Größe mit der Intelligenz zu tun?

Im Grunde genommen muss man sagen: Die Größe macht die Intelligenz nicht aus. Wir wissen, dass die intellektuelle Fähigkeit eines Menschen von der Netzwerk-Architektur des Gesamtgehirns abhängt. Da kommt zum Tragen, dass das Ganze mehr als die Summe der Einzelteile ist. Also die Verflechtung, die Verbindung der Nervenzellen, wie sie gemeinsam miteinander arbeiten, das ist der wesentliche Aspekt.

In Österreich, da gibt es ja auf der Speisekarte Hirn. Würden Sie das essen?

Ja, das Problem mit dem Hirn ist eben ein medizinisches. Wenn sich Prionen, also der Erreger der Creutzfeldt-Jakob-Variante, bei diesen Tieren in den Hirnen festsetzen, kann es passieren, dass man das Zeug aufnimmt und dann leidet man selbst unter Creutzfeldt-Jakob.

Ihr Hauptforschungsgebiet ist das Lernen. Sie haben einmal den Satz geprägt: »Der Mensch ist eine Lernmaschine«, und dass wir zum Lernen geboren sind. Was heißt das?

Das ist eine sehr, wenn ich so sagen darf, interessante Aussage, die mir auch immer wieder um die Ohren gehauen wird. Aber eine der wichtigsten Erkenntnisse der Neurowissenschaft ist, dass das menschliche Gehirn plastisch, also formbar ist, bis an das Lebensende. Es verändert sich anatomisch und funktionell. Im Vergleich zu anderen Tieren verfügen wir nur über sehr wenige Instinkte. Die paar, die wir haben, betreffen die Fortpflanzung, Brutpflege, Paarfindung, that's it. Alles andere ist im Wesentlichen nicht instinktmäßig determiniert. Daraus hat sich bei Menschen eben die besondere Fähigkeit zur Kulturbildung entwickelt.

Je mehr allerdings der Mensch gewissermaßen abhängig von der Kultur ist, desto mehr muss er auch lernen. Das heißt, wir sind zum Lernen verdammt. Stellen Sie sich mal vor, ein Kind wird per Zufall in die Kultur Neuguineas hineingeboren – das muss kein Kind aus dieser ethnischen Gruppe sein, sondern könnte auch ein europäisches Kind sein – und die Eltern verschwinden, so wie im »Dschungelbuch«, dann muss das Kind lernen, sich in dieser Kultur zurechtzufinden. Das ist das Wesentliche. Die Kultur mag aus unserer Perspektive noch so ungewöhnlich sein, aber der wesentliche Punkt ist: Wir müssen uns in andere Kulturen, also in die Gedankenmuster anderer Menschen hineinlernen können, weil das nämlich das Überleben sichert. Und deswegen ist unser Gehirn ein unfassbar anpassungsfähiges und lernfähiges Organ.

Stimmt es, dass sich das Gehirn immer wieder regenerieren kann?

Bis zu einem bestimmten Punkt kann sich das Gehirn regenerieren, aber es gibt Grenzen. Die normalste und offensichtlichste Regeneration findet im Schlaf statt. Wenn wir schlafen, verändert sich das Hirnaktivierungsmuster ein bisschen und dabei werden Informationen gelöscht, die wir am Tag gelernt haben. Schwache synaptische Verbindungen werden gekappt und neue Möglichkeiten für den kommenden Tag generiert. Unser Gehirn mag auch kein Multitasking, Überlastung und Stress ebenso wenig, es braucht Ruhe, sonst schaltet es nach einer bestimmten Zeit ab.

Ich kann ganz gut lernen, wenn um mich herum Krach ist. Wenn absolute Ruhe ist, kann ich mich schlechter konzentrieren. Ist das falsch gedacht?

Teilweise. Am Optimalsten ist es, wenn man sich auf das, was man lernen will, fokussiert. Sagen wir mal, man lernt 45 Minuten irgendetwas, einen Text oder versucht irgendein Problem zu lösen, und konzentriert sich nur darauf. Danach sollte man Pause machen, 10 oder 15 Minuten, das ist sehr wichtig und dann was Erregendes tun, zum Beispiel Musik hören, die Sie voll durchpustet. Das ist eigentlich der optimale Ablauf.

Ich habe gehört, dass beim Lernen die Wiederholung das Wichtigste ist, sodass das Gelernte vom Kurzzeitgedächtnis ins Langzeitgedächtnis gelangt. Ist das so?

That's it. Wiederholen ist die Mutter des Lernens, und dieser Wiederholmechanismus hat was mit der Neurophysiologie des Gedächtnisses zu tun. Das, was immer wieder kommt, immer wieder repetiert wird, kann sich besser in das Langzeitgedächtnis einschleifen und nimmt in der Hierarchie der Informationen, die dafür »Schlange stehen«, eine höhere Position ein.

Was ist denn aus Ihrer fünfjährigen Altersforschung mit dem Kollegen Mike Martin geworden? Gibt es da ein Ergebnis?

Ja. Die wichtigsten Anti-Aging-Pillen, die ich verschreiben kann, sind: geistig, körperlich und sozial aktiv bis ins hohe Alter bleiben. Und Blutdruck und Diabetes in den Griff kriegen.

Für mein Buch »Sag nie, du bist zu alt« war ich an der Universität Heidelberg, denn die machten Forschungen mit Hochaltrigen, 80-, 90-, 100-Jährigen, die in Fitnessstudios trainiert haben. Dr. Rott, der dort mitwirkte, erzählte mir, es sei tatsächlich so, dass das Demenzrisiko durch hartes Training an Geräten um 50 Prozent zu verringern ist.

Ja, eindeutig. Die bislang größte Studie über Bewegung und Alter ist vor vier Jahren in PNAS publiziert worden. Sie hat gezeigt, dass ältere Leute, alle über 65, die regelmäßig ein-, zweimal in der Woche Nordic Walking machten, eine Zunahme des Hippocampus-Volumens zeigten, im Vergleich zu den Leuten, die sich meinetwegen gedehnt haben. Das heißt also, diese aktivere Tätigkeit führte vermutlich zu einer Vergrößerung des Volumens dieser Hirnregion – und jetzt müssen Sie genau zuhören, dadurch der coole Befund: Der Hippocampus ist für Gedächtnisbildung von herausragender Bedeutung. Wir wissen, dass das Volumen des Hippocampus in der westlichen Welt im Schnitt pro Jahr ein bis vier Prozent abnimmt. Bei den alten Leuten nahm der hingegen um vier bis fünf Prozent zu, und diese Probanden hatten gleichzeitig auch noch bessere Gedächtnisleistungen. Durchschnittsalter war 70 Jahre, das müssen Sie sich mal auf der Zunge zergehen lassen. Das ist der Knaller, oder?

Das ist toll!

Was an der ganzen Geschichte sehr wichtig ist: Diese Aktivität, geistig und körperlich, erfordert wieder etwas, nämlich Disziplin. Und das ist der Punkt! Viele Menschen verlieren die Disziplin und geben sich auf. Die Menschen sind aus den unterschiedlichsten Gründen demotiviert. Und das sind die größten Killer, würde ich sagen. Gesundheit oder Krankheiten spielen natürlich eine wichtige Rolle, aber die ganzen Demotivationsaspekte akkumulieren im Leben. Sie müssen bedenken, Stress, wenn sie lang andauernden negativen Stress haben, schüttet ihr Körper Cortisol aus, und Cortisol kann ihr Gehirn zerfressen. Es dockt an den Hippocampus an. Der Hippocampus ist ein Hirngebiet, das speziell für Langzeitgedächtnisprozesse von großer Bedeutung ist. Wenn sie vermehrt Cortisol im Blut haben, kann der Hippocampus schrumpfen. Also auf Deutsch, durch Stress können sie ihren Hippocampus kaputt machen.

Ist es richtig, dass Demenz der Überbegriff ist?
Es gibt natürlich verschiedene Formen von Demenz, richtig. Alzheimer macht ungefähr die Hälfte aus, und dann natürlich die degenerativen Erkrankungen, Parkinson, Huntington und wie sie alle heißen. Bei allen Demenzen wissen wir mittlerweile, dass der Ausbruch, das Erkennen, das Sehen, das Bemerken der Symptome – Gedächtnisverlust, Sprachprobleme, Orientierungsverlust – hinausgezögert werden können durch das Anlegen einer anatomischen und kognitiven Reserve. Das heißt, wenn sie fit waren, immer viel gemacht haben, dann ist die Reserve riesengroß. Und wenn sie dann aus beispielsweise genetischen Gründen Alzheimer bekommen, fängt der Degenerationsprozess zwar an, es dauert aber lange, bis Sie und andere überhaupt die Symptome bemerken.

Weil viel übrig ist.
That's the point. Das nennen wir Reserve-Hypothese, die kommt nicht von mir, sondern von Yaakov Stern. Dafür gibt's mittlerweile einen ganzen Haufen interessanter Belege. Und das sind die Gründe dafür, würde ich jetzt mal vermuten, warum viele Demenz-Formen in Abhängigkeit der Güte der intellektuellen Leistungsfähigkeit bei solchen Menschen spät auftreten. Es gibt die berühmte Nonnen-Studie, kennen Sie die? Die ist köstlich! 500 uralte Nonnen in einem Kloster haben sich zur Verfügung gestellt, ihre Gehirne analysieren zu lassen. Die Gehirne wurden nach ihrem Tode analysiert. Das Bemerkenswerte ist, dass man bei einigen dieser Nonnen massive Auffälligkeiten sieht, die auf Alzheimer-Erkrankungen hindeuten, obwohl sie gar keine Symptome hatten. Der überwiegende Teil dieser fitten alten Leute hatte schon in ihrer Jugend und ihrem, ja, Mittelalter, anspruchsvolle Berufe, die waren kognitiv, geistig hochgradig aktiv. Und dann waren sie auch noch bis an das Ende ihres Lebens aktiv, die haben in dem Kloster alles Mögliche gemacht. Die machen jeden Tag Gymnastik, Diskussionsclubs, die lernen, sind beschäftigt von morgens bis abends, die machen was, den ganzen Tag. Und haben auch ein sicheres soziales Umfeld. Und das ist offenbar sehr wichtig bei der ganzen Geschichte.

In meinem Buch: »Sag nie, du bist zu alt« zitierte ich Sie: man solle Neues lernen, auch im hohen Alter, etwa eine Sprache oder Klavierspielen. Ich hatte Sie während meiner Recherche zu diesem Thema im Fernsehen gesehen, als Sie sehr humorvoll sagten, Kreuzworträtsel könne man spielend mit einer Flasche Rotwein intus lösen, wichtig wäre jedoch,

immer wieder neue Dinge zu erlernen.
Es gibt ein Symptom, bei dem man auch merkt, dass eine Demenz beginnt: der Geruch. Meine Mutter hat plötzlich gesagt: »Ich schmecke nichts mehr, ich rieche nichts mehr.« Wenn der Geruch betroffen ist, das müssen Sie sich das folgendermaßen vorstellen. Wir wissen bei der Alzheimer-Demenz ungefähr den Verlauf der Degeneration. Die Degeneration beginnt im Hippocampus tief im Inneren des Gehirns und breitet sich auf beiden Seiten aus, nach hinten oben, langsam und dann hier auch nach vorne. Und wenn es eine bestimmte Stelle erreicht, fängt auch der Geruch an langsam kaputtzugehen. Das ist ein typisches Phänomen.

Also Sie sind jetzt 62, haben Sie gerade gesagt? Das bedeutet doch auch, dass Sie mit 65 aufhören müssen, oder?
Leider, ja.

Gut, dass Sie das sagen. Denn ich empfinde das als eine so unglaubliche Verschwendung von Wissen. Das wurde festgesetzt in einer Zeit, in der man mit 65 wirklich alt war, aber eigentlich sollte man doch Menschen, die so viel weitergeben können, …
Ja, der Meinung bin ich ja auch, also jetzt ungeachtet meiner Person. Ich glaube, ich werde mit 65, sofern ich fit bin – geistig, körperlich und neurologisch –, noch arbeiten und Bücher schreiben.

Sehr gut! Wir haben einen so großen Teil des Lebens noch vor uns, und den muss man doch irgendwie ausfüllen und nicht nur noch …
… RTL II gucken und Chips essen.

WERNER KIMMIG:

»Wenn Du aufhörst, bist Du tot.«

Wie alt sind Sie jetzt?
Ich werde dieses Jahr 71, also Jahrgang 48, am Tag der Währungsreform geboren, dem 23. August.

Wären Sie gerne noch mal jung?
[Voller Innbrunst] Ne! Ich hätte nichts dagegen, wenn ich ein paar Jahre jünger wäre, aber wirklich jung wollte ich nicht mehr sein. Ich hatte ein schönes Leben, warum sollte ich etwas ändern, das ich nicht bereue? Ich blicke weder zurück noch zu weit nach vorn. Ich bin einfach ein glücklicher und zufriedener Mensch.

Abgesehen von Ihrem tatsächlichen Alter: Wenn Sie es in Jahren ausdrücken müssten, wie alt fühlen Sie sich?

Ich denke, ich bin bei 50 stehen geblieben. Seit ich 50 bin, fühle ich mich nicht mehr älter. [Er lacht.]

Sie haben sich ja auch, abgesehen von ein paar grauen Haaren, überhaupt nicht verändert – und wir haben uns mindestens zwölf Jahre nicht gesehen. Sie sind unter anderem der Produzent der »Helene Fischer Show«.

Ja, das ist eine große Geschichte für uns, das machen wir in diesem Jahr zum achten Mal. Ich bin aber auch seit 1982 der Produzent von »Verstehen Sie Spaß?«, das ist eigentlich mein Markenzeichen. Die »BAMBI-Verleihung« produzieren wir seit 1986, den »ECHO« haben wir 25 Jahre lang produziert, und den »Deutschen Fernsehpreis« gib es seit über 20 Jahren.

Dafür braucht man doch bestimmt einen riesigen Stab. Wie viele Angestellte haben Sie?

Momentan beschäftigen wir 40 Festangestellte, das ist der höchste Stand, den wir je hatten. Wenn wir aber eine »BAMBI-Verleihung« produzieren, haben wir 800. Bei »Immer wieder sonntags« sind es 160, bei der »Helene Fischer Show« um die 500.

Ich habe einen Zeitungsartikel in die Hand bekommen mit der Überschrift: »Werner Kimmig denkt nicht ans Aufhören«. Ist das so?

Ja, aber ich habe natürlich die Weichen gestellt, falls mir ein Ziegel auf den Kopf fällt.

Der Arzt hat Ihnen geraten, weiterzumachen, er selbst hört aber mit 65 auf …

»Wenn Du aufhörst, bist Du tot«, das waren seine Worte. Er selbst ist Chefarzt einer großen Klinik in Freiburg, und die müssen leider aufhören ab einem bestimmten Alter. Aber privat wird er weitermachen, ganz klar.

Ich finde das skandalös, wenn man mit 65 noch voller Kraft ist.

Das hat halt damit zu tun, dass man den jungen Leuten eine Chance geben will, in gewisse Positionen hineinwachsen zu können. Das bedeutet ja nicht, dass der Alte völlig weg vom Fenster sein muss. Aber er sollte zumindest so viel Platz machen, dass der Junge sich neben ihm entfalten kann.

Da bin ich eben ganz anderer Meinung. Wir haben heute noch so eine lange Phase des Lebens vor uns, viel länger als früher: Und gerade bei Ärzten finde ich, dass sie einen hohen Erfahrungswert haben, den man nicht vergeuden darf.

Ich bin da nicht ganz Ihrer Meinung, denn – ich merke das ja auch – der Wissenshunger, der Wille sich weiterzubilden und sich neuer Sachen anzunehmen, der lässt mit zunehmendem Alter nach. Dann besinnt man sich auf das, was man kann, was man gelernt hat und besser weiß als viele andere. Aber man bleibt halt auch irgendwo stehen. Ich bin froh um jeden Jungen, der bei uns in der Mannschaft ist, weil ich davon profitiere. Ich kann von einem Anfänger bei uns sehr viel mehr lernen als von jemandem, der schon 20 Jahre bei uns ist.

Gibt es etwas, das Sie am Älterwerden schön finden?

[Atmet tief durch.] Puh, das ist eine schwierige Frage. Ich leide nicht darunter, aber was ich schön finde? Ich würde sagen, dass ich sehe, wie meine Kinder erwachsen geworden sind und wie meine Enkel heranwachsen. Und dass man junge Leute ausbilden und zum Erfolg führen kann.

Wie kam es dazu, dass Sie Werbewirtschaft studiert haben?

Mein Vater war Pfleger und ist Krankenwagen gefahren, meine Mutter war Näherin und hat eine Abteilung geleitet. Sie näht heute noch sehr gern, obgleich sie 92 ist. Ich habe übrigens kein Abitur, sondern eine Lehre als Verlagskaufmann gemacht, damals bei Burda. Wenn man kaufmännisch orientiert war, gab es hier nur zwei Möglichkeiten: Man ging entweder zur Sparkasse oder zu Burda – wenn man das Glück hatte, dort genommen zu werden. Während der Lehrzeit ist die Entscheidung gefallen, dass ich mich ganz schnell selbstständig machen will. Wie ich dann schließlich Fernsehproduzent geworden bin, das ist eine ganz andere Geschichte.

Franz Burda war sozusagen Ihr Mentor?

Er war der erste, der meine Qualifikation erkannt hat. Dem habe ich eigentlich alles zu verdanken, ohne den wäre ich den Weg mit Sicherheit nicht gegangen.

Und 1981 sind Sie ins Fernsehgeschäft eingestiegen?

Ja, ich bin nach der Lehre zur Schule gegangen und habe mich in München weitergebildet. 1970 kam ich als Assistent in der Werbeabteilung wieder zu Burda zurück und wurde dort als erste Aufgabe mit dem Mandat betraut, einen Wahlkampf durchzuführen. Das Haus Burda hat mich freigestellt, weil ich der einzige Badener war. 1970 ging es darum, dass Baden und Württemberg in zwei Länder geteilt werden sollte, und es gab einen Volksentscheid am 6. Juli. Den haben die Baden-Württemberger gewonnen und deshalb heißt das Land heute auch so. Das Wahlergebnis war gut und das war letzten Endes ausschlaggebend, dass Senator Franz Burda mir dann sofort die Werbeleitung für die »BUNTE« übertragen hat. So kam auch meine erste Berührung mit dem Showgeschäft zustande. Die »BUNTE« wurde damals umgestellt – von der Berichterstattung über Königshäuser hin zum Showgeschäft. Wir haben mit großen Künstlern wie Jopie verhandelt, Udo Jürgens und die Rolling Stones – damals mit Fritz Rau – für eine Tournee geholt. Wir hatten Peter Alexander und Mireille Mathieu – das waren alles »BUNTE«-Tourneen. 1973 habe ich mich selbstständig gemacht und zwei Künstler unter Vertrag genommen: Paola und Costa Cordalis. Durch Paola habe ich Kurt Felix kennengelernt und der hatte eben die Idee, die Schweizer Sendung »Teleboy« nach Deutschland zu bringen, die nichts anderes ist als die heutige Sendung »Verstehen Sie Spaß?«. Ich habe dafür gesorgt, dass wir das Geld von der Bank bekommen, habe verhandelt und die jeweiligen Drehs organisiert. Das war die Aufgabe des Produzenten, reine Organisations-tätigkeit, nichts Künstlerisches und das mache ich heute noch.

Man könnte sagen, Ihre Berufung ist die Unterhaltung der Menschen.

Genau. Ich will die Menschen nicht mit Problemen belasten, ich will sie unterhalten.

Sind Ihre Kinder in Ihre Firma integriert?

Meine Tochter hat Ihren Mann in der Firma kennengelernt. Das sind die Nachfolger, klar. Mein Schwiegersohn hat bei uns die Ausbildung gemacht.

Wenn die Kinder oder vielleicht auch die Mitarbeiter fragen, ob man nicht doch mal ans Kürzertreten denkt, was empfindet man dabei? Überlegt man vielleicht: Denken die, ich könnte es nicht mehr?

Ja, so etwas Ähnliches. Aber wirklich zu fordern, dass ich aufhöre, trauen sie sich nicht. Natürlich gebe ich immer mehr in die Hände der beiden ab. »Willst du nicht mal kürzertreten?« – diesen Satz höre ich eigentlich nur von der Familie, den Spruch habe ich von meinen Mitarbeitern – ganz ehrlich – noch nie gehört. Der kommt nur von mir selber. Wenn mich jemand ärgert oder wenn ich jemanden provozieren will, dann sage ich: »Ich bin Rentner!« Also ich will eigentlich langsamer machen, aber ich schaffe es nicht. Da ist es ja ganz normal, dass die Familie sich Sorgen macht, wenn man nach wie vor wie ein Verrückter durch die Gegend fährt. Meine Mitarbeiter hingegen haben alle eher Angst davor! Aber letztendlich bin ich immer noch der Erste, der morgens im Büro sitzt, und der Letzte, der abends geht. Ich war gestern Morgen zum Beispiel um elf Uhr in Mainz, dann bin ich hier nach Rust gefahren, war um zwei Uhr hier, habe eine Buchbesprechung gemacht. Danach bin ich nach Konstanz gefahren zur Gaby Hauptmann und habe gestern Abend um zehn die Talkshow »Talk am See« gemacht. Jetzt bin ich wieder hier bei Ihnen in Rust. Also ich fahre nach wie vor meine 60.000 bis 70.000 Kilometer im Jahr.

Hinzu kommt, dass ich mir vor drei Jahren einen Coach geholt habe. Ich wollte mich auf den Ruhestand vorbereiten lassen. Ja, das war eine hochinteressante Begegnung mit einer Frau, mit der ich mich fünf- oder sechsmal getroffen habe. Ich habe geheult wie ein Schlosshund, aber ich habe genau das Gegenteil gemacht von dem, was sie mir geraten hat. [Er lacht.] Sie hatte mir eigentlich geraten, langsam rauszugehen, und nicht von heute auf morgen. Ihre Spezialität ist, Menschen auf den Ausstieg vorzubereiten.

Vielleicht hat sie weniger mit Leuten aus unserer Branche zu tun?

Ja, sie hat nichts mit der Branche zu tun. Also ich stehe ja nicht an der Maschine, wo man hinten Eisen reinschmeißt und vorne kommen Schrauben raus, sondern habe mit Menschen zu tun. Ich habe mit Emotionen zu tun, und das ist eine andere Geschichte. Ich kann meine Leute nicht allein lassen. Sie hat mir schon geholfen, aber ich muss trotzdem ganz ehrlich sagen, ich bin noch weit davon entfernt aufzuhören.

Haben Sie das Gefühl, dass Sie sich im Alter verändert haben?

Vielleicht bin ich ungeduldiger geworden, das sagen zumindest meine Mitarbeiter. Man weiß, dass man nicht mehr so viel Zeit vor sich hat.

Haben Sie Angst vor dem Tod?

Nein, ich habe Angst vor dem Sterben.

Glauben Sie an ein Leben nach dem Tod?

Es gibt kein Leben nach dem Tod. Wenn, dann besteht es darin, dass sich die Menschen – je nachdem, was man in seinem Leben gemacht hat – länger oder kürzer an den erinnern, der gegangen ist. Das ist für mich das Leben nach dem Tod.

Was war früher besser? Es gibt ja viele, die sagen, früher sei alles besser gewesen.

Nein, das sage ich nicht. Aber das Geschäftsleben ist heute härter als früher. Es gibt einfach zu viele Regelungen. Wenn ich daran denke, was ich alles im letzten Jahr lernen musste wegen der neuen Datenschutzrichtlinien, und welche Gesetze es heute gibt, die wir früher nicht hatten. Mit einem Team von 40 Leuten hat man 40 Probleme, obwohl die das natürlich gar nicht so meinen. Ich finde die Reglementierungen, die es heute gibt, einfach übertrieben.

Die 68er haben für die Freiheit gekämpft und die wird immer mehr eingeschränkt …

Vielleicht sollten wir mal auf die Straße! [Beide lachen.]

Wenn man Ihnen sagen würde, Sie dürften jetzt 30 Jahre Ferien machen, was würden Sie damit anfangen?

Da würde ich mir einen neuen Job suchen!

Die berühmte Fee erscheint und erfüllt Ihnen drei Wünsche für Ihr zukünftiges Leben – worauf fiele da Ihre Wahl?

Da würde ich als Erstes die Gesundheit nennen, denn mit der Gesundheit geht vieles andere auch flöten. Dann bliebe auch für die anderen Wünsche kein Platz mehr. Zweitens, dass ich eines Tages aufwache und nicht mehr aufwache. Drittens hoffe ich, dass ich die Firma so hinterlasse, dass wir in Oberkirch bleiben können. Das würde mir reichen.

RENATA WENDT:
»Ich bin die Alte,
die nie fertig wird.«

Darf ich fragen, wie alt Sie sind?

[Sie überbelegt] 76 oder 77, was haben wir denn jetzt? Also, es ist für mich nicht so wichtig, darum denke ich drüber nach. Ich denke 77. Am 29.11.1943 bin ich geboren und hatte am Samstag Geburtstag! Ich weiß aber nicht, wie alt ich bin, wir können ja schnell nachrechnen, [sie lacht] also doch 76?

Ich habe ihre wunderbare Dokumentation im Fernsehen gesehen mit dem Titel: »Die Alte, die nicht fertig wird«.

» ... die **nie** fertig wird«! Da lege ich großen Wert drauf, sonst hätten sie nicht senden dürfen! Der Titel ist von mir.

Sie wollen also nie fertig werden?

Nein, natürlich nicht. Was bedeutet das schon? Ich möchte immer weiter erkennen und machen. Ich liebe das, was ich mir ausgedacht habe, so frivol weiterzumachen, ganz frivol!

Wenn man fertig wird, hat man auch kein Ziel mehr?

Das mit dem Ziel verstehe ich ohnehin nicht so richtig. Ich denke mir, jeder Mensch hat einen Sinn im Leben, findet seinen Platz und hat eine Idee für das, was er gerne machen möchte. Ich glaube, darum kommen so viele junge Menschen zu mir, weil ich ihnen sage: Ihr dürft suchen, solange ihr wollt, auch wenn man in meinem Alter ist, sucht bitte alle weiter, aber macht nicht irgendetwas, was euch nicht gefällt! Man kann alles ausprobieren, aber sucht, sucht – und wenn es ein ganzes Leben ist! Und wenn ihr das ganze Leben lang gesucht habt, so ist das auch eine wunderbare Sache.

Wie nennt sich Ihr Beruf? Lehmbaumeisterin?

Lehmbauerin! Ich habe zwar meinen Meister gemacht, ich möchte das aber nicht hoch werten. Meister wird man, wenn man viele Jahre Erfahrung hat und viel gearbeitet hat, dann kann man sagen: Ich bin ein Meister meines Fachs. Es gibt bei jedem Haus neue Sachen, die ich erlernen muss. Ich mach auch Fehler, und die müssen geändert werden.

Seit wann sind Sie denn Lehmbauerin?

Seit 1987, also seit 33 Jahren. Vorher war ich bei Gruner und Jahr. Bei der Zeitschrift »Constanze« habe ich als Grafikdesignerin beim Mode-Layout mitgemacht. Ich war auch mal so schick wie die Mami, [sie lacht] meine Mutter ist immer noch so schick in ihrem greisen Alter ...

Sie ist jetzt?

Sie wird erst 96 ...

»Erst« ist gut! [Renata lacht sehr.] **Aber Sie haben recht, ich habe auch andere Ansprüche ans Alter. Woher wissen Sie denn so viel über Lehmbau?**

Ich habe den Lehm wörtlich begriffen. Aus familiären Gründen. Nach der Trennung ging jeder seinen Weg. Ich wohnte zur Miete in einem schönen Haus mit Reetdach. Das war so ein altes Haus, und stellen Sie sich vor, die Balken, die in Lehm gepackt sind, sind erhalten und die, die im Zement sind, sind von Bienen, Ameisen und Wespen zerfressen. Der Bauer gab mir Wohnrecht auf Lebenszeit, und so habe ich viele Dinge erkannt. Ich habe angefangen, umzureißen. Umreißen kann ich immer schnell, mit dem Aufbau dauert es immer etwas länger! Ich habe Handwerker eingestellt, habe meine eigene Mischung hergestellt. [Sie lacht.] Ich habe meine Papier-Häckselmaschine zum Strohschneiden verwendet, vier Millimeter Schnittbreite, ritsch, ritsch, ritsch! Ich hatte immer Lehrbücher in der Tasche, habe Filme aus dem Jemen gesehen und so angefangen, Wände wie dort zu gestalten. Plötzlich sagte jemand: »Also, was Du hier machst mit dem Lehm – könntest Du das auch für uns machen?« Ja, so ist es passiert.

Learning by doing.

Unbedingt! Unbedingt! Und das passiert mir eben auch, wenn ich einen Auftrag habe. Ich bin ganz munter dabei und denke: »Moment, Moment in dem archäologischen Befund steht doch, das hier ist ein Korbgeflecht. Das kann aber kein Korbgewölbe sein, das ist das erste Kreuzgewölbe! Und so lernt man, und das macht mich dann auch so zufrieden im Leben. Das sind die Kriterien, die mich begeistern.

Sie arbeiten tatsächlich sieben Tage in der Woche? Fünf Tage auf der Baustelle und dann zwei Tage an ihrem eigenen 300 Jahre alten Haus? Und das ohne Ferien?

[Sie lacht.] Es gibt keine Ferien! Aber es gibt gute Konzerte – Ferien brauche ich nicht. Ich kann schon mal wunderbar an der See spazieren gehen, ich kann mich dann auch vertiefen, ich kann auch mal im Schlafsack an der See schlafen und morgens aufwachen und hören, wie die Wellen ranrollen. Aber dann ist auch genug!

Haben Sie denn eine Rente?

Ich habe eine Rente von 1.000 Euro und 30 Cent.

Ach, das müssten Sie mir jetzt nicht so genau sagen ...

Nein, ich wollte nur sagen, so viele Menschen fragen mich auf der Baustelle: »Mein Gott, hast Du das denn nötig?« Und ich bin immer völlig perplex, was soll denn dieser Satz? Selbstverständlich habe ich das nötig! Zu meinem Vergnügen und überhaupt! Aber meine Kinder befürchten, ich hätte so viel Spaß, dass man mich bald einsperren müsste. [Sie lacht.] Ich freue mich, immer wieder etwas Neues machen zu können, und außerdem kann ich es den jungen Menschen weitergeben, kann Kurse geben und Sachen erhalten. Es ist ein wunderbares Gefühl, das Leben so ausgeschöpft zu haben.

Sie tragen schwere Eimer und das schwere Handwerkszeug, fahren einen großen Lkw – haben Sie keine Gelenkschmerzen? Sie hüpfen ja rum wie ein junges Mädchen! Was ist denn passiert mit Ihrer verbundenen Hand?

Ich bin spazieren gegangen – [sie lacht] das ist schon der Anfang des Müßiggangs. [Sie lacht wieder.] Ich bin beim Spazierengehen mit einer ganz schönen Geschwindigkeit hinter meinem Hund her, bin weggeknickt und habe mich mit dieser Hand abgestützt, dabei ist sie gebrochen. Also ich bin nicht so pfleglich mit meinem Körper, ja, so ist es passiert. Ich habe keine Bewegungseinschränkung, ich habe rheumatische Beschwerden. Das ist klar, weil ich immer im Nassen arbeite.

Es ist nicht so schlimm, es tut nichts weh. Ich wollte der Sache auf den Grund gehen und war in der Rheumaklinik. Die haben mir gesagt, es gebe 300 Sorten von Rheuma. Daraufhin habe ich gesagt, dann muss ich wieder gehen, das dauert mir doch zu lang. Wenn man dann weiß, dass man Rheuma Nummer 157 hat, ist es auch egal. [Wir lachen.] Jeder Mensch weiß, wenn du Rheuma und keine Bewegung hast, kann es nicht besser werden.

Was hat denn der Arzt zu Ihrer Hand gesagt?

Na, der ist wie ich ganz zuversichtlich. Nun weiß ich allerdings nicht, wie weit ich ihn überredet habe. Ich bin aufgesprungen, habe auf das Röntgenbild geguckt und gerufen: »Das sieht ja großartig aus!« [Sie lacht sehr.]

Sie arbeiten an diesem eigenen Haus seit 33 Jahren, macht das Arbeiten noch genauso viel Spaß wie anfangs?

Ja, unbedingt! Es ist das Gesamte, was den Lehmbau ausmacht, es erhält die Substanz an dem Gebäude wieder für Hunderte von Jahren. Der Lehm hat durch seine feuchtigkeitsregulierenden Eigenschaften konservierende Möglichkeiten für Holz. Das ist natürlich was Großartiges! Und für Mensch und Tier schafft er ein Raumklima, das ein Wohlfühlklima ist.

Arbeiten Sie am Computer?

Nein, ich habe meinen Computer dem Zimmermann geschenkt. Hier, das ist mein Schaukelstuhl und ich trinke meinen Tee. Ich gucke lieber aus dem Fenster, als dass ich in den Computer gucke.

Wann fangen Sie denn morgens an zu arbeiten?

8:30 Uhr, ich brauche dann ein halbes Stündchen. Meine Tiere haben eine Symbiose, sie kommen ganz gut auch ohne mich zurecht, ich wünsche ihnen nur einen guten Tag und dann »hui« raus! Es ist großartig, es ist ein Gewusel von Tieren hier, unendlich viele Hühner, alle glucken. In einem Wurf sind zehn Küken. Das sind wunderbare Hühner, und die legen, wie in dem Lied besungen, jeden Tag ein Ei. Neuerdings schlachte ich auch. Ich brauche etwa 14 Tage, um mich geistig darauf einzustellen, das ist nicht so einfach. Ich liege im Bett und sage mir: Meine Güte, lass doch die Hühner in Frieden! Dann überlege ich mir: Morgen – nein, lieber übermorgen – mit Narkose!

Gibt es da ein Mittel?

[Sie macht eine Schlagbewegung.] Tschup!

Ach, das ist ja sehr »einfühlsam«. Die kriegen einfach einen Schlag auf den Kopf?

Ja natürlich, wenn man sich den Kopf stößt, kann man auch ohnmächtig werden, oder? Dann zappeln sie nicht so, denn das ist mir sehr unangenehm. Ich mag es nicht, wenn sie durch die Gegend rasen – kopflos!

Zurück zu Ihrem Lehm. Gab es eine Veränderung in der Herangehensweise an Ihre Arbeit, als Sie älter wurden?

Ja, aus gegebenem Anlass. Die Bütt, die sonst 120 Kilogramm gewogen hat und die ich auf den Lkw gezerrt hab, hat jetzt nur noch 60 Kilo. Und ich habe mir zur Angewohnheit gemacht, dass ich die Mischung an einem Tag mache und am nächsten Tag auf die Baustelle fahr. Früher habe ich die Mischung eine Stunde vorher gemacht.

Sie haben eine irrsinnig positive Ausstrahlung, das ist richtig mitreißend. Ist das die Arbeit, die Sie so glücklich macht?

Danke! Ja, ich glaube, das ist die Arbeit. Das ist der Lehm mit seiner Eigenschaft. Was ich mir vorgenommen habe, möchte ich auch gerne selber zu Ende bringen.

[Lachend.] Und wenn es 33 Jahre dauert …

Das ist mir völlig wurscht!

Und wenn Sie etwas fertiggestellt haben, empfinden Sie das gleiche Glücksgefühl, wie als Sie noch jünger waren? [Lachend.] Denn es gibt ja auch manche Dinge, die Sie fertigstellen.

[Sie lacht.] Ganz viele! Hunderte von Baustellen, man glaubt es gar nicht! Nein, es sind tatsächlich 200 bis 300 Baustellen.

Gibt es Menschen, die fragen, wann Sie endlich aufhören?

Ja, aber denen gehe ich aus dem Weg. Ich habe einen Nachbarn, den ich nicht so schätze. Der versteht nicht, dass ich jeden Stein, den ich gesammelt habe, auch behalten will. Stellen Sie sich vor, es gibt keinen Müll bei mir, alles kann man wiederverwenden! Ich habe auch keine Probleme mit der weißen Folie auf meinen Dächern. Die Lattung ist gut, alles ist gut, aber ich finde keinen Dachdecker, der die alte Lattung drauflässt. Daher ist der Artikel in der »Zeit« gerade richtig erschienen: Weiße Dächer sind nützlich, um unser Klima nicht so zu erwärmen! [Sie lacht.] Plubs, das war's, jetzt mach ich's so, wie ich das will!

Das ist ja interessant, dabei machen alle schwarze Solarplatten auf ihre Dächer, um Strom zu erzeugen!

Das ist unmöglich, das heizt auf! Auch die Batterien der Elektroautos sind eine Sauerei. Da gibt es ganz viele Dinge, die ich bekrittele, mit denen ich aber nicht unbedingt spazieren gehe. Das habe ich früher gemacht, als ich jung war. Da habe ich die Kinder in die Karre gesetzt, und dann haben wir im Wendland ein Pfahlhaus gegen dieses AKW gebaut. Dabei habe ich dann meine besten Freunde kennengelernt, Ibbi und Udo Jansen. Also meine schlimmsten Feinde – er war Pressesprecher von der Kernkraftlobby – sind heute meine besten Freunde. Ich habe gelernt, dass ein Mensch, wenn er davon überzeugt ist, auch seine Sache machen muss. Human miteinander umzugehen, heißt auch, das zu verstehen, was der andere für gutheißt, auch wenn ich nicht selbst der Meinung bin.

Haben Sie Angst vor dem Tod?

Nein. Ich fände es wirklich schön, wenn mich meine lieben Tiere auffressen könnten. Ich denke, die Tiere haben ein Recht darauf. Ich kann mir das einfach ganz gut vorstellen, wenn ich sie mein Leben lang auffresse, dass sie mich dann auch aufknabbern, wenn ich nicht mehr bin.

Glauben Sie an ein Leben nach dem Tod?

Wir werden sicher organisch oder anorganisch zu irgendeinem wunderbaren Getier und die Seele ist im Äther.

Geben Sie gern Ihr Wissen weiter?

Unbedingt! Alles, was ich weiß, gebe ich gerne weiter, etwa an meine Lehrlinge.

Benutzen Sie auch neue Technik?

Solange sie den Lehm als Lehm belässt. Ich benutze einen Traktor und Mischmaschinen. Sollte mir aber die Berufsgenossenschaft auf die Füße treten und sagen, dass meine Brotteigmaschine nicht geeignet sei, würde ich sofort einen langen Rock anziehen, den Rock raffen, den Lehm durchtreten und sagen: »Ich baue authentisch, und meine Mischung trete ich allein durch!«

Ihre Zukunft ist: Weiter arbeiten?

Unbedingt. Und ich freue mich, solange es geht.

Was würden Sie sagen, wenn eine Fee zu Ihnen käme, die sagt: »Sie haben drei Wünsche offen«?

Oh, da würde ich sagen: Liebe Fee, such Dir jemand anderen aus, bring mich nicht in Schwierigkeiten. Mein Wunsch ist, dass ich etwas vorsichtiger mit mir umgehe. Dass weiterhin so interessierte Menschen auf mich zukommen. – Drei sollte ich sagen?

Na ja, wenn Ihnen nur zwei einfallen, ist das eben Ihre bescheidene Art.

Eigentlich habe ich keine anderen Wünsche.

FRANK LEHMANN:

»Denk nicht an dein Hirn, denk ans Gesäß.«

Sind Sie mit Ihrem jetzigen Alter in Harmonie?
Ja! Aber ich gucke gar nicht aufs Alter, warum soll ich das machen, solange ich mich noch einigermaßen fit fühle? Wenn ich nach meinem Alter gefragt werde und antworte »77«, überrascht mich das oft selbst.

Die üblichste aller Fragen: Wären Sie gerne noch mal jung?
Ne, muss nicht sein, man hat ja alles schon hinter sich. Was war, das war, und wir gucken nach vorne. Wenn irgendwelche Geschichten zu erzählen sind, machen wir das, aber wir sagen nicht früher, war alles besser ...

Gibt es etwas, das Sie am Älterwerden schön finden?

Ja, die gewisse Gelassenheit, die sich dann automatisch einstellt, wenn man aus dem Fegefeuer des Berufs raus ist. Als Journalist und Leiter von irgendwelchen Regionalprogrammen war ich pausenlos eingespannt und habe mich mit meinen Kindern kaum beschäftigen können. Ich bin zwar abends immer pünktlich nach Hause gekommen und habe ihnen irgendwelche Märchen erzählt, aber die Entwicklung habe ich nicht so mitgekriegt. Die kriege ich jetzt bei meinen Enkeln mit, und zwar hautnah, weil sie auch bei uns wohnen. Dafür bin ich unendlich dankbar! Und ich bin gelassener, außer wenn was in der Politik passiert, da reg ich mich auf.

Hatten Sie als junger Mensch eine Vorstellung davon, was sie tun würden, wenn Sie das offizielle Rentenalter erreicht haben?

Nein, nie. Das können Sie als Journalist auch nicht, da sind ja die Grenzen fließend, da muss man immer neugierig sein. Das war nicht nur mein Beruf, das war Berufung. Es war interessant, als ich aufgehört habe, setzte ein Sturm ein. Es sprach sich rum, dass ich jetzt frei war [er lacht], und die Leute dachten: da kann er doch den Vortrag halten. Also bin ich als Handlungsreisender mit Köfferchen durch die Gegend gefahren. Das habe ich auch mit großer Leidenschaft gemacht!

Hat sich Ihr Alltag im Vergleich zu früher sehr verändert?

Ja, ich habe viel erreicht in meinem Leben, und dies möchte ich jetzt weitergeben. Gemeinwohl ist das oberste Gebot: »Sala publica extrema lex.« Ich engagiere mich in vielen ehrenamtlichen Dingen, bin Botschafter für die Deutsche Multiple Sklerose Gesellschaft und habe mehrere Schirmherrschaften. Ich leite auch einen Verein hier im Ort, mache viele Konzerte und Lesungen, die zwar nichts bringen – also keine Kohle –, aber wenn einer fragt, mache ich das. Ich kann heute einfach aussuchen, wenn was interessant ist und wenn die Leute interessant sind, dann mach ich es.

Aber Sie machen auch ab und zu etwas, wofür Sie Geld bekommen oder arbeiten Sie nur noch honorarfrei?

Zu fast 90 Prozent. Den anderen sage ich: Geben Sie mir eine Spendenbescheinigung, denn die Steuer schlägt ja so erbarmungslos zu bei uns Freiberuflichen. Uns kann man gnadenlos 50 Prozent abziehen. Was soll das? Dann nehme ich doch lieber eine Flasche Wein!

Ich plädiere dafür, dass für Menschen, die noch arbeiten wollen, nicht nur das Ehrenamt bleibt. Nicht jeder hat so einen finanziellen Rückhalt wie Sie ...

Ja gut, als hessischer Rundfunkangestellter hat man natürlich eine Betriebsrente, und die ist im Vergleich zur gesetzlichen gut abgesichert. Ich sehe Kollegen, die in meinem Alter sind und mit der gesetzlichen Rente überhaupt nicht klarkommen. Es gibt viele in meinem Alter, die müssen noch arbeiten! Als ich die Sendung »Börse vor acht« erfunden habe, haben wir eine Umfrage gemacht, in der klar wurde, dass die Menschen wissen wollen, was an der Börse passiert ist, warum es passiert ist und was kommen wird. Es ist nicht einfach nur Börsenberichterstattung. Ich wollte auch die Zuschauer einbeziehen, die ja wahnsinnig viel Fragen haben. Das merke ich, wenn ich Vorträge halte, hinterher in der Fragestunde. Die ist fast noch wichtiger als der Vortrag selbst. Die Leute kommen mit ganz einfachen Fragen: »Was ist denn, Herr Lehmann, eine Dividende?« Da muss man ganz unten anfangen. Interessant, dass bei so einer intellektuellen Gesellschaft das Finanzwesen eine Katastrophe ist. Die Amerikaner reden über ihr Geld, jeder weiß, was der andere verdient, und wir verheimlichen das, auch gegenüber Freunden ...

Geht es Ihnen auf die Nerven, wenn man Sie privat nach einem Tipp fragt?

Nein, das ist ja mein Elixier. Für mich ist es ganz wichtig, dass man das Ohr am Anleger hat. Ich habe vor allem gesagt, denk nicht an dein Hirn, denk ans Gesäß! In erster Linie sollen Sie bei der Geldanlage sitzen bleiben und Geduld haben. Das betrifft vorwiegend Männer, Frauen sind gelassener.

Sie haben den Satz geprägt: Stillstand ist Rückschritt. Arbeiten Sie deshalb weiter?

Mit 65 beginnt ein neuer Lebensabschnitt und nicht der sogenannte Ruhestand. Das ist zwar offiziell so, aber wehe, man bleibt stehen! Wehe, man ist ruhig, dann kann man sich gleich beerdigen, dann ist Feierabend! Es beginnt ein ganz neuer Lebensabschnitt, und den muss man gestalten, da darf man sich nicht hinlegen. Es sei denn, es sprengt die Leistungsfähigkeit, denn man muss natürlich fit sein. Alterserscheinungen hat jeder, bei mir sind es die Knie. Im Groben ist alles prima, über Feinheiten reden wir nicht. Ungesund ist auch, dass man mit 65 in den Ruhestand gehen muss. Wenn einer wie Franz Müntefering sagt: »ich bin doch mit 75 noch fit, warum soll ich in Rente gehen?«, dann hat er recht! Von ihm habe ich die »drei L« gelernt: laufen – lernen – lachen. Das fand ich klasse! Wenn du das beherzigst, kann dir nichts passieren, es sei denn, das Schicksal schlägt zu.

Nehmen die Interessen ab einem gewissen Lebensabschnitt ab?

Ich wurde auf jeden Fall neugieriger. Im Beruf hatte ich so eine Art Tunnelblick in meiner Neugierde, aber das erweitert sich jetzt natürlich. Ich verfolge jetzt die gesellschaftlichen Entwicklungen und bin teilweise schon konsterniert, was sich da abspielt. Deshalb stelle ich mich auch dem Gemeinwohl zur Verfügung, denn wenn das Gemeinwohl nicht mehr stimmt, können Sie auch eine Demokratie nicht mehr retten. Der Zusammenhalt, die Solidarität, das Einstehen für das Gemeinwohl und das Einbringen ist in unserer leistungsbetonten Gesellschaft unheimlich wichtig. Das habe ich immer vermisst, als ich noch an der Börse war und es immer nur darum ging: Gewinn, Gewinn, Gewinn! »Gier frisst Hirn« ist ein Spruch von mir. Deshalb versuche ich heute, in meinen Vorträgen über das Ungleichgewicht von Armen und Reichen in Deutschland zu reden. Der Reiche wird bei Geldanlagen richtig beraten und verdient mit seinem Reichtum noch mehr. Der kleine Mann, der von seinen Bankberatern beschissen wird, kriegt selbst nichts, und die anderen verdienen mehr und mehr – das klafft auseinander. Nicht mit dem Gehalt, sondern mit dem Vermögen klaffen wir dramatisch auseinander!

Sie wollten auch an Schulen die Zusammenhänge von Wirtschaft und Finanzen vermitteln ...

Ich habe das ein paar Mal an Gymnasien gemacht, aber daraus ist kein Geschäftsmodell geworden. Sie können den Lehrern nicht dauernd in die Suppe pinkeln. Wir sind damals zu Minister Koch gegangen, um das Schulfach Wirtschaft und Finanzen stärker in den Schulen zu verankern. Es gibt ein Fach, das nennt sich Po-Wi, Politik und Wirtschaft. Was machen die Lehrer? Vorwiegend Politik, da können sie diskutieren, und die Stunde ist rum! Bei Wirtschaft müssen sie Fakten liefern, und das haben die meisten Lehrer nicht drauf. In der Uni hören Wirtschaft und Finanzen bei Karl Marx auf, die ganze Entwicklung von Ludwig Erhard gab es nicht, deshalb haben sie es nicht drauf. Die sind Finanzanalphabeten!

Sie sind kategorisch gegen das Abschaffen von Bargeld?

Ja! Ein wesentliches Stück Freiheit geht verloren. Ich entscheide selbst, was mit meinem Geld passiert. Wenn sie ihr Geld nur noch in einem unsichtbaren Girokonto haben und dieses Konto wird ständig überwacht, dann verfügen sie nicht mehr darüber, dann haben sie die Freiheit darüber nicht mehr. Wenn sie von einem Fünfzigeuroschein am Ende nur noch fünf Euro haben, wissen sie, dass sie viel ausgegeben haben. Heute halten sie nur noch ihr Smartphone hin und wissen am Monatsende gar nicht, was sie alles ausgegeben haben. Die Phase ist gefährlich! Wir haben eine hohe Verschuldung bei den Jugendlichen durch diese blöde Smartphone-Geschichte.

Nehmen Sie Ratschläge von jungen Menschen an?

Ja, natürlich! Wenn sie mir Ratschläge geben würden. Doch viele kommen leider nicht mit Ratschlägen, die Jugend ist so angepasst.

Na ja, so angepasst sind sie momentan nicht: »Fridays for Future«.

Ja, da haben Sie recht! Du erregst nur Aufmerksamkeit, wenn du gegen den Strom schwimmst, und die kleine Greta hat ja nun mal eine Lawine losgetreten. Was da passiert ist, ist ganz wichtig. Jetzt muss die Politik sehen, dass sie daraus nicht bloßen Aktionismus macht, es braucht eine richtige Strategie.

Wird man im Alter radikaler oder toleranter?

Viele werden radikaler, ich nicht, ich bin toleranter. Aber wenn Ungarn oder Polen in der EU sein wollen und trotzdem keine Flüchtlinge aufnehmen, da werde ich radikal und verlange Solidarität.

Haben Sie Angst vor dem Tod?

Nein, vor dem Tod selbst nicht, aber vor den Weg dahin, dass er vielleicht sehr, sehr beschwerlich sein könnte. Deswegen meine Devise: »Carpe diem.«

Gibt es ein Leben nach dem Tod?

Ja, ich glaube schon daran, dass ein Leben nach dem Tod stattfindet. So ähnlich, wie das bei Jesus auch der Fall war – die Hülle vergeht, aber die Seele ist da oben. Sonst macht der Glauben keinen großen Sinn, wenn Sie daran nicht glauben. Das ist ja auch ein gewisses beruhigendes Gefühl.

Wunderbar! Wenn jetzt eine gute Fee käme und Sie nach drei offenen Wünschen fragen würde, was würden Sie antworten?

Dass meine Familie weiter gesund bliebe und wir weiter ein gutes Familienleben hätten. Dass ich mich, wenn es ernst würde, dem Schicksal doch fügen würde und nicht in Trauer versinke. Das dritte ist, dass ich weiter die Tage so nutzen würde, wie ich es mir vorgestellt habe.

LUCY ENGLER:

»Wie kannst Du Rentnerin zu mir sagen?«

Wie alt bist Du eigentlich jetzt? Du bist, glaube ich, zwei Jahre jünger als ich.

Ich bin 70.

Seit wann bist Du jetzt Rentnerin und wie hört sich das an?

Wie kannst Du Rentnerin zu mir sagen? [Sie lacht.] Das geht ja gar nicht! Also ich habe jetzt mehr Freizeit, dürfen wir uns darauf einigen?

Ja, klar. Wann hast Du überlegt, nach Deiner Pensionierung weiterzumachen?

Das hatte ich schon in der Schule vorbereitet. Also ich dachte mir: Ich weiß nicht, wie sich das anfühlen wird, wenn man nichts zu tun hat, und ich weiß auch nicht, ob ich das aushalten werde. Und da kam ich auf den Gedanken, etwas vorzubereiten, das ich immer schon gerne mochte, nämlich mit Kindern zu malen. Ich habe schon immer irgendwelche Projekte entwickelt, irgendetwas zusätzlich angeboten, wie Extra-Mal- oder Tanzkurse in der Schule. Dafür konnte ich auch immer Leute organisieren, zum Beispiel einen Solisten aus der Dresdner Oper. Er hat acht Jahre lang mit den Kindern gesungen und getanzt. Oder den Tierpark-Direktor, der mit Schlangen und Spinnen kam. Ich habe mir während meiner eigenen Schulzeit schon gedacht: Wenn ich aufhöre zu arbeiten, dann habe ich noch genug Dummheiten vor. Und das habe ich jetzt genauso gemacht.

Musstest Du da erst bei dem Direktor oder der Direktorin fragen, ob Du das machen darfst, oder haben die das gleich akzeptiert?

Das war ganz lange gar nicht gewollt. Ich habe das jedes Mal zuerst heimlich gemacht, weil jeder dachte: »Die spinnt ja, die macht Extra-Arbeit – unbezahlt.« Irgendwann haben die Eltern und die Kinder es eingefordert. Und dann war das natürlich …

Dann konnten die nicht mehr zurück? Sehr geschickt, super! Aber die sind natürlich auch froh, dass die Kinder kreativ angeregt werden.

Ja, ich glaube, das ist jetzt ziemlich üblich an Schulen, da sind wir nicht allein. Aber diese Projekte, die wir jetzt machen, sind schon ziemlich anspruchsvoll. Wobei wir momentan im Lockdown natürlich Pause machen müssen. Es haben sich so wahnsinnig viele gemeldet, dass ich drei Kurse daraus machen musste, an zwei verschiedenen Tagen. Gleichzeitig findet ein Filmkurs bei einer Freundin statt. Wir haben an der Schule viele iPads, also für mehrere Klassen, sodass die Kinder Videofilme drehen können. Die machen ein Storyboard und bauen die die Kulisse selbst, filmen und schneiden alles zusammen.

Zuhause in München und auch hier in Alpbach hast Du ja ganz tolle Bilder an der Wand. Du verstehst viel von Malerei. Gehst Du auch viel in Museen? Bildest Du Dich weiter?

Oh ja! Ich bin auch mit den Kindern unterwegs in Museen. Wir fahren alle mit dem Bus in die Alte Pinakothek, in die Neue Pinakothek, auch ins Lenbachhaus. Da bekommen wir dann Führungen, oder ich hole mir das aus dem Internet. Zu ein paar Bildern erzähle ich das Wichtigste, und dann malen die Kinder dort selbst. Die liegen dann alle mit ihren Stiften vor den Bildern am Boden.

Wie erleben Deine Kinder beziehungsweise Deine Enkelkinder die neue Corona-Welt?

Es war stressig, weil man anfangs nicht wusste, wie man damit umgehen soll. Die Kinder mussten Homeoffice machen, die Schulen waren geschlossen, und ich als Oma wurde sofort eingesetzt. Also war ich jetzt acht Stunden am Boden und bin mit den Kindern rumgekrabbelt.

Es heißt doch immer, die Omas sollen von den Kindern ferngehalten werden.

Ja, aber es gab niemanden, der sonst auf die Kinder hätte aufpassen können. Die Schwiegertochter hat Uni-Vorlesungen halten müssen, im Schlafzimmer, mein Sohn musste seinen Job im Arbeitszimmer ausführen. Bei meinem anderen Sohn musste ich Schulunterricht geben, wenn Not am Mann [lacht] – an der Frau – war. Abends habe ich noch meine 98-jährige Mutter gepflegt. Ich habe mich richtig zerrissen.

Hat sich die Welt durch Corona verändert?

Ja, sofort. Die größte Veränderung war in der Familie, dass zum Beispiel jeder dem anderen geholfen hat. Auch Nachbarn haben versucht, für die anderen einzukaufen. Es gab eine unglaubliche Hilfsbereitschaft.

Also hat das Virus auch Positives bewirkt?

Für den Erhalt der Welt hat es viel getan. Jeder hat versucht, umzudenken, wir müssen nicht zu Konferenzen fliegen, wir können uns auch digital treffen. Digital ist es schneller, billiger und natürlich auch viel umweltbewusster. Ich glaube, wir werden in Zukunft vorsichtiger mit uns und ein bisschen vorsichtiger mit der Welt umgehen. Schade ist natürlich, dass Kunst und Kultur zu kurz kommen, obwohl sie sich so bemüht haben.

Ja, dass Kunst und Kultur als Freizeitspaß, Ablenkung und Unterhaltung angesehen werden, ist unbegreiflich. Kunst und Kultur sind doch das, was uns Menschen ausmacht. Du warst ja auch immer politisch engagiert. Was hast Du da alles gemacht?

Ja, das ging ganz früh los, dass ich damals mit meinem Mann Horst einige einflussreiche Politiker kennengelernt habe.

Wen beispielsweise?

Zunächst Bruno Kreisky, und dann haben wir auch Willy Brandt und Olof Palme kennengelernt, das war eine richtig spannende Zeit. Wir waren eng mit Kreisky befreundet, der hat irgendwann gesagt: »Ihr könnt doch mal irgendwas Besonderes für ein Land machen, dem es schlecht geht, eine Solidarität aufbauen.« Zu diesem Zeitpunkt, 1989, war in Nicaragua Revolution, und wir haben es tatsächlich geschafft – zu Strauß' Zeiten –, ein Konsulat in München zu eröffnen, für dieses Land, das ja richtig links war.

Horst, Dein Mann, wurde damals Konsul für Nicaragua. Was habt Ihr dort gemacht? Was war Eure Aufgabe?

Wir haben wahnsinnig viele Hilfslieferungen organisiert. Also, zum Beispiel die Bananenschiffe, die fuhren normalerweise leer zurück. Ich bin von Schule zu Schule gegangen, habe Vorträge gehalten und um Papier, Stifte, Holz, Nägel und so weiter gebettelt, damit wir in Nicaragua Schulen bauen konnten. Und dann wurden die Container wieder bestückt und dorthin gebracht. Freunde und Studenten haben bei den nicaraguanischen Familien im Regenwald gewohnt und Schulen und Kindergärten gebaut. Ich habe Hilfslieferungen organisiert, mit Medizin, zum Beispiel 400 Kilogramm für ein Kinderkrankenhaus oder Geld gesammelt für ein Frauenprojekt. Einmal sollte jedes Kind in der Schule, in der ich gearbeitet habe, ein Stofftier mitbringen für die Kinder dort. Dann habe ich die vielen Kisten über Amerika nach Nicaragua gebracht, und die amerikanischen Zollbeamten haben immer geschaut, ob da nicht Hasch oder Koks drin war, – wir mussten die alle aufmachen und die Tiere rausholen. [Sie lacht.] Aber danach haben mir alle Leute auf den Flughäfen geholfen.

Wie ist die derzeitige Lage in Nicaragua?

Schrecklich, da kann man nicht mehr hinfahren. Die Regierung hat sich als eine Terroristenregierung entpuppt, grauenvoll. Es ist total traurig. Aber die Protestbewegungen sind riesig.

Engagierst Du Dich auch in Sachen Umweltfragen?

Klar, wo ich unterschreiben kann, unterschreibe ich. Zum Beispiel gegen Plastik würde ich alles tun. Ich finde es ungeheuer, dass man alles in Plastik verpackt bekommt, das ist eine Frechheit. Es gibt Länder, da ist jegliches Plastik verboten. Das geht, das funktioniert. Ich war vor ein paar Jahren in Ruanda, das ist das sauberste Land, das es gibt. Du bekommst riesige Strafen, wenn du eine Plastiktüte einführst. Ich habe noch nie ein saubereres Land gesehen.

Fühlst Du Dich jetzt Deinem Alter entsprechend oder hast Du das Gefühl, Du bist eigentlich jünger?

Ich fühle mich energiegeladen und jung. Ich möchte Bäume ausreißen. Ja, es ist wirklich so. Weil ich das erste Mal richtig frei bin und genau planen kann, was ich mache, ohne dass ich in einem Hamsterrad stecke. Ich habe keine Abhängigkeiten mehr, außer meiner Mutter und den Enkelkindern.

Würdest Du denn gerne noch was Neues lernen?

Oh ja, viele Sachen. Also auf meiner Liste ganz oben steht Griechisch. Ich habe mehrmals angefangen, hatte aber den Kopf nicht frei. Und dann wäre das Nächste, was wir jetzt gerade so probieren, eine Software für Schulen zu entwickeln ...

Was plant Ihr da?

Vernetztes Denken, grob gesagt. Das Spiel ist von einem Schweizer entwickelt worden, einfach irre. Und zwar gibt es da zum Beispiel ein Industrieland, so wie Deutschland, dem es jedoch ganz schlecht geht, und man soll es regieren, zwölf Runden lang. Dazu vergibt man Punkte, entweder in Sanierung, in Lebensqualität, in Produktion oder in einem von fünf anderen Bereichen. Die Kinder müssen also im Voraus überlegen, wo sie anfangen, welcher Bereich den anderen beeinflusst, wie sie die Produktion anpassen und so weiter. Eigentlich dachte ich, dass das für die Grundschüler in völliger Überforderung endet! Aber die haben das großartig hingekriegt. Manche von denen haben ihr Land in paradiesischen Verhältnisse regiert, und andere haben natürlich Staatsstreich und Boykott herbeigeführt, und die Präsidenten mussten abhauen. [Sie lacht.] Sie lernen, indem sie was tun: Learning by doing. Es ist nicht so, dass man den Kindern was vorsetzt, sondern sie müssen selbst rauskriegen, wie sie zum Erfolg kommen. Die reden auf einmal wie Erwachsene! Außerdem wollen wir jetzt Spiele entwickeln, die sich am Lehrplan anlehnen oder auch an Fragen, die ganz wichtig sind in der Gesellschaft. Ich darf aber nicht zu viel davon verraten.

Denkst Du viel an früher?

Ich komme nicht so sehr dazu. Ich denke eher daran, was ich jetzt und morgen mache.

Gibt es was wo Du sagen würdest: »Das war früher besser?« Oder umgekehrt: Was findest Du heute besser?

Also ich finde, früher war besser, dass wir weniger Verkehr hatten, dass Schwabing nicht so laut war. Und vieles ist anstrengender geworden.

Und die Schule betreffend?

So wie in Amerika gelernt wird, dass man den Stoff selbst erarbeitet und dann vorzeigt, das gibt's hier bei uns nicht, das ist ein Unterschied. Bei uns wird alles vorgekaut und dann wiederholt und geübt. Im Vergleich dazu ist das ist ein völlig anderes Denken. Die Themen werden zusammen ausgesucht, und die Kinder bearbeiten dann ganz intensiv eines nach dem anderen. Dazu kommt bei uns diese wahnsinnige Stofffülle, das muss man sich alles merken und merkt sich's natürlich doch nicht! Wenn man selber etwas erarbeitet, dann bleibt das auch wirklich hängen im Gehirn.

Wir sind jetzt in einem Alter, in dem man merkt und sieht, dass der Körper schlapper wird. Wie gehst Du damit um?

Ich gehe regelmäßig schwimmen, mache zu Hause jeden Tag Muskelaufbau. Ich kümmere mich jetzt relativ konsequent um meinen Körper, und mir geht es dadurch zehnmal besser. Man darf sich auf keinen Fall gehen lassen.

Hättest Du gerne noch mal einen Partner?

Ab und zu. [Sie lacht.] Darf ich das so sagen? Natürlich. [Beide lachen.]

Also einen richtigen Partner, der immer da ist, den könnte ich jetzt gar nicht gebrauchen. Aber wenn mir einer zufliegt, der wahnsinnig süß ist, dann würde ich sagen: »Her damit.« [Sie lacht.] Aber im Moment bin ich heilfroh, dass ich mal ganz frei bin und wahnsinnig viele gute Freunde habe, das reicht mir.

Und wie wäre es, wenn man einen Liebhaber hätte? Hätte man da das Gefühl, lieber im Dunkeln ...? [Ich kichere.]

[Sie lacht laut auf.] Nein, nein, das geht ja gar nicht, wir sind 68er, da geht man nicht ins dunkle Zimmer, das funktioniert bei uns nicht. [Sie lacht.]

Es gibt ein Phänomen, das mich immer wieder erstaunt. Wenn ich alte Fotos von mir angucke, staune ich, wie hübsch ich war, ich war früher immer so unglaublich unzufrieden mit mir, und jetzt sag ich mir, bin ich blöd gewesen? Also, letzte Frage: Gibt's für Dich Wünsche, von denen Du sagen würdest, das möchte ich gern noch machen, das wäre mir wichtig?

Natürlich möchte ich weiter so »jung« sein, also weiterhin viel Energie und viele Ideen haben und hoffentlich gesund bleiben – neugierig bin ich sowieso. Alles, was neu ist, mache ich gerne, ja. Und ich will selbstverständlich, dass es meinen Kindern und meinen Enkeln immer gut geht, denn sonst wäre ich unglücklich.

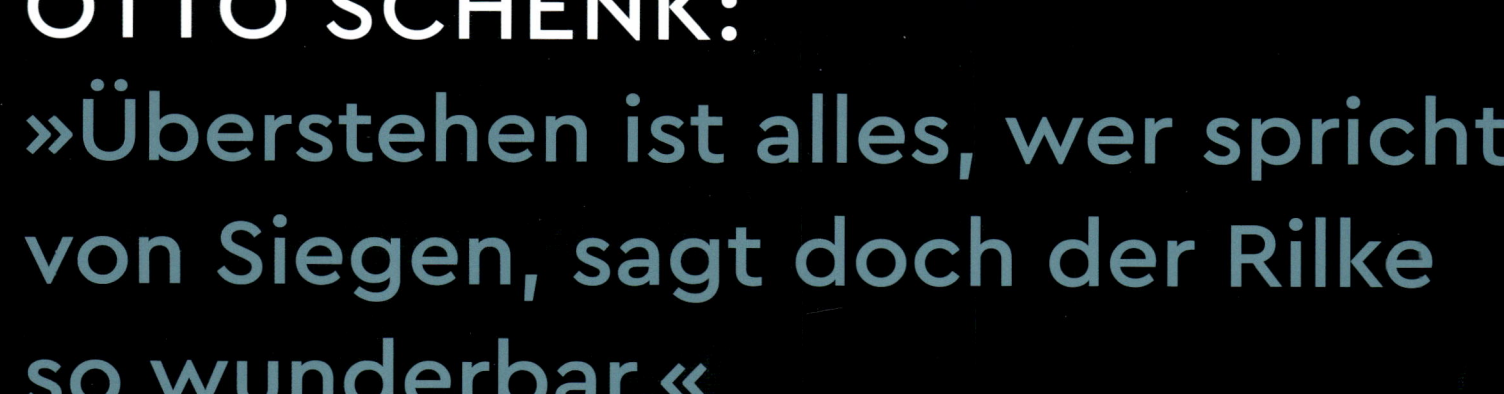

OTTO SCHENK:

»Überstehen ist alles, wer spricht von Siegen, sagt doch der Rilke so wunderbar.«

Bist Du mit Deinem jetzigen Alter in Harmonie? Du hast gesagt, das Alter hätte auch etwas Beschämendes.
Ich kann nicht sagen, dass ich in Harmonie bin. Ich bin in Harmonie mit meinem Hirn, mein Hirn funktioniert, so gut ich es brauchen kann, aber meine [er sucht nach einem passenden Wort] »Sonderteile« in meinem Körper, mein Werkzeug, folgt dem Hirn nicht mehr. Auf eine geradezu verbrecherische Weise verlassen mich meine Sinne. Ich sehe schlechter, sodass ich mich nicht mehr getraue, Auto zu fahren, obwohl ich Reaktionsfähigkeit habe. Ich höre schlechter, sodass ich meine Frau oft anschreie, weil sie zu leise spricht, und ich gehe schlechter. Ich war ein guter Läufer, von Laufen ist keine Rede mehr, es ist schon das Gehen wie eine Turnerei, und das ist etwas, was mich eigentlich auf lästige Weise bedrückt.

Wärst Du denn gerne noch einmal jung?

Nein, das kann ich nicht sagen, ich sehne mich nicht nach Jugend. Ich sehne mich nach Beweglichkeit und nach Mittun und Mitleben können. Ich habe immer nur gearbeitet, wenn einer mich dazu verführt hat, und wenn die Verführer seltener werden, arbeite ich weniger. Und das ist mir unangenehm – ein bisserl.

Wann hast Du das erste Mal das Alter gespürt hast?

Das war, als mir mein Lutscher als Kind nicht mehr geschmeckt hat. [Ich lache.] Da habe ich das Gefühl gehabt, jetzt ist die Kindheit vorbei oder irgendetwas ist vorbei. Ich hatte ununterbrochen das Gefühl, ich bin älter geworden, und habe ununterbrochen etwas vermisst. Der Tod ist überhaupt etwas, dem ich nicht gewachsen bin. Dass mich Menschen geradezu bösartig verlassen, indem sie sterben, das ist etwas, das ich am wenigsten ertragen kann. Dass ich alt werde, hat mich lange Zeit nicht gestört, erst, seit diese Unbeweglichkeit vor der Tür steht. Aber das Wegsterben der älteren Freunde, der Erfahrungsträger, der Zeitzeugen ... Ich war immer so neugierig auf die Vergangenheit! War so neugierig, wie die gemacht war, wie sie hergestellt ist, neugierig auf die Details. Mich hat die Historie nicht so interessiert, wie die Machart der Welt, die einmal war. Dazu musste ich Zeitzeugen interviewen: Kutscher, Handwerker, Professoren, Polizisten, ältere Leute, die mir das erklärt haben, was ich zu verstehen nicht imstande war. Und die sind mir so weggestorben, die Lehrer sind mir weggestorben, sodass ich bald selber ein Lehramt bin. Ich hatte immer das Gefühl, man ist dazu da, die Leute zu belehren, ihnen etwas beizubringen, ihnen etwas zu vermitteln.

Eines Deiner Bücher trägt den Titel: »Nach außen bin ich ja viel jünger«. Ich empfinde es eher umgekehrt, dass man nach außen älter wird, aber innerlich jung bleibt ...

Nein, das kann ich für mich nicht sagen. Es überschätzen alle meine Vitalität, meinen Fleiß, meine Kraft, weil ich anscheinend irgendetwas ausstrahle, wie ein alter Clown, der äußerlich zeigt, was Humor oder Weisheit ist. Ich verkleide mich nicht als weiser Mann, sondern versuche die Reste meiner Jugend auszustrahlen, und das gelingt mir manchmal oder erstaunlich oft sogar, aber im Innern habe ich das Gefühl, ich bin schon verdammt lange auf der Welt. Ich meine, ich spreche mit jemandem, der den ältesten Menschen der Erde gehegt und geliebt hat! Also, für Dich sind wir ja alle junge Spunde – Kinder!

[Ich lache.] Ja, genau! Du hast gesagt, Du hättest Dich als jüngerer Mann schon alt gefühlt und jetzt, wo Du wirklich älter bist, wie fühlt sich das an?

Jetzt bin ich ein bisschen enttäuscht von dem, was ich mir vom Alter erhofft habe, weil es so viele rein äußerliche Hindernisse mit sich bringt.

Aber Du bist doch nicht krank?

Doch, ich bin auch krank. Man hat so seine chronischen Leiden, die man aufzählen kann. Man geht zum Arzt und kriegt als Diagnose meistens nur ein Achselzucken. In Wien sagen die Ärzte: »Was wollen's denn?« Ich weiß nicht, was ich will. Ich will gesund sein, und das kann er nicht herstellen, der Arzt.

Sprichst Du sehr viel von früher?

Also ich spreche nicht von meinen früheren Pseudoerfolgen oder Erfolgen, die sind gebucht, die habe ich gehabt und die interessieren mich eigentlich nicht mehr. Ich bin dem Neuen in mir auf der Spur. Ich interessiere mich schon noch, wie weh was Neues tut und wie wohl was Neues tut. Ich bin nach wie vor verliebt in meine Frau, wir sind bald 62 Jahre verheiratet. Und es hat die Verliebtheit – nicht nur die Liebe – nein, die Verliebtheit nicht nachgelassen. Wir flirten noch, wir haben uns bei der Hand, aber damit wächst auch eine große Angst, einander zu verlieren, und das wird jeden Tag ein bisschen zu Ende gedacht und gefürchtet. Wenn Du ein genaues Rezept dafür hast, lass es mir zukommen.

[Ich lache.] Hast Du denn die gleiche Freude am Auftreten wie früher?

Insofern die gleiche, als ich nie eine große Freude hatte! Ich habe immer eine große Genauigkeitssucht gehabt und eine große Beschäftigungssucht mit dem, was ich tue. Ich war sehr konzentriert darauf und geradezu emsig beschäftigt mit der Wahrhaftigkeitssuche, mit Tönen, die die Wahrhaftigkeit verraten, sodass ich mich nicht sehr für Erfolg interessiert habe, sondern für den Zustand des Theaters. Ich habe in meinem Leben ununterbrochen theatralisch gedacht – beobachtend. Wo auch immer, in einem Kaffeehaus, wenn ich ein Gesicht sehe, wenn ich eine Gänsehaut spüre, habe ich immer an die Möglichkeit gedacht, das zu reproduzieren. Oder es jemanden zu vermitteln als Regisseur. Dadurch habe ich Theater und Leben nie so trennen können, und so war die Bühne nie was anderes als die Tätigkeit im Leben.

Wenn aber ein schönes Fernsehprojekt käme, würdest Du es ganz gern machen?

Ganz gern nicht! Eher mit großen Zweifeln. Und die, die daran glauben, müssten auch bei der Arbeit an mich glauben und mit dem zufrieden sein, was aus mir herauskommt. Wenn was herauskommt, würde ich sehr dankbar sein. Meine Leseabende – die nicht wirklich Leseabende sind, eher so ein Kaleidoskop von Beobachtungen und Texten, die ich besonders schätze und verehre – da bin ich wie ein Verführer, der die Leute zum Zuhören und zum Lachen verführt. Und wenn mir das gelingt, so bin ich eigentlich sehr verführbar, diese Abende weiter zu machen, und meistens habe ich dann einen besseren Blutdruck. Diese Abende finden unter ärztlicher Aufsicht statt. Die Veranstalter haben immer Angst, weil ich da als Halbwrack hin transportiert werde. Aber die Gänge auf die Bühne mache ich schon wieder selbst, wie ein Junger oder wie ein Rüstiger. Das Lächeln passiert mir – freundlich und selbstverständlich – und das, was ich zu lesen und zu sagen habe, gelingt mir auf natürliche Art. Es ist wie ein Urlaub vom Altwerden. Und nachher umarmen mich die Leute und greifen mich an, ob ich noch lebe [ich lache] und wenn sie zwicken, quietsche ich und wenn sie mir auf den Buckel hauen, zucke ich. Aber sie freuen sich, dass ich noch lebe und ich freue mich auch dass ich noch lebe. Das sind die Momente der Freude. Überstehen ist alles, wer spricht von Siegen, sagt doch der Rilke so wunderbar.

Aber Du brennst nicht mehr so für den Beruf, wie früher?

Ich habe nie gebrannt. Ich war immer im Zweifel, im Zweifel an mir und an der ganzen Chose. Jeder Erfolg von mir war ein »Trotzdem-Erfolg«. Ich habe dem geraden Weg zum Erfolg immer misstraut. Ich war immer der Ansicht, dass man einen Dschungel durchquert und man darf auch nicht aus sein

In anderen Berufen ist man ja gezwungen, schon mit 65 aufzuhören. Könntest Du dir vorstellen, ganz aufzuhören?

Mit 65 aufhören zu müssen, wäre mir wie ein Verbrechen vorgekommen, und jetzt mit 88 ist man darauf angewiesen, dass sich noch etwas ergibt. Sonst muss die Fantasie halt schauen, was sie macht in meinem Kopf. Ich habe ja inzwischen zu Schreiben begonnen, habe neun Bücher geschrieben, die alle Gott sei Dank Bestseller wurden, sonst wären es keine neun geworden. Ich bin auch eine Art »Sprecher-steller«, ich rede mir gern vom Leib und wenn sich Zuhörer ergeben, werde ich für sie da sein. Ich brauche Verführer! Eine große Unlust, etwas zu tun, ist bei mir ständig wach wie ein Kobold, der bekämpft werden muss. Von außen bekämpft, von jemandem, der mehr an mich glaubt als ich selber. Und wenn's den nicht mehr gibt, werde ich Ruhe geben und niemandem mehr theatralisch auf die Nerven gehen.

Du hast mir mal gesagt, in jeder Rolle muss eine Tragik sein.

Eine Sorge! Ich finde, ein Schauspieler, der nicht eine Sorge ausstrahlt, wenn er auf die Bühne kommt, ob das im Lustspiel ist, wo die Sorge hypochondrisch sein kann, oder im Tragischen, wenn man nicht echt spürt, dass dem da etwas fast misslingt, dann interessiert mich das nicht. Die großen Helden der Bühne, denen misslingt doch alles, das ist das Tragische und die haben sich zu sorgen! Und wenn der Hamlet philosophiert, dass er sich vorstellt, sich umzubringen, dann muss der das spüren, sonst ist es ein pathetischer Monolog, und das langweilt mich. Auch wenn der Wotan seiner Tochter sehr lang erzählt, wie er sich verstrickt hat im zweiten Akt Walküre, passiert etwas. Da kann ein Vater vor seiner Tochter plötzlich nicht anders, als seine große Sorge loszuwerden, und wenn er nur pathetisch singt, interessiert mich die ganze Sache nicht. Wenn ich aber sehe, wie ihn das quält, was er da erzählt und wenn die Tochter sich sorgt um den Vater, dann wird aus dieser langen Erzählung ein dramatisches Stück.

Aber wie funktioniert das bei einer oberflächlichen Boulevardkomödie?

Da hat die Figur auf der Bühne Angst vor der Blamage. Gerade bei der Komödie wird die Sorge überschätzt, und dadurch lacht man. Ich finde, das Lachen ist ein Kapieren, der Lacher ist das spontane Kapieren. Erstens ist man glücklich, dass es einem nicht selber passiert, dann ist man stolz, weil man so etwas kennt und weil es typisch ist. Es ist eine Bekundung, dass etwas dramaturgisch funktioniert, und das beglückt einen beim Spielen. Aber man darf nicht auf den Lacher aus sein! Eine trockene Pointe ist wie ein Kurzschluss, und wenn der Kurzschluss funktioniert, hat man als Schauspieler seine Pflicht getan.

auf Erfolg. Meine Art zu arbeiten war immer, das nächste, was zu tun ist, den nächsten Satz, die nächste Bewegung, den nächsten Blick so gut und so echt als möglich, der Rolle entsprechend oder dem Stück entsprechend zu machen, und beim Regieführen die Anweisung so zu geben, dass der Schauspieler was davon hat, um auf dem Weg der Natürlichkeit glaubhaft zu sein.

Wenn Du Regie führst, spielst Du auch vor?

Ja, notgedrungen. Ich tue es, wenn man etwas nicht sagen kann. Erklären ist eine Notlösung, erklären trifft nicht den Punkt. Gefühle lassen sich nicht erklären. Es geht ja meist um eine Tätigkeit, um eine Bewegung, um einen Tonfall, um eine Art, um ein Achselzucken, um eine Sorge, die man entwickeln muss, bevor der selbstverständliche Ausdruck entsteht. Wenn man nur ausdrücken will, verkrampft man sich.

Bist Du im Alter gelassener geworden?

Ich kann nicht sagen gelassener, es ist mir ein gewisser Ehrgeiz abhandengekommen. Ich lasse mir gefallen, dass man etwas von mir verlangt.

Und so ein Gesicht macht man dann auch, denn nach der Pointe muss man den Lacher abwarten, und das Abwarten des Lachers ist eine seltsame Sache, denn da schwebt noch einmal die Blamage durch den Raum.

Ist Dir auch schon aufgefallen, dass die jungen Schauspieler so begabt sind, dass sie schon von sich aus viel bringen? Als ich anfing, war ich absolut regiehörig, heute kommen die jungen Schauspieler schon mit einer ganz festen Vorstellung ihrer Rolle.

Wirklich? Das ist erfreulich, das wird vielleicht daran liegen, dass es weniger Regisseure gibt, die Ihnen helfen. Das hat es immer gegeben, die ganz großen alten Schauspieler waren auch so einsame Entwickler, so Deponieberge, die kamen auf die Bühne und denen konntest du kaum Anweisungen geben. Werner Kraus ist immer aufgetreten wie bei einer Premiere, die Figur war vom ersten Tag an da, und er hat alles vermieden, was nicht zu dieser Figur gepasst hat. Wenn man eine Rolle spielt, muss man wissen, wie benimmt der sich, auch die Art und Unart einer Figur, was kann der nicht, was tut der nicht. Dem Moser hat man das gesagt: »Gehen Sie mal schnell dahin und bücken Sie sich«, darauf hat er geantwortet: »Des moacht der net!« Und alles das, was bewusst und schlecht gemacht wird, ist wieder nicht gut, alles muss letzten Endes selbstverständlich sein. Das Verrückteste muss selbstverständlich sein!

Aber Regie führst Du nicht mehr?

Nein, ich habe 163 Inszenierungen gemacht. Das heißt doch! Ich habe in letzter Zeit zwei, drei uralte Inszenierungen an der Oper aufgemöbelt, den »Rosenkavalier« und die »Fledermaus«. Das hat mir Spaß gemacht, das war stöbern im Urwald alter Zeiten, das hat funktioniert und hat den Leuten erfrischend wieder gefallen – wie Antiquitäten. Antiquitäten gefallen ja nicht, weil sie so alt sind, sondern weil sie uns heute noch etwas sagen. Es ist das Rendezvous von einst mit heute. Überhaupt das Theater ist das Rendezvous von alten Zeiten, wie: «Es war einmal ...« Und irgendetwas weht einen an, aber das: »Es war einmal ...« wird heutzutage unterdrückt, und das tut mir leid. Ich glaube, das Theater ist auch heute noch: »Es war einmal ...« Zumindest die großen Dichter haben immer zurückgedichtet, wenn es aber nichts mit heute zu tun hat, dann ist es fad.

Aber das sehr moderne Theater, ist ja auch zum Teil ziemlich obszön ...

Kommt drauf an. Der Brecht hat auf die Frage: »Kann man das so machen?« geantwortet: »Wenn man kann, dann kann man!« Das Obszöne kann – wenn es nicht nur obszön ist – gut sein. Wenn man Leute auf der Bühne Geschlechtsakte vollführen sieht, überlegt man sich doch als Zuschauer: Wie machen die es, dass sie's nicht wirklich machen? [Ich lache.]

Ich habe gelesen, dass Du Sohn von katholischen Eltern und halb jüdisch bist?

Ich bin katholisch erzogen von einer katholischen Mutter und von einem Vater, der nicht religiös war. Nicht mosaisch, die Urgroßeltern waren halt Juden. Als Schüler hatte ich keine Schwierigkeiten, sogar die Nazilehrer waren loyal, aber Angst hatten wir ständig. Ich hatte Angst um meinen Vater. Meine Großmutter und mein Onkel sind umgebracht und zwei meiner sandspielenden Freunde sind vergast worden. Aber ich kann und will mir nicht vorstellen, dass der Nazismus, wie ich ihn kennengelernt hab – so fürchterlich, so grauenhaft und so durchtrieben –, dass er nochmals so erblühen könnte. Wenn das geschieht, bin ich froh, dass ich es nicht mehr erlebe.

Du hast viele Bücher, hast Du die alle gelesen?

Nein, ich bin ein Nascher, ich krieche hie und da in der Bibliothek herum und suche mir etwas aus. Die Bücher haben eigentlich etwas Beschämendes, weil ich sie eben nicht mehr alle lesen werde oder kann und weil ich viele gar nicht gelesen habe. Nach vielen sehne ich mich und komme nicht mehr dazu.

Du hast auch Witze erfunden?

Nein, gefunden. Ich habe sie gesammelt und habe eine Liste von Stichworten, wonach ich die Witze erzähle. Ich bin ein Verehrer von guten Witzen, weil sie für mich ein seltsames Humorwunder sind, weil sie an Wirkung alles humorige Geschreibe übertreffen. Es gibt viel mehr schlechte Witze als gute. Es gibt ganze Witzbücher, wo einem das Gesicht versteinert, wenn man sie liest.

Wie funktioniert es, dass man jemanden zum Lachen bringt?

Das kann man nicht erklären. Alle Theorie nützt nichts, wenn der Witz nicht gut ist. Wenn man ein Theaterstück ehrlich spielt, staunt man, wo überall gelacht wird.

Du lebst sehr für die Arbeit, was wäre, wenn sich gar nichts mehr täte?

Das macht mir nichts, da schützt mich meine Müdigkeit vor dem Unglücklichsein. Mir geht schon auf die Nerven, wenn das Telefon läutet.

Du hast ein Handy, aber einen Computer hast Du nicht?

Ich habe ein Handy, ich habe auch ein Tablet, aber das beherrsche ich nicht, und darauf bin ich nicht stolz, ich komme mir schon ein bisschen kretinös vor. Es gab Leute, die versucht haben, es mir zu zeigen, aber die waren auch so ungeschickt. Und mich ärgert, wenn einer versucht, es mir zu zeigen, und dann auf die falschen Knöpfe drückt.

Hast Du einen großen Freundeskreis?

Er ist sehr geschrumpft, weil ich uralte Leute als Freunde gehabt habe und die sind alle tot. Es ist eine Lücke da, aber ich habe zu jungen Leuten einen Draht. Sie sind neugierig auf mich.

Ich bin auch neugierig auf Dich, und Du weißt, dass Dich Jopie unglaublich geliebt hat.

Ja und ich ihn auch, weil er mich zu einer Zeit geschätzt hat, wo ich noch nicht bekannt oder noch nicht geschätzt war. Ich habe die-jenigen lieber, die mich geschätzt haben, bevor ich »der« Schenk war. Jopie war so unbedenklich freundlich, und wir haben so viel miteinander geblödelt. Wir haben stundenlang gefischt mit zwei Angeln in seinem kleinen Brunnen und uns über die Fische unterhalten, ganz ernst. Es waren aber gar keine Fische da! Ich bin auch ganz stolz auf den Heesters-Ring, den er mir vermacht hat.

Hast Du junge Kollegen gefördert?

Ja, den Fritz Karl zum Beispiel.

Du hast in Deinem Leben unglaublich viele, großartige Menschen kennengelernt, welche haben Dich besonders beeindruckt?

Der Werner Kraus, Karl Paryla, der Leopold Rudolf.

Hast Du Pavarotti kennengelernt?

Ja, er hat bei mir gespielt an der Met, eine wunderbare, wunderbare Stimme, und er war auch ein lustiger Mensch. Plácido Domingo. Auch die Anna Netrebko habe ich sehr gern gehabt. Don Pasquale, Dirigenten wie Karl Böhm oder Leonard Bernstein, Carlos Kleiber.

Es gab also viele Menschen, die Dich beeindruckt haben. Waren das auch Vorbilder für Dich?

Beeindruckt sehr, aber ich habe immer darauf geachtet, dass ich die Vorbilder nicht nachmache. Ich habe vom Vorbild immer erst etwas gehabt, wenn ich es nicht mehr nachgemacht habe.

Hast Du noch drei Wünsche zum Abschluss?

Ich wünsche mir, dass mein Gehirn mit dem letzten Akt, der mir bevorsteht, einigermaßen fertig wird. Ich wünsche mir [er zögert] – ich weiß nicht, wie kann ich das sagen? Das Ende mit meiner Frau – das kann ich eigentlich nicht sagen. Ob ich mir wünsche, dass ich früher dran bin und sie ist allein dann und hilflos, oder ob ich mir wünsch, dass ich sie unterbringe im Totenreich, ... das ist nichts zum Wünschen. Ich kann mir gar nicht vorstellen, dass ich dann noch was gern tun würde. [Nach längerem Nachdenken.] Ich wünsche mir, dass mein Abgang vom Theater blamagelos vorübergeht.

PETER KRAUS:

»Ich habe keine Zeit gehabt in letzter Zeit.«

Sagst Du mir, wie alt Du bist?
Das kann ich Dir sagen. [Er lacht.] Ich bin dieses Jahr 80 geworden, 1939 geboren, Fisch, März.

Bist Du mit Deinem Alter in Harmonie?
In Harmonie? [Überlegt.] Ja, wahrscheinlich schon, weil ich eigentlich kein Mensch bin, der ans Alter denkt. Ich habe bei meinem Geburtstag immer spaßeshalber gesagt: Ich mach mir das Ganze leicht: Wenn man mich auf den 80. Geburtstag anspricht, dann höre ich automatisch 60, und das war eigentlich ganz gut! Aber ich will damit sagen, es ist so uninteressant. Wie man sich fühlt, das ist es!

Und die üblichste aller Fragen: Wärst Du gerne noch mal jung?
Das kommt drauf an wie jung, also richtig jung nicht. Denn ich glaube, die Zukunft unserer Welt ändert sich zu krass, und ich weiß nicht, ob das so meine Richtung wäre. Aber ich meine, wenn man jetzt noch mal jung sein könnte, dann wäre man ja auch gedanklich jung und würde alles wahrscheinlich auch so hinnehmen, wie die Jugend es heute hinnimmt. Auf alle Fälle möchte ich nicht als Peter Kraus von heute in den Körper eines 20-Jährigen versetzt werden. Das würde ich nicht durchstehen. Es gibt viele Dinge, die mich einfach wahnsinnig machen: kein Benehmen, keine Kultur mehr, es ist einfach schrecklich. Ich glaube, ich würde mit meiner Einstellung als 20-Jähriger nicht mehr klarkommen. Ich wäre wahrscheinlich ein Außenseiter. Also das Gegenteil von dem, was ich in meiner Jugend war. Da war ich an der vordersten Front und habe den Ton angegeben. [Er lacht.]

Ich hatte gerade den Urenkel von Jopie zu Besuch, der ist jetzt neun und wollte im Radio nur die Musik hören, die nur rhythmisch war.

Ich kann gar nichts damit anfangen. Ich muss dabei an die alte Weisheit meines ersten Produzenten denken, der sagte: »Weißt du, einen Hit musst du mir auf dem Kamm vorblasen können und dann weiß ich, ob das ist ein Hit ist oder nicht!« [Er lacht.] Aber das ist eben verflogen, das gibt's so nicht mehr. Nehmen wir einen Titel wie »Volare, volare!« [Er singt es an.] Da weißt du, das ist was, da brauchst du keinen Rhythmus dazu! Man muss einen Hit nicht erklären. Es entstehen heute schon wunderbare, tolle Balladen, aber im Grunde genommen wollen die jüngeren Leute – aber vor allem die Radiostationen – einfach dieses rhythmische Zeug, weil sie vielleicht glauben, das mache die Leute munter.

Ich habe gelesen, Du hast schon mit 17 im Kongresssaal im Deutschen Museum ein Konzert mit Hugo Strasser gegeben.

Ja, das war das erste Konzert.

Ist ja wirklich unglaublich. Du hattest schon in jungen Jahren großen Erfolg. Wie ging denn das mit der Schule?

Ich bin ausgestiegen mit 16. Die Mittlere Reife habe ich noch gemacht, aber dann kam schon die Karriere. Eigentlich war ich angemeldet auf der Otto Falckenberg Schule, aber das musste ich abblasen. Die Karriere ging so steil los, dass ich während der Arbeit selbst schauen musste, dass ich was lernte. Meine Schauspiellehrer waren eigentlich die tollsten Partner, die ich hatte. Rühmann hat sich zwar nicht darum gekümmert, ob man was lernt, aber Leute wie Gert Fröbe oder Walter Giller, mit denen habe ich immer gern gespielt und gearbeitet. Albers auch, ach nein, Albers nicht, mit dem hab ich nur Sekt getrunken. [Er lacht.] Meine Schauspiellehrer waren die Großen, das waren DIE Filmschauspieler, mit denen ich arbeiten durfte, und da bin ich irgendwie stolz drauf.

Gab es denn in Deiner wirklich beispielhaften Karriere mal einen Einbruch?

Ja, sicher. Es waren sogar sehr entscheidende Einbrüche, die sehr schmerzhaft waren. Mit 16 hatte ich angefangen, und schon 1963 wurde beispielsweise mein Plattenvertrag nicht mehr verlängert, weil ich zu wenig verkaufte. Das hat mich damals richtig fertiggemacht. Ich war voller Ideen, doch der Chef von der Polydor sagte zu mir: »Warum eigentlich? Du hast so viel Geld verdient, Du kannst aufhören!« Da bin ich völlig zusammengebrochen, mit 23 oder 24 aufhören! [Er lacht.] Aber, das war, glaube ich, sehr gut, denn dann habe ich Theater gespielt, Filme gemacht, Fernsehen gemacht ...

Muss man im Alltag energiegeladen sein, um etwas Neues in die Tat umzusetzen?

Ich versuche dieselbe Energie zu bringen, die ich früher hatte. Dass das immer gelingt, glaube ich kaum, vielleicht annährend. Energiegeladen musst du eigentlich immer sein, anders geht es nicht. Mir genügt eigentlich auf Tournee die Gymnastik auf der Bühne. Das Programm ist lang, zu lang, aber ich bleibe dabei. Es ist eine Chronologie des Rock'n'Roll in Deutschland, das hat eine Geschichte und feste Punkte, da kann man nicht einfach sagen: »Ich schmeiß das oder das raus.« Es sind halt fast drei Stunden.

Howard Carpendale hat man gefragt: »Brauchst du die Arbeit?«, und er hat geantwortet: »Ich brauche die Kreativität!«

Ich sehe das auch so – ich meine, ich weiß, was er mit Kreativität meint. Die meisten verlassen sich auf das, was das Publikum gerne hat, das heißt, die singen von vorne bis hinten nur ihre Hits. Aber Howard ist ein Kreativer, genauso wie ich, der will in jedem Programm auch etwas Neues, ob das jetzt eine Revue ist oder etwas mit einer Bigband oder alte Klassiker mit neuem Text. Ich habe zum Beispiel die ganzen Rock'n'Roll-Nummern, die damals zu wild waren und gar keinen deutschen Text hatten, alle deutsch textiert und eine Tournee draus gemacht. Das ist Kreativität, das meint er. Denn wenn du abfällst – davor hätte ich zum Beispiel Angst –, wenn du nur noch deine Hits singst und nur noch, was das Publikum will, dann bist du nicht mehr der Künstler. Dann wirst du zum Artisten, der seine Nummer abzieht, wie ein Clown. [Er lacht.]

Könntest Du Dir überhaupt vorstellen, ganz aufzuhören, also gar nichts mehr zu machen?
Ne, das nicht. Ich möchte nur keine Tourneen mehr machen, weil die Vorarbeit immer intensiver und anstrengender wird. Und damit ich das auch wirklich durchhalte, habe ich meiner Frau zum 50. Hochzeitstag genau das versprochen. Ich mache wirklich keine Tourneen mehr, aber ... meine Jungs, mein Chor zum Beispiel, mit denen live Musik zu machen, das freut mich natürlich weiterhin. Wir haben für das nächste Jahr schon diverse Konzertangebote, die wir spielen werden. Ich glaube ganz ohne ist es gefährlich. Dann wird man vielleicht doch alt. [Er lacht.] Wobei ich nicht der Meinung bin, dass ich rein künstlerisch Erfolg haben muss, um nicht alt zu werden. Mir genügt es, wenn ich mit meinen privaten Dingen glücklich bin. Wenn ich mit meinem Paddelboot nach Italien rüberfahre und wieder zurück in derselben Zeit wie im letzten Jahr, dann ist das auch ein Ziel. Man muss nur immer ein Ziel haben, ich muss jetzt nicht Erfolg haben.

Glaubst Du, dass die Interessen im Alter eher abnehmen? Wird man, weil man alles schon erlebt hat, nicht mehr so neugierig und liest auch nicht mehr so viel?
Das ist bei uns eine ganz besondere Geschichte. Ich persönlich kann, ohne zu lesen, leben. Meine Frau Ingrid hängt an ihrem Laptop, an ihren Zeitungen, an ihren Büchern und liest, das ist ihre Lieblingsbeschäftigung. Das funktioniert deshalb so gut mit uns, weil sie weiß, was mich interessiert und die wirklich interessanten Dinge erzählt sie mir.

Ach, wie praktisch.
Ja, das ist unheimlich praktisch! [Beide lachen.] Ich bin, ehrlich gesagt, ein richtig fauler Leser. Wenn wir im Lokal sind, erzählt Ingrid mir den neuesten Stand der Dinge und dadurch haben wir immer was zu reden – und dann schauen wir an einem anderen Tisch rüber, wo ein Ehepaar sitzt, das seit zehn Minuten nicht miteinander gesprochen hat. Wir haben immer ein Thema, das ist auch eine Sache, die unsere Ehe richtig glücklich macht. Ich dreh keinen Fernseher an und ich hole auch keine Tageszeitung, ich lebe in meiner Welt. Was mich interessiert das sind alte Autos, das ist Sport.

Bist Du bei Instagram, Facebook oder so etwas? Oder interessiert Dich so etwas gar nicht?
Wenn, dann mach ich es selber, aber nur sehr, sehr selten. Bei der letzten Tournee habe ich jeden Abend ein Selfie gemacht, vom Publikum mit mir und hab das mit ein paar Worten ins Facebook gestellt. Das war sehr anstrengend. [Er lacht.] Jetzt mache ich es von Zeit zu Zeit, aber im Grunde bin ich davon nicht abhängig.

Das Thema Klimawandel – beschäftigt Dich das?
Es beschäftigt mich insofern, als dass ich nicht begreifen kann, dass man da nicht weiterkommt. Das ist eine ewige Streiterei, die nichts bringt. Es gibt Ansatzpunkte, wo man wirklich etwas ändern könnte und das wird überhaupt nicht angesprochen. Zum Beispiel die ganzen Importe: Es fahren auf der Autobahn nur Lastwagen, ich möchte mal wissen, was da drin ist. Man transportiert irgendwelche Früchte von sonst woher, die wir bei uns auch haben. Oder die ganze Geschichte mit dem Internetkauf, wo die Leute ewig bestellen und wieder zurückschicken und wieder neu bestellen.

Wird man radikaler, wenn man älter wird oder wird man toleranter?
Ich glaube toleranter.

Gibt es irgendetwas, das Du mit Deinem jetzigen Wissen anders gemacht hättest, anders machen würdest?

Ich glaube, dass meine Grundeinstellung, die ich mir als junger Bursche schon ausgedacht hatte, in meinem Leben funktioniert hat. Das ist eine ganz einfache Geschichte: Ich habe mir immer gesagt, wenn eine Karriere nach oben geht, dann muss sie irgendwann auch wieder runter gehen. Genau an dem höchsten Punkt musst du dir für die schlechten Zeiten etwas Neues einfallen lassen, weil du jetzt die Chance hast, jetzt hört dir jeder zu, jetzt kannst du etwas durchsetzen. Also nicht abwarten, bis du am Tiefpunkt bist und dann alleine irgendwo unglücklich in der Gegend rumstehst und nicht weiterkommst. In den 90er-Jahren habe ich den Künstlermanager Dieter Weidenfeld – ein sehr kluger Mann – angesprochen, da ich nach langer Zeit wieder mit ihm zusammenarbeiten wollte. Er sagte für mich überraschend nicht sofort zu, sondern hat sich einen Monat Bedenkzeit erbeten. Nach dem Monat kam er zu mir und sagte: »So, ich habe mich über Dich genau erkundigt. Du bist beim Publikum bekannt als einer, der alles kann: Du kommst die Showtreppe runter, Du machst Operette, führst Regie, filmst, fährst Autorennen, kannst singen und tanzen, Du machst dies und das ... « Da sagte ich: »Ja und? Das habe ich auch immer stolz publiziert!« Darauf sagte Dieter: »Du versprichst mir, dass Du nie mehr ein Wort über Deine Vielseitigkeit verlierst! Du bist der Mann, der 1956 den Rock'n'Roll nach Deutschland importiert hat – der bist Du! Der erste Rock'n'Roll Sänger in Deutschland! Wenn Du Dich ab sofort nur noch darauf beschränkst, dann arbeiten wir zusammen.« Und ich muss heute sagen, das war unheimlich gescheit! Fixiert auf einen künstlerischen Punkt! Wir haben dann die: »Rock'n'Roll is back-Tournee« und »roll again« und viele mehr gemacht, aber alles sehr auf diese Musik abgezielt. Ja und das Publikum hat sofort erkannt, um was es geht. Ich hätte diese jetzige künstlerische Phase meines Lebens nie erreicht, wenn ich »nur« ein Tausendsassa geblieben wäre!

Hast Du Angst vor dem Tod?

Ich denke über so etwas nicht nach, auf keinen Fall! Es ist eine Sache der Vernunft: Ich kann's nicht beeinflussen, also was soll das Ganze? Ich war immer schon ein Mensch, der gesagt hat: »Wenn was passiert, muss ich was unternehmen. So viel Zeit werde ich noch haben, dass ich was tun kann.« Das ist ja logischerweise auch das Schlimme an einer Beziehung, wie Ingrid und ich sie haben. Wir leben zu zweit, Familie haben wir natürlich, aber wir verbringen unsere Zeit eigentlich sehr zurückgezogen, genießen das Leben gemeinsam, rund um die Uhr. Wir sind immer beisammen – da ist natürlich die einzige Angst: Wer stirbt als Erstes? Ingrid macht es sich leicht, die sagt: »Ich!« [Er lacht.]

Aber das ist natürlich ... davor habe ich Angst. Nicht vor dem Tod als solches, aber davor, dass ich plötzlich allein dastehe und in vielen Dingen einfach unbeholfen bin.

Der Musiker Rolf Kühn wurde einmal aufgefordert, drei Wünsche auszusprechen. Er meinte erstens, dass sein innerer Spirit ihn nicht verlässt, zweitens, dass ihm seine unendliche Neugierde erhalten bleibt, und drittens Gesundheit, um seine Ziele zu erfüllen. Und jetzt frage ich Dich: Hast Du auch Wünsche?

[Lacht.] Ja, fast identisch. Was Besseres kannst du einfach nicht sagen. Aber ich glaube, dass sich die Neugierde mit der Zeit ganz einfach verlagert. Weißt Du, was ich meine? Ich muss nicht mehr die Welt bereisen, ich bin auch sehr zufrieden damit, am Seeufer zu sitzen, eine Zigarre anzuzünden und die schönen Farben der Herbstblätter anzuschauen. Das konnte ich vor fünf Jahren noch nicht, da hat mich das noch nicht interessiert. Ich meine, die Ruhe und die Zufriedenheit, die sollte man ausleben, das muss man lernen: Zu leben und zufrieden zu sein.

Dann danke ich Dir.

Gut, mein Schatz.

IMPALA LECHNER:

»Man macht nicht mehr ganz soviel Blödsinn.«

Dein Künstlername ist Impala, für mich bleibst Du Dine. Wie alt bist Du?

Ich bin gerade 70 geworden.

Und bist Du mit Deinem jetziger Alter in Harmonie?

Das würde ich schon sagen, es wird immer besser. Solange man gesund ist – und das bin ich –, wird es immer besser. Man ist doch etwas in die Reife gekommen, macht nicht mehr ganz soviel Blödsinn, hat Erfahrungen, die man gezielt einsetzen kann, um die Zukunft zu gestalten, wie man will.

Wir haben ja eine erstaunliche Freundschaft, weil wir uns noch aus der Kindergartenzeit kennen und nach wie vor befreundet sind. So etwas gibt's ja ganz selten. Unser Banden-Motto damals war: »Jeden Tag eine schlechte Tat«. Als Kind warst Du die Wildeste von uns , wolltest immer noch mehr unternehmen und noch einen Streich draufsetzen, aber später in der Pubertät warst Du plötzlich ganz schüchtern. Danach kam wieder ein Wandel. Du bist 1972 auf der Leopoldstraße in Schwabing mit Megafon demonstrieren gegangen. Wofür hast Du denn gekämpft?

Für die Beerdigung des Playboys – gegen die Machos mit anderen Worten. [Sie kichert.] Wir waren alle schwarz angezogen, unangemeldet. Lucy Engler war übrigens auch dabei, von der Ludwigstraße bis zur Münchner Freiheit. Schließlich kam die Polizei und begleitete uns, keiner hat gemeckert oder geschrien.

Weißt Du, wie alt Du damals warst? Warst Du da schon Mannequin oder Model, wie man heute sagt?

Ja. Warte mal, mit 21 – nein, mit 19! – da hat mich die Zeitung »Brigitte« auf der Straße angesprochen. Mit 22 war ich schon weg von den Eltern und habe in der Giselastraße gewohnt. Ich bin erst mit 21 von zu Hause weggezogen.

Also, wie lange warst Du denn Model?

Bis 40, da habe ich schon das Studium für Bildhauerei in San Francisco angefangen, aber immer zwischendurch mein Geld als Model verdient, um das Ganze auch zu finanzieren. Als ich dann die erste Skulptur fertig hatte, habe ich sofort aufgehört.

Warst Du in dieser Zeit auch Vegetarierin?

Ja, ich habe später ein Jahr in Ibiza gelebt als Hippie, danach war ich sieben Monate in Indien und wurde Vegetarierin. Ich habe Yoga gemacht, Ayurveda-Medizin gelernt, vegetarisch gefastet und durch das ganze Umstellen meines Lebens auch gelernt, wirklich auf meinen Körper zu achten, zu hören und zu wissen, was das überhaupt ist, denn vorher war da keine Verbindung zwischen mir und meinem Body. Ja, und dann habe ich meinen späteren Mann, Besi, kennegelernt. Da war ich fast 30. Durch ihn habe ich Homöopathie studiert, weil ich immer auf der Suche nach einer Erfüllung in meinem Leben war. Ich war zwar happy mit meinem Leben, ein Model zu sein, um die Welt zu reisen, mit anderen Leuten zusammen zu sein und jeden Tag etwas anderes zu erleben, es war immer Entertainment pur, aber nicht wirklich zufriedenstellend.

Wann warst Du bei dem Schamanen?

Zwischen 1982 und 83 in Amerika. Besi und ich haben zuerst in Deutschland ein Schamanen-Seminar mitgemacht. Dann sind wir nach Los Angeles gereist, aber ich habe gleich gemerkt, dass das Fakes waren. Damit wollte ich nichts zu tun haben. Aber daraufhin lernten wir einen Schamanen kennen, der weltbekannt war. Er wurde aber zehn Jahre später größenwahnsinnig. Nach zwölf Jahren bin ich dann weggegangen. Der fiel in die Falle, vor der er uns immer gewarnt hatte. Er ging in eine Richtung, die nicht gut war. Deshalb habe ich damals auch eine Auto-immunaggression bekommen, das war 1992. Weil ich nicht mehr mein Leben gelebt habe, sondern eine verlängerte Hand seiner Visionen war, hat mein Body gestreikt. Durch diese Herausforderung …

Mit »Herausforderung« meinst Du die Krankheit?

Ja, da habe ich mich erst mal zurückgezogen und mit chinesischer Medizin selbst geheilt. Krankheit sehe ich als Herausforderung, und mein Motto war schon immer: Ich habe mich selber krank gemacht und ich mache mich auch selber wieder gesund. Das war mein Leitfaden. Durch meine Familie habe ich einen deutschen Arzt in Hongkong kennengelernt, der mich mit chinesischer Medizin versorgt hat. Während man mir im Klinikum Großhadern gesagt hatte: »In fünf Jahren sind sie tot«, denn es war nicht nur meine Leber betroffen, sondern auch Schilddrüse, Herz, Muskeln und Sehnen. Nach einem Jahr meinten sie dann: »Spontanheilung«. Ich bin aber bis heute befreit davon, tipptopp.

Andere würden sagen, die Krankheit kommt aus heiterem Himmel, aber Du beziehst es auf Dein Verhalten und Dein Leben. Lässt sich diese Sichtweise auch auf Corona übertragen?

Ich glaube, dass so ein Virus nicht umsonst kommt. Ich bin mir ziemlich sicher, dass die Erde, die Pflanzen, die Tiere, die Steine ein Bewusstsein haben. Ich glaube, dass wir die Erde misshandeln und ausbeuten. Ich glaube daran müssen wir arbeiten, sonst werden wir das nächste Virus kriegen. Und der kann vielleicht stärker sein.

Wie wird sich das Leben mit und durch Corona verändern? Wird sich die Welt zum Positiven verändern?

Ich glaube, dass es nur positiv werden kann. Wir waren vor Corona in einem globalen Burnout. Mehr, schneller, noch mehr und noch schneller, dahin und dorthin, auf einmal war alles ruhig, und das war wunderbar. Man kann nur hoffen, dass viele Leute die Zeit genutzt haben, ein bisschen über sich und das Leben nachzudenken. Was will ich eigentlich im Leben, will ich nur mit hängender Zunge wie ein Hund durchs Leben rennen oder will ich ein Leben führen, das mehr Qualität hat?

Wie stehst Du zum Lockdown?

Ich glaube, wir würden um den Lockdown herumkommen, wenn wir lernen würden, alle mehr Disziplin zu haben, also keine Partys auf den Straßen, keine Versammlungen, diszipliniert mit Masken, Abstand halten. Junge Leute werden natürlich eine andere Einstellung haben. Die sagen sich, wir wollen leben und jetzt können wir nicht mehr leben. Unsere Eltern konnten leben, wie sie wollten, und machen, was sie wollten, und uns wird das jetzt alles genommen.

Ich weiß, dass Du Dich nicht impfen lassen möchtest, warum?

Weil ich nicht weiß, was da alles drin ist. Also gegen Tollwut lass ich mich impfen, wenn ich in der Erde buddele.

Die Welt hat sich durch das Virus verändert.

Ja, das hat sie. Ich finde es interessant, jedes Individuum kommt auf einmal an seine inneren Grenzen. Wir sind konfrontiert mit Ängsten, Lebensveränderungen und Herausforderungen. Es stellt sich die Frage: Wie kann ich das Beste daraus machen?

Zurück zu Deinem abwechslungsreichen, bunten Leben. Du bist dann irgendwann von Amerika wieder zurück nach Deutschland gekommen?

Ja, nach zwölf Jahren pendeln zwischen den Kontinenten blieb ich wieder in Deutschland, weil mein Vater krank wurde. Später wurde Besi krank, und schließlich meine Mutter, da blieb ich hier.

Du hast also ungefähr zehn Jahre Deine Eltern gepflegt. Es ist schon unglaublich, dass Du fast jeden Tag die 220 Kilometer von Bad Kohlgrub nach München und zurück gefahren bist. Du warst ja eigentlich immer freiberuflich, hast große Erfolge als Bildhauerin und hast Deine Tage ganz genau organisiert. Arbeitest Du mit 70 noch wie mit 50?

Ich fühle mich sogar fitter und leistungsfähiger als mit 30, habe aber inzwischen auch Erfahrung im Organisieren. Ich weiß genau, wie lange ich für etwas brauche, und kann meinen Tag genau takten. So etwas lernt man erst durch Reife und Erfahrung.

Du macht ja auch etwas für den Körper?
Ich fahre zu einem Personal-Trainer, der mit mir einmal in der Woche eineinhalb Stunden arbeitet, ganz bestimmte, auf mich abgestimmte Übungen: Balance, Pilates, viel Training, dass du vom Bauch her die Kraft kriegst, nicht vom Rücken. Ich habe das früher schon selbst immer richtig gemacht, denn als Bildhauerin muss man zum Teil 25 Kilogramm tragen. Wichtig sind auch Gleichgewichtsübungen, bei denen du dein Hirn einsetzen musst, sodass sich Kopf und Body koordinieren.

Du hast schon vor einiger Zeit angefangen, Dein Haus so auszubauen, dass Du praktisch autark leben kannst. Was hast Du da alles gemacht?
Weg von Öl, alles mit Holz und wasserführendem Ofen und dazu Solar. Wahrscheinlich werde ich nächstes Jahr in Windenergie einsteigen, sodass ich meinen Strom selber produziere. Außerdem habe ich eine eigene Quelle, was natürlich ein Geschenk des Himmels ist, die hat Heilwasserqualität. Und ich werde mir ein Gewächshaus in den Garten stellen, damit ich mir auch das Notwendigste anpflanzen kann.

Und Imkerin bist Du auch noch geworden, wirklich großartig. Was denkst Du über die Fridays for Future-Bewegung und engagierst Du Dich selbst in Umweltfragen?
Ich war zweimal aus Neugierde bei den Demonstrationen, und ich finde, dass die Jugend aufstehen muss, weil die Alten nicht mehr zu bewegen sind. Die sind meist so eingefahren in ihrem Denken und in ihren Gewohnheiten und haben Angst vor Veränderung. Die Jugend hat recht, sie muss auf die Straße gehen, sonst haben wir in zehn Jahren Chaos, wenn nicht schon eher.

Das tust Du ja schon lange, damit hattest Du bereits angefangen, als das hier noch gar nicht im Gespräch war.
Schon vor 30 Jahren. Es gibt VHS-Filme von damals, die genau das voraussagten, was jetzt passiert. Man sieht, wie schwerfällig die Menschheit sich bewegt, und das schockiert mich. Es passiert immer noch zu wenig, und so ein Rezo oder so eine Greta und die ganzen Schüler, die auf die Straße gehen, [laut] die haben recht! Wir Alten hatten ein super Leben, aber wir haben auch einen Anteil daran, dass es für die Jungen so weit gekommen ist.

Du hast trotz alledem eine positive Lebenseinstellung. Lebst Du gerne?
Ja. [Sie lacht.] Was bleibt mir übrig? Ich lebe gerne! Meine Eltern haben mich immer eine »hoffnungslose Optimistin« genannt. Ich finde, das Leben ist ein tolles aufregendes Abenteuer, jeden Tag, und das ist es wahrscheinlich, woher ich meine Energie nehme. Weil ich jeden Tag etwas lernen, etwas entdecken will, etwas Neues erfahren will. Und das hat überhaupt nicht nachgelassen, im Gegenteil.

Bedauerst Du es, keine Kinder zu haben?
Ich habe schon mit 16 gesagt, ich will wegen der Überbevölkerung nie heiraten und auch keine Kinder. Mein Beruf ist auch so eine Erfüllung, und wenn ich mit Kindern zusammen sein will, habe ich genug Freunde, die Kinder haben.

Gibt es etwas, das Du gerne lernen möchtest?
Ja, Bücher schreiben. Ich habe schon angefangen, ein paar Artikel zu schreiben, kleinere Sachen. Ich möchte über das Copyright schreiben und als Nächstes über die Erfahrung der Pflege meiner Eltern. Denn da habe ich viel gelernt.

Gibt es rückblickend etwas, das Du anders hättest machen sollen in Deinem Leben?

Nein, ich sehe die Dinge, die ich »falsch gemacht« habe, nicht als »falsch«, sondern als Chance, zu lernen und mich weiterzuentwickeln. Deshalb ist es gut, wenn du Fehler machst, denn wenn alles gut ist, lernst du ja nichts. Die Pflege meiner Eltern und von Besi, das war eine große Herausforderung, eigentlich die größte in meinem Leben. Daraus habe ich viel für mich gezogen. Manchmal dachte ich, ich schaffe es nicht, ich habe bald ein Burnout-Syndrom.

Dass Du diese Kraft hast, obwohl Du eigentlich fertig bist, das ist bewundernswert.

Du musst eben eine Entscheidung treffen. Wenn du dich gehen lässt und das alles zulässt, dann bist du verloren.

Ich stelle jedem meiner Protagonisten die Frage, was sie sich wünschen würden, wenn sie drei Wünsche offen hätten.

Gesundheit ist Nummer eins, ohne Gesundheit geht gar nichts. Dann zweitens, die Neugierde und die Kreativität zu behalten. Und drittens, Lebendigkeit – bis ich umfalle! [Sie lacht.]

PETER MAFFAY:
»Ich mach mein Ding.«

Es hat mich umgehauen, dass Du mir handschriftlich für unser Gespräch zugesagt hast, das gibt's heute gar nicht mehr!

Ich kann nicht tippen! Ich mach das gerne handschriftlich, weil es so meditativ ist. Ich sitze gerne morgens um acht am Schreibtisch und mache meine Briefe.

Toll! Du bist für mich der Prototyp für das Thema meines Buches. Wie alt fühlst Du Dich momentan?

Das ist immer unterschiedlich. Es gibt Tage, an denen fühle ich mich so alt, wie ich wirklich... wobei, es gibt ja keine Definition, es kann mir ja keiner wirklich genau sagen, was für ein Gefühl das denn tatsächlich sein sollte. Andersrum gibt es Phasen, in denen ich das Gefühl habe, dass die Zeit ein bisschen stehen geblieben ist und ich auf gar keinen Fall einen Bezug zu der Zahl 72 herstellen kann.

Möchtest Du Dir Deine junge Lebenseinstellung erhalten?

Unbedingt, ja! Ich glaube, das ist auch keine Utopie. Also den Begriff »jung« festzumachen an Jahreszahlen ist ziemlich müßig und nicht ergiebig. Ihn festzumachen an einer gewissen Haltung, das funktioniert schon eher. Ich verbinde mit »jung« Beweglichkeit, auch ein immer noch gehöriges Maß an Risikobereitschaft, auf Dinge zuzugehen, die einem unbekannt sind, und nicht davor gleich einzuknicken. Ich verbinde mit »jung« auch eine gewisse respektvolle Frechheit den Umständen, aber auch Zeitgenossen gegenüber. Also eine gewisse Unbekümmertheit, von der man weiß, dass sie einem gelegentlich abhandenkommt, das versuche ich mir ein bisschen zu erhalten, weil ich glaube, dass das der Motor ist, um sich nach vorne zu bewegen, in die Zukunft zu gucken, ohne gleich zu hinterfragen, was einen da alles erwartet.

Denkst Du bei jedem neuen Album, das ist jetzt das beste? Und bist Du genauso aufgeregt wie beim ersten?

Ich mache diese Alben ja nicht allein, es würde zu nichts führen, wenn ich das versuchen würde. Ich habe eine Band, die eigentlich schon eine Lebensgemeinschaft ist, denn wir haben Jahrzehnte miteinander verbracht. Meine Musikerkollegen formen ein solches Album mit, und ohne deren Fingerabdruck würde das Album bei Weitem nicht die Ziele erreichen können, die wir uns setzen. Ein gutes Album zu machen, hängt sehr davon ab, wie ehrlich man mit sich selber umgeht.

Die Inhalte, die man behandelt, wollen gründlich erforscht werden, um aus dieser Analyse heraus die Quintessenzen zu ziehen, um Texte zu formulieren oder aus einer gewissen Haltung heraus zu komponieren. Hinter der Musik versteckt sich eigentlich schon der Inhalt. Und diese Analyse sollte sehr wahr sein, man sollte sich nicht um Klippen und Hindernisse hinwegmogeln, sondern sie akzeptieren und annehmen. So schafft man es, die Haltung zu erzeugen, aus der ein Album auch gut werden kann. Wenn man zu oberflächlich rangeht, scheint das vielleicht handwerklich in Ordnung zu sein, aber es fehlt die Seele.

Bei manchen Deiner Lieder steht: »Text: Peter Maffay.« Ist das dann wirklich Deine Idee oder entwickelt ihr das gemeinsam?

Also ich muss zugeben, ich habe nicht mehr als zehn Lieder in meinem ganzen Leben getextet und vielleicht... ich weiß nicht, Tausend komponiert oder mehrere Hundert. Ich komme von der Musik, und in der Musik verbirgt sich eigentlich immer schon die textliche Aussage. Ich unterstelle, dass schon Tschaikowsky beim »Nussknacker« einen textlichen Inhalt artikuliert hat. Bei dieser Musik kennt jeder die Geschichte, obwohl es keinen Text gibt. Die Musik ist für einen Komponisten schon voller Inhalte. Und nur weil es so ist, kann er auch komponieren. Alles andere wäre ein arithmetischer Vorgang. Es gibt ja keine Motivation, nur Töne aneinanderzureihen. Wenn es Emotionen gibt, dann gibt es auch einen Anlass zu einem Text.

Spielst Du Dir die Melodie nur vor oder schreibst Du auch Noten?

Nein, ich schreibe keine Noten. Das, was ich mache, passiert aus dem Bauch heraus. Ich spiele einfach und sitze stundenlang an meiner Gitarre oder am Klavier. Ich habe mein ganzes Equipment um mich herum, die verschiedenen Sounds, die verschiedenen Rhythmen, die ich aussuchen kann, die ich kombinieren kann. Vergleichbar mit einem Maler, der auf einer Palette die ganzen Farben platziert und anfängt, aus verschiedenen Farben eine Komposition zu erzeugen und so Formen auf die Leinwand zu komponieren. Sehr ähnlich zu dem, was wir in der Musik machen.

Du bringst Dich sozial sehr ein, Du engagierst Dich für traumatisierte Kinder, für die Friedensbewegung und für ökologisches Leben auf dem Land. Das bewundere ich! Es ist wirklich unglaublich, was Du alles auf die Beine stellst! Eine Freundin von mir, Barbara Schroth, die Witwe von Carl-Heinz Schroth, kam auch so wie Du aus der Region Banat und erzählte mir, dass dieser Menschenschlag immer schon fleißig war. Ist das so?

Das sagt man den Siebenbürger Sachsen und den Banater Schwaben nach. Ich vermute mal, dass der Grund zu dieser Annahme darin liegt, dass diese Menschen oft sehr weit angereist sind nach Osteuropa. Aus Deutschland, Luxemburg, Österreich und anderen Ländern, um in Transsilvanien – wo ich herkomme – aus einer Wildnis urbares Land zu machen und zu kolonisieren. Fern der Heimat, war das – so interpretiere ich das – nur möglich aufgrund einer Ordnung, die sehr fundiert war. Also die siebenbürgische, sächsische Gesellschaft ist immer eine sehr, sehr organisierte Gesellschaft gewesen. Fortschrittlich, wehrhaft, wissenschaftlich orientiert, spirituell tief verankert mit dem Land, mit der Umgebung und da hat sich diese Qualität durchgesetzt – sie war

Voraussetzung zum Überleben. Man wird diesen Fleiß und diese Haltung sicherlich nicht grundsätzlich verallgemeinern können, es gab sicherlich auch ein paar faule Hunde, bestimmt. Aber man sieht, dass die Protestanten sehr weit nach vorne geguckt haben, über den katholischen Rand hinaus. Die mussten weiterdenken, die mussten mit der Struktur in Ungarn und Rumänien und mit anderen Ethnien, etwa Roma, Sinti, zurechtkommen, also auch mit anderen Religionen, Sichtweisen und Kulturauffassungen – man musste symbiotisch leben. Sie haben im Grunde genommen über Jahrhunderte hinweg in Koexistenzen gelebt, und das bedeutete ja eine gewisse Disziplin.

Wann hast Du beschlossen, mit Deinem Geld Gutes zu tun?

Also ich will das nicht überzeichnen, aber mehr als zwei Brötchen zum Frühstück kann man mit 1,68 m nicht essen. Meine Eltern und ich haben eine Zeit nach dem Krieg erlebt, in der die Verhältnisse in vielen Teilen der Welt extrem schwer waren. Das Gewicht dieser Zeit hat zur Folge gehabt, dass man sich über Werte erhebliche Gedanken machen musste. Wir lebten in einer Einzimmerwohnung, ohne Toilette und ohne Badezimmer in einfachen Verhältnissen, die Ernährung und die Versorgung waren schwierig. Wir lebten in einem Staat, in dem Willkür herrschte. Die kommunistische Diktatur mit allen Repressionen, die wir aus der Geschichte kennen, haben wir am eigenen Leib erlebt. Und daher war es geradezu ein Kulturschock, als wir nach Deutschland kamen. Wir mussten lernen, dass man frei wählen kann, dass man seine Meinung äußern darf, ohne dafür im Knast zu landen. Es ist wichtig, zu kapieren und nicht zu vergessen, wo man herkommt. Wenn plötzlich eine

gewisse finanzielle Sicherheit da ist, neigt man vielleicht dazu zu vergessen, was Jahrzehnte vorher noch gegolten hat. Mein Beruf als Musiker brachte mich mit vielen sehr unterschiedlichen Menschen zusammen. Man muss die Augen offen halten und sich nicht verschließen, wenn man wieder Armut sieht oder lebensbedrückende Umstände mitbekommt. Man muss sich die Sensibilität für dieses Gefälle bewahren, das es in den Gesellschaften gibt. Wenn man aus der eigenen Vernetzung heraus Synergien zugunsten von betroffenen Menschen schafft, kann man was erreichen, so war es bei mir. Vernetzung bedeutet, man verbindet Möglichkeiten von Menschen, Möglichkeiten aus der Industrie und Wirtschaft, aus der Politik und anderen Bereichen zugunsten der Kinder. Auf diese Art und Weise bin ich zusammen mit meinen Kollegen zu der Peter Maffay Stiftung gekommen.

Wir sind hier auf Deinem Gut Dietlhofen in Oberbayern, das zu Deiner Einrichtung gehört. Wie gestaltet sich die Arbeit der Stiftung?

Wir hatten schon drei Einrichtungen, unter anderem in Spanien, in Jägerbrunn und in einem kleinen siebenbürgischen Dorf. Eigentlich sollte es das gewesen sein, doch dann bot man uns Dietlhofen an. Ich war sofort begeistert, weil es wirklich eine Oase ist, ein kleines Paradies. Wir haben eigentlich, wenn Du so willst, alles übernommen, auch die karitative Idee der Vorgänger. Sie machten es auch zur Bedingung, dass wir es in dieser Form weiterzuführen haben. Und das hat uns natürlich total entsprochen. Ich kann hier in Bayern jeden Tag reingucken – und das tue ich, so oft ich kann. Der Anlauf für die Kinder, der Transfer ist viel, viel einfacher, als wenn du sie in ein Flugzeug setzt und nach Mallorca oder irgendwo hinfliegst und viel Geld ausgibst für Flugtickets. Das heißt, mit dem Geld, das wir generieren, können wir hier viel mehr Kinder herbringen. Jetzt bei Corona ist das natürlich eingeschränkt. Aber sobald die Normalität uns hoffentlich – knock on wood – wieder hat, ist hier der Austausch extrem lebendig und effizient. Hinzu kommt, dass diese weitläufige Anlage von fast 70 Hektar Land den Kindern die Möglichkeit gibt, sehr, sehr unterschiedliche Programme mit ihren Betreuern aufzusetzen. Hier gibt es die Möglichkeit, Sport zu treiben, Ausflüge zu machen, hier gibt es etwa den Kontakt mit Tieren, mit der Landwirtschaft, mit den Kreisläufen der Natur. Die Natur ist der beste Therapeut, den man sich vorstellen kann.

Du hast ja eigentlich mehrere Berufe gleichzeitig, manch anderer klagt schon über einen Beruf. [Ich lache.] Und ganz nebenbei bist Du auch noch Musiker! Regst Du auch manchmal andere Künstler an, etwas Karitatives zu tun?
Nein. Ich lege es gar nicht drauf an, das steht mir nicht zu. Wir reden im Kreise von Kollegen oft über diese Themen, weil es ziemlich viele Menschen gibt, die ähnlich ticken. Ich habe Anfang der 80er- oder Ende der 70er-Jahre eine Sängerin kennengelernt, die ich immer zutiefst bewundert habe: Joan Baez. Ich durfte ein Konzert mit ihr zusammen spielen, und wir haben uns die Einnahmen geteilt. Nach dem Konzert habe ich erfahren, dass Joan Baez immer einen Teil der Einnahmen einer Stiftung zukommen lässt. Wir haben daraufhin für Tschernobyl was gemacht und afghanischen Flüchtlingen in Peshawar in Pakistan mit medizinischem Equipment geholfen.

Wie versucht ihr die Corona-Zeit zu überstehen?
Na ja, noch haben wir es nicht überstanden. Wir sind darauf angewiesen zu hoffen, weil eine Alternative zu Hoffnung gibt es eigentlich nicht. Wenn es durch die Impfung möglich

sein wird, diesen Teufelskreis zu durchbrechen und die Angst aus der Gesellschaft zu nehmen und dann auch wieder ein normaleres Leben zu ermöglichen, wäre viel geschafft. Denn diese Pandemie schränkt global alle Menschen ein. Wir haben versucht, unseren Laden nicht runterzufahren, bei uns gab es keine Kurzarbeit. Ich hatte kein gutes Gefühl, die Leute nach Hause zu schicken und zu sagen: So Leute, ab jetzt sitzt ihr alle vor dem Laptop.

Man wird in dieser Zeit bescheidener. Corona hat vielleicht auch bewirkt, dass Menschen positiver geworden sind und dankbarer …
Ich behaupte aber, dass es das nur mit einigen getan hat. Es gibt auch welche, die an dieser Situation verdienen in einer Art und Weise, wie das noch nie passiert ist. Etwa Leute, die auf das Kollabieren von Strukturen wetten. An der Börse passieren solche Dinge, in der Pharmaindustrie, in der Medienlandschaft, in Strukturen, die an der Pandemie verdienen. Ob dort wirklich so etwas wie demütige Empfindungen aufkommen, wage ich zu bezweifeln. In der Politik passiert das auch nicht homogen. Natürlich gibt es Politiker, die ernsthaft und redlich sind und die in der Pandemie zumindest versuchen, sich richtig zu verhalten und die richtigen Ansätze zu finden. Aber wenn wir sehen, was Herr Trump gemacht hat, dann wissen wir, dass es keine einheitliche Haltung gibt, denn er hat genau das Gegenteil gemacht: Er hat die Pandemie benutzt, um aufzuhetzen und zu spalten. Und er ist nicht der Einzige. In der Industrie gibt es viele, die sich gesundstoßen an dieser Pandemie und ganz und gar nicht das, was sie daraus erwirtschaften, zur Bewältigung der Situation an die Allgemeinheit zurückführen. Wenn ich höre, dass große Medienunternehmen ihre Gewinne, die sie jetzt im verstärkten Maße haben, rüberschaffen auf die Caymans und an den Staat keine Steuern zahlen in dem Land, in

dem sie agieren, dann frage ich mich, ob die wirklich demütig sind. Nein, glaube ich nicht. Und ob das in den USA in Bezug zum Klimawandel zu einem Umdenken führt, was den Ausstoß von Luftverpestung und so weiter angeht, ob das im Amazonasgebiet dazu führt, dass der Urwald nicht mehr abgeholzt wird, nein, ich befürchte, dass die Menschheit – in der Masse betrachtet – diese Erkenntnis nicht haben wird.

Ja, leider. Du hast Dich ausdrücklich gegen diese Verschwörungstheoretiker positioniert. Wirst Du dafür angegriffen?
Natürlich. Aber ich bin nicht aus einer Diktatur raus, um irgendwo als freier Mensch zu leben und um in dieser freien Gesellschaft die Klappe zu halten. Wenn ich eine Meinung habe – und dieses Recht besitzt jeder –, dann artikuliere ich die auch. Behauptet jemand, es gäbe Corona nicht, dann sage ich, das ist ziemlich dumm, denn es ist erwiesen, dass es diesen Virus gibt! Also was will man da leugnen? Es ist ein großer Unterschied, ob jemand sagt, Corona gibt es nicht, oder ob jemand Corona verharmlost. Also wenn es etwas nicht gibt, dann kann man es auch nicht verharmlosen, dann ist es einfach nicht da.

Ja, sie leugnen ja nicht, dass es Corona gibt, aber sie sagen, es wäre so wie eine Grippe …
Dann fehlt einfach die wissenschaftliche Kenntnis. Stelle ich die Maßnahmen, die getroffen werden, infrage, hinterfrage sie, akzeptiere sie oder lehne sie ab? Das ist ein Unterschied! Das, was die Politik als Maßnahmen verabschiedet, die Reglementierung, die Kontrolle über die Menschen, sind ein Umstand, den man als freier Bürger eines Landes permanent hinterfragen darf und muss. Denn es ist davon auszugehen, dass nicht alle Maßnahmen, die getroffen werden, auch sinnvoll und richtig sind. Ich habe vor ein paar Wochen gesagt, man muss aufpassen,

dass der Mundschutz nicht zum Maulkorb wird. Bei dieser Meinung bleibe ich. Ich finde es gefährlich – und in der Geschichte hat es das schon öfter gegeben –, dass vor solchen Hintergründen, wie wir sie jetzt haben, die Gesellschaft mehr und mehr eingeengt wird und dass die Politik sich unter Umständen – noch ist es nicht so weit – in die Macht verliebt, die sie ausübt. Das sollten wir nicht zulassen! Aber dass die Politik sich mit allen Mitteln, die ihr zur Verfügung steht, auch dafür einsetzt, eine Gesellschaft zu schützen, dafür sollten wir dankbar sein.

Ich glaube, dass die Regierung einen Fehler macht, wenn sie die Kultur als Freizeitgestaltung betitelt und deshalb alles schließt ...

Man muss die Maßnahmen hinterfragen. Es gibt eine Obergrenze für Konzerte, die ist wissenschaftlich nicht belegt. Sie macht es aber unmöglich, wirtschaftliche Konzerte zu spielen. Und wenn das nicht funktioniert, so bleibt eine ganze Branche – 1,6 Millionen Menschen – auf der Strecke. Die Existenzen dieser Menschen und ihrer Familien sind bedroht oder schon kaputt. Das muss man hinterfragen und vieles mehr. Wie gibt man der Unterhaltungsbranche, wie gibt man der Gastronomie eine Chance, aus sich selbst heraus die Kraft zu entwickeln, um zu überleben? Wir brauchen keine Subventionen, wenn man zum Beispiel herausfinden würde, ob die Obergrenze in Zement gemeißelt ist oder nicht. Ich habe auf der Berliner Waldbühne ein Konzert gespielt und behaupte, dass durchaus 2.000 oder 3.000 Leute mehr hätten teilnehmen können, dann hätten die Leute immer noch meilenweit auseinander gesessen. Es hätte niemanden gefährdet und wir hätten ein wirtschaftliches Konzert gespielt, wir hätten alle Beteiligten bezahlen können. Das ist nur ein Aspekt, von dem ich meine, dass man ihn

auf einen Prüfstand stellen muss. Wenn wir wieder spielen können, brauchen wir die Milliarden des Staates, des Steuerzahlers nicht, dann belasten wir nicht die kommenden Generationen mit dieser Leihgabe, sondern erzeugen einen Motor, der die Betroffenen selbst erhält.

Gibt es etwas, was Du am Älterwerden schön findest?

Andersrum – ich gehöre nicht zu den Leuten, die das Älterwerden permanent bejubeln. Ich möchte alles tun, um dieses Älterwerden zu verlangsamen. Ich habe vor, noch einiges zu machen. Ich habe vor, mir die Kraft, die ich besitze, nicht zu vergeuden oder zu verschenken, dadurch dass ich nachlässig werde und mit mir nachlässig umgehe. Deswegen mache ich Sport, deswegen versuche ich, einigermaßen vernünftig zu essen. Ich merke die Erosion, und sie stört mich. Aber sie ist da, und ich akzeptiere sie, weil es gar nicht anders geht. Es macht ja keinen Sinn, sich mitten in den Strom hineinzustellen und sich darüber zu beklagen, dass die Kraft, die aufzuwenden ist, um gegen die Strömung anzukämpfen, genau dort am größten ist. Diese Erosion wird mich irgendwann mal schaffen, ich werde den Kampf nicht gewinnen, aber ich werde mich weiter dagegenstellen!

Du hast ja eine auch sehr viel jüngere Frau und bist nicht gerade ein junger Vater.

Gestern sagte Hendrikje zu mir: »Du musst auf Dich aufpassen, Du musst noch lange leben.« Da habe ich gesagt: Das gilt aber für uns beide, doch ich bin dem Ende ein bisschen näher als Du.« Ich habe nicht vor, mich zu früh auszuklinken. Ich muss und will etwas tun. Unsere kleine Tochter – zwei Jahre alt – ist ja der wichtigste Grund, sich darüber Gedanken zu machen. Ich habe vor, sie noch lange in den Kindergarten, später in die Schule oder

wohin auch immer zu bringen. Und deswegen muss ich ein bisschen stärker als vielleicht noch vor 20 Jahren auf mich achtgeben.

Glaubst Du, Du könntest in den Ruhestand gehen?

Nein. Es gibt einen Satz im Rock'n'Roll: »Love hard, die fast.«

Sagst Du manchmal: »Ach, das habe ich schon erlebt, das interessiert mich nicht mehr?«

Ja, doch, man selektiert. Aber der Grund dafür ist, dass nach hinten ein immer kleiner werdende Zeitfenster ist, und da fragst du dich dann, wie viel Zeit vergeude ich für wofür? Und wie kann ich überhaupt vermeiden, Zeit zu vergeuden?

Der Schlagzeuger Deiner Band hat mal gesagt: »Ich will mit alten Leuten keine Musik machen.« Hast Du da gelacht oder hat Dich das verletzt?

Der sagte es viel brutaler, nämlich: »Mit alten Männern spiele ich nicht!« Wir waren im Studio – ich glaube vor 30 Jahren – und spielten. Nach zwei Stunden – ihm war das alles zu lasch, zu unkontrolliert, zu unmotiviert – warf er die Stecken in die Ecke und sagte: »Mit alten Männern spiele ich nicht!« Na ja, zunächst einmal haben wir gestaunt über seine Arroganz, dann haben wir angefangen, darüber nachzudenken und fanden, dass er recht hatte. Wir waren an einem Punkt künstlerisch nicht kritisch genug mit uns selbst.

Nimmst Du Ratschläge von Jüngeren gerne an?

Ja, natürlich. Es gibt in meinem Umfeld eine ganze Reihe von Leuten, die 40 Jahre jünger sind. Die nächste Generation kann ich gut ab, aber ich teile auch gerne aus. Wenn ich eine Meinung vertrete, dann bin ich damit nicht zimperlich, aber das ist vielleicht auch etwas, was man ein bisschen lernt. Es nutzt einem, wenn man dasselbe anderen zugesteht.

Es ist kein Verlust, es tut nicht so weh, wie man vielleicht früher angenommen hat. Überhaupt, in einen so ernsten Disput zu geraten und nicht ignoriert zu werden, weil man 70 ist, ist schon ein sehr wertvoller Umstand. Und wenn einer mit 25 sagt, ich bin bereit, noch mit dem alten Typen zu reden und mich auszutauschen, dann betrachte ich das als Auszeichnung.

Ja, Jopie hat sich in seinem hohen Alter übrigens auch hauptsächlich mit jungen Leuten umgeben, er wollte mit Älteren eigentlich nichts zu tun haben.

Das glaube ich gern, na klar. Das ist ein ja großer Profit, der Austausch. Ich bin sicher, dass er sehr viel von seiner Erfahrung zurückgeben konnte und dass das für einen anderen, der sehr, sehr viel jünger war, mindestens genauso wertvoll war.

Du hast ein Lied rausgebracht, das heißt »Jetzt!«.

Im Text, den Johannes Oerding geschrieben hat, geht es genau darum. So viele Lieder von früher, so viele Stories, damit spricht er eigentlich die Nostalgie an. Ich bin kein Nostalgiker. Ich erinnere mich an früher, ich lasse die Vergangenheit auch an mich ran. Beispielsweise finde ich es ganz wichtig, dass man sich mit Geschichte auskennt, weil nur aus der Rückblende Quintessenzen zu ziehen sind für das, was jetzt ist und was in Zukunft passieren soll. Aber im Gestern zu leben ist meiner Ansicht nach ein Verlust. Im Jetzt zu leben ist die Voraussetzung dafür, überhaupt nach Morgen zu kommen. Wir sind ja keine Wahrsager oder Kaffeesatzleser, wir können die Zukunft nur an einigen Parametern versuchen zu erfassen. Aber das, was wir ganz konkret erleben können, das ist eben das Jetzt!

Bist Du religiös?

Ja. Wir haben einen lieben Gott, aber wie der aussieht, wissen wir nicht. Es gibt diese Instanz, an die glaube ich. Und die kirchlichen Symbole sind nur Symbole, und keiner auf dieser Welt darf ein solches Symbol über das eines anderen stellen und sagen, meins ist besser als deins.

Glaubst Du, man wird mit dem Alter toleranter und ungeduldiger?

Beides. Ich glaube, man wird toleranter, weil man sich nicht mehr über alles aufregt. Aber wenn der Bogen überspannt wird, wird man sehr schnell ungeduldig, und dann wird es Zeitverschwendung, ich gucke schon auf die Uhr und neige dazu zu sagen, mach Du Dein Ding und ich mach mein Ding.

Hast Du Vorbilder?

Meine Eltern sind mein Vorbild, meine Mutter, die leider viel zu früh von uns gegangen ist, und mein Vater, absolut. Einige meiner Freunde, einige der Musiker würde ich als Vorbild bezeichnen, aber mehr in handwerklicher Form.

Wenn eine gute Fee käme und Du hättest drei Wünsche offen, fällt Dir da was ein?

Ich wünsche mir Gesundheit für die, die mir nahestehen, das klingt alles platt jetzt ...

Also ich wünsche mir Zeit für diejenigen, über die wir gerade sprechen, und für die Dinge, die mir wichtig sind. Ich wünsche mir Harmonie, weil hinter Harmonie Frieden und Perspektive steht. Auch wieder Zeit für Entwicklungen, uneingeschränkt durch Konflikte und Dinge dieser Art. Und vielleicht ein vierter Wunsch, dass unser Planet uns aushält und dass wir noch nicht an einem »Point of no return« angekommen sind.

Danke Dir, ich danke sehr!

Ich hab's gerne gemacht. Wir hören uns, ja?

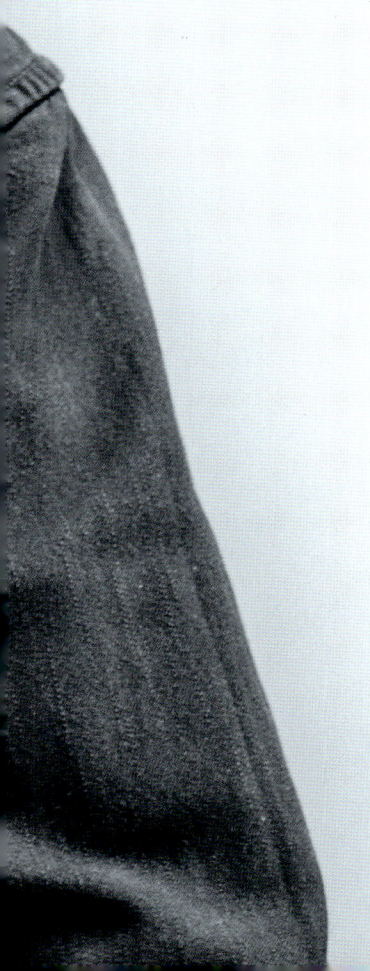

ROLF KÜHN:

»Ich kann nicht von der alten Zeit träumen, ohne die neue kennengelernt zu haben.«

Wie geht es Dir?
[Ich lache.] Das wollte ich Dich fragen! Sag mal, ist Dir nie der Gedanke gekommen, Dich zur Ruhe zu setzen?
Ich kenne das Wort gar nicht.
Das gefällt mir! Du bist unglaublich beschäftigt, Du bringst fast jedes Jahr eine neue CD raus. Planst Du jetzt wieder eine?
Ja natürlich, ich bin mit den Gedanken schon mittendrin.
Auf Deiner CD »Yellow and Blue« habe ich festgestellt, dass Du auch mit ganz jungen Leuten zusammenarbeitest.
Ja, da sind zwei Generationen zwischen uns. Ich habe drei Musikgruppen: Einmal die neue mit »Yellow und Blue«, die »Units«, das sind ganz wilde Jungs, und das Trio mit einer kroatischen Cellistin und einem südamerikanischen Perkussionisten. Und tja, wir sind sehr aktiv!

Kannst Du denn mit der heutigen Musik wie der Rap-Musik etwas anfangen?
Nein, gar nichts. Es sagt mir nichts, es berührt mich nicht. Die älteren Aufnahmen mit Tony Bennet, Frank Sinatra, Dean Martin, sind einfach großartig gemacht. Wenn die eine Ballade singen, transportieren sie den Text, und das finde ich großartig. Sie erzählen mir eine Geschichte, die mich berührt, aber bei den neueren Musikrichtungen, da passiert es leider ganz selten, dass mich irgendein Text berührt.
Wärst Du gerne noch mal jünger?
Tja, wenn man das könnte ... Also, wenn Du mir 20 Jahre schenken würdest, würdest Du mir eine große Freude machen, natürlich. Aber wenn man sich so fühlt, wie ich mich fühle, Pläne hat, aktiv ist und die Gesundheit spielt mit – das ist doch wunderbar!

Würdest Du Dich gerne »zurückbeamen« in die 70er-, 80er-Jahre oder würdest Du sagen: »Wir sind im Hier und Jetzt, und ich kriege einfach 20 Jahre geschenkt?«

Das Letztere, weil die Technik in jeder Hinsicht so fortgeschritten und so interessant ist. iPads und Tablets spielen eine große Rolle bei mir und machen mir enorm Freude. Ich kann alles hören, was ich hören möchte, auf Knopfdruck. Und jetzt noch 20 Jahre dazu, das ist ja gar nicht auszudenken, wie schön das wäre.

Ja, die Technik ist doch im Grunde eine unglaubliche Erleichterung für ältere Menschen. Jopie hatte Spaß an neuer Technik. Das Navi etwa fand er ganz toll. Mit der Frau, die die Fahrtrichtung ansagte, unterhielt er sich und sagte: »Das ist ein leichtes Mädchen, die kennt alle Straßen.« Wenn man bedenkt, er hatte ja noch Kutschen miterlebt und Pferde, die die Straßenbahn gezogen haben. Ich war damals so 12 oder 13 und wusste: immer, wenn Jopie nach Leipzig kam, war alles ausverkauft. Ich hätte ihn sehr gerne auf der Bühne gesehen. Ich kannte ihn natürlich von den Filmen. Mir haben seine anliegenden Ohren sehr imponiert, nicht nur die Stimme.

Ach ja?

Ich dachte: Diese Ohren, die möchte ich auch gerne haben. Und dann las ich in einer Zeitschrift von einem sogenannten »AOB-Verfahren«, das abstehende Ohren zu anliegenden macht. Das hatte mir meine Mutter bestellt. Ich war ganz stolz, jetzt hatte ich die Heesters-Ohren. Aber nach ganz kurzer Zeit – es war nur ein Klebstoff, den man hinter die Ohren schmieren konnte – machte das eine Ohr »plopp«, und plötzlich....

... warst Du dann ...

... ein halber Heesters. Und dann, zehn Minuten später, machte es wieder »plopp«, und das war's mit dem AOB-Verfahren. [Wir lachen.]

Du bist am 9. September 1929 in Köln geboren, aufgewachsen aber in Leipzig, Dein Vater war Zirkusartist.

Ich wollte schon als kleiner Junge auf die Bühne, ich wollte unbedingt Akrobat werden. Ich habe schon als Vierjähriger mit meinem Vater und meinem Onkel, die sich die »Kühnen Brüder« nannten, trainiert. Schon mit vier Jahren habe ich 100 Flickflacks absolviert.

Ihr seid auch mit dem berühmten Clown Charlie Rivel aufgetreten ...

Mein Vater war mit ihm und seinen Kindern im gleichen Programm. Ich war ungefähr acht, neun Jahre alt und sah die Kinder mit Klarinette und Saxofon bewaffnet. Sie konnten sich toll bewegen, waren hervorragende Tänzer und sehr gute Instrumentalisten. Das war für mich ein Schlüsselerlebnis. Ich sagte mir: Das will ich auch können und mit Akrobatik verbinden. Ich war anfangs sehr faul, sodass sich mein Lehrer bei meiner Mutter beschwert hat [er lacht]. Meine Mutter hat mich überzeugt: »Wenn Du keine Lust hast, zu üben, dann lassen wir das einfach, dann wirst Du Straßenkehrer.« Das hat gewirkt bei mir. Ich wurde ein besessener »Über«, und das bin ich Gott sei Dank bis heute geblieben.

Als Du zwölf warst, hat Dir Dein Vater die erste Klarinette geschenkt.

[Er lacht.] Ja, neben dem ersten Eindruck mit den Rivel-Kindern kam eines Morgens eine Sendung im Radio und da war ein Klarinettist dabei. An diesem Morgen wusste ich: Das will ich machen.

Als Du noch klein warst, sind Deine Mutter und Du bei Deinem Vater mitgereist. Dann kam aber eine schlimme Zeit, denn die Nazis kamen an die Macht und Deine Mutter war Jüdin.

Man hat meinem Vater nahegelegt, sich von meiner Mutter scheiden zu lassen. Er dachte nicht einen Bruchteil einer Sekunde an Scheidung, und das war gleichzeitig das Aus für seinen Beruf. Als Strafe für diese Verweigerung hat man ihn dienstverpflichtet, mit schlechter Verpflegung und ganz schwerer Arbeit in der sogenannten Organisation Todt, das war ein Arbeitslager.

Durch die Ehe mit Deinem Vater war Deine Mutter anfangs geschützt?

Bis Ende 43, 44 galt der Schutz der Ehe, aber kurz vor Kriegsende kam der gefürchtete blaue Brief von der Gestapo. Wir hatten eine befreundete Familie, die ihrerseits mit einem Gestapomann gut befreundet war. Mein Vater durfte ab und zu am Wochenende nach Leipzig kommen, und so bekam er eine Verabredung mit diesem Gestapo-Offizier im Hauptquartier. Der war zwar ein harter Brocken, aber er sagte: »Ich zerreiße jetzt vor Ihren Augen den Brief. Ich nehme das auf meine Kappe. Das gilt für sechs Monate, dann kann ich nichts mehr für Sie tun. Sie brauchen auch nicht wiederzukommen.« Das heißt, wenn der Krieg länger gedauert hätte, ein, zwei Monate, hätte meine Mutter weggemusst. Zum Schluss gab es keine Rücksichtnahme mehr.

Da müsst Ihr ja in einer schrecklichen Angst gelebt haben – da hat das Ende des Krieges ihr eigentlich das Leben gerettet?

Das ist vollkommen richtig. [Lange Pause.] Ja.

Kurz nach dem Krieg hattest du schon ein erstes Engagement?

Das erste Engagement war in einem Kaffeehaus, ich war 16 und spielte mit einer Band nachmittags zum Tee und abends dann zum Tanz. Ich war der jüngste in der Band. Die Leute waren nach dem Krieg hungrig nach Amüsement, die wollten was erleben, die hatten Spaß, der scheiß Krieg war vorbei. Eines Tages kam ein Mann namens Kurt Henkel, der den Auftrag hatte, für den Mitteldeutschen Rundfunk eine Bigband zusammenzustellen. Der hörte mich spielen und engagierte mich leider nicht wegen des guten Klarinettenspiels, er wollte mich als Akkordeonspieler für Tangos haben. Und als er merkte, dass das mit der Band doch ein

ziemlicher Erfolg war – gerade wenn ich Klarinette spielte –, [verlegen] das klingt blöd, es war ein jugendlicher Erfolg, man kann ruhig darüber sprechen, ohne großspurig zu klingen. Und plötzlich hatte ich das, was ich wollte, ich konnte solistisch in der Bigband spielen, und das hat er mir sogar im Übermaß gestattet.

Und dann wurde die Jazzpianistin Jutta Hipp auf Dich aufmerksam?

Sie begann unser Gespräch nicht gerade mit einem Kompliment: »Du klingst ja ganz nett, aber ich würde Dir [er lacht] gerne mal einen wirklich guten Klarinettisten auf einer Platte vorführen, der heißt Benny Goodman.« Ich hatte diesen Namen in der Zone – wie man damals sagte – noch nie gehört, und das war wirklich eine Initialzündung. Es war

»Halleluja«, und ich bin heute noch begeistert von dieser Aufnahme.

Später bist Du dann nach Berlin gekommen?

Mit einer Band spielten wir in der Nürnberger Straße in einem Lokal, in dem abends das ganze Music-Department vom RIAS-Berlin als Gäste waren. Die hörten mich spielen und macht mir am gleichen Abend ein Angebot für das renommierte Große RIAS-Tanzorchester. 1954 hast Du etwas sehr Gewagtes gemacht: Du wolltest unbedingt Buddy DeFranco kennenlernen und wusstest, wann er am Flughafen Tempelhof landen würde. Du bist mit viel Chuzpe mit einer Freundin, die gut Englisch sprach, zum Flughafen Tempelhof gefahren und hast ihn dort abgefangen, er ist tatsächlich zu Dir in den alten VW eingestiegen, und Du hast ihn zum Hotel gefahren!

Ja. Buddy DeFranco war derjenige, der den sogenannten Bebop-Stil auf die Klarinette transferieren konnte, und das hatte ich bis dahin noch nicht gehört. Goodman kannte ich dann natürlich in- und auswendig und später habe ich ja auch in seiner Band gespielt. Aber Buddy war ausschlaggebend, um das Spielen in die moderne Spielart umzusetzen. Er erzählte uns, wie er aufgewachsen ist, von seinen Erfolgen und seinen Niederlagen, er war sehr offen, und nachts um eins sagte er: »Jetzt haben wir die ganze Zeit über mich gesprochen, ich würde gerne hören, wie Du spielst.« [Er lacht.] Dann stieg der große Buddy DeFranco wieder in meinen alten VW, und wir sind nachts noch in meine möblierte Bude, ich habe ihm was vorgespielt, und er sagte: »Du musst nach Amerika kommen!« Das war der Auslöser! Wir sind ein Leben lang Freunde geblieben. Wir haben auch

gemeinsam zwei Platten gemacht. Man kann sagen, das war Liebe auf den ersten Blick.

Was ist denn der Unterschied zwischen Bebop und Swing?

Swing war ja sozusagen der King für die 30er-, 40er- und 50er-Jahre. Charlie Parker und Dizzy Gillespie erweiterten die Swing-Art mit ganz neuen Themen, mit neuen Phrasen, mit enormer technischer Brillanz. So hatte vorher noch niemand gespielt! Bebop ist komplizierter als der Swing, mehr Soli, mehr Improvisation. Buddy hatte es umgesetzt für die Klarinette. Ein ganz ungewöhnliches Unterfangen.

In dem großen Interview mit der »Zeit«, mit der Überschrift: »Rolf Kühn, einer der besten Jazz Klarinettisten der Welt« hast Du gesagt, es gab bei Dir die Leipziger, die Berliner und die New Yorker Periode. Lass uns mal über die New Yorker Periode sprechen. Es war sehr gewagt, dass Du ein festes Engagement beim RIAS aufgegeben hast, um in eine ungewisse Zukunft zu gehen.

Es gehört ein bisschen Mut dazu, Selbstvertrauen, eine innere Sicherheit, um diesen Schritt zu wagen. Ich hatte rückblickend wahnsinnig viel Glück. Der berühmte Konzertpianist Friedrich Gulda, den ich gut aus Berlin kannte, liebte Jazz heiß und innig, und den traf ich am Broadway anlässlich seiner Konzertreise in die USA. Er fragte mich: »Kennst Du John Hammond?« Er war der Entdecker von vielen weltberühmten Künstlern etwa Goodman Count Basie, Billie Holiday, Ray Charles. Er hat sie alle produziert, er hat sie weltberühmt gemacht. Friedrich Gulda – ich nannte ihn Fritz – sagte: «Soll ich irgendetwas organisieren, damit der Dich mal hört?« Er hat daraufhin am Broadway ein Studio gemietet und Hammond, mit dem er befreundet war, eingeladen. Wir beide, also Fritz und ich, haben ihm vorgespielt. »Ja«, sagte Hammond, »mir gefällt, was ich da höre.« Ab da ging es wie von selbst. Er hatte mir Engagements vermittelt in den New Yorker Clubs und in Chicago.

Ich zitiere an dieser Stelle Leonard Feather, der zu Deinem Album »Streamline«, das Hammond produzierte, über Dich schrieb. »Rolf Kühn, die Ankunft eines neuen Meisters. Friedrich Gulda lobt nur selten zeitgenössische Musiker, doch er beharrte darauf, dass dieser junge Deutsche der beste Jazz-Klarinettist sei, den er kenne. Er war von dem Ton, der Phrasierung und der Technik dieses europäischen Klarinettisten überwältigt und überzeugt, den größten Jazz Klarinettisten seit Goodman zu hören.«

Was Hammond für mich gemacht hat, könnte man als schicksalhaftes Glück bezeichnen.

Du hast auch mit Benny Goodman gearbeitet.

Ja, er hielt große Distanz zu seinen Bandmitgliedern. Aber er war neugierig auf neue Klarinettisten. Ich kann mich an die erste Probe erinnern, er ließ mich ein Solo spielen, und ich sah aus den Augenwinkeln, dass ein Lächeln über sein Gesicht huschte, und damit war ich engagiert. Man muss mal den Riesensprung von Leipzig bis dahin betrachten. Du kommst an die Quelle der Musik, die du liebst, und sitzt plötzlich in der Band, von der du immer geträumt hast. Ich dachte, ich träume, und fürchtete, ich wache wieder in der sächsischen Nachbarschaft auf. Allein in New York lebten – ich rede von 1956 – 30.000 Musiker, 20.000 ohne Job, ich konnte das alles überspringen und war gleich in der Top-Szene: Goodman, Artie Shaw und Buddy DeFranco, speziell für mein Instrument, diese drei haben mich am meisten beeindruckt.

Dann frage ich mich, warum Du 1961 wieder aus Amerika zurückgekehrt bist?

Der Gedanke war: Viel mehr kann ich nicht erreichen. Es sind einfach zu viele in dieser Stadt, und außerdem kamen wirklich tolle Angebote von den deutschen Radiostationen,

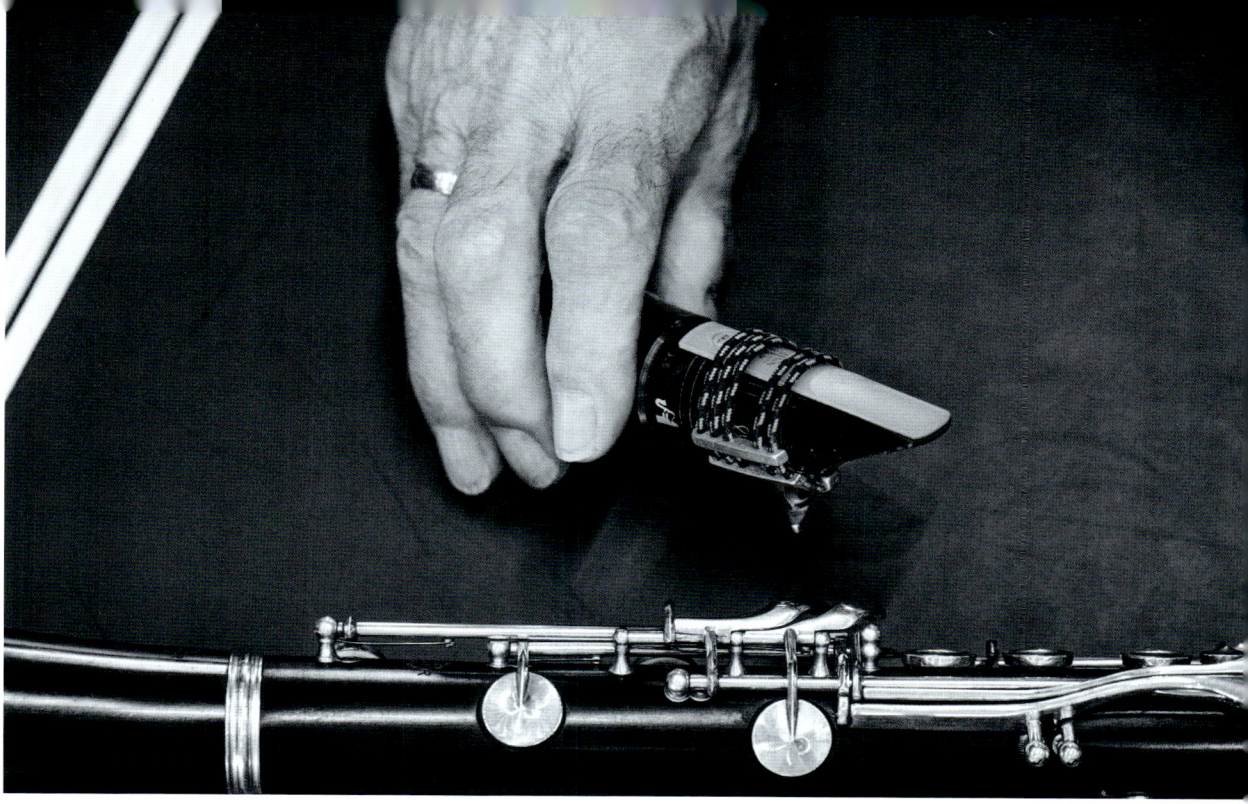

abgesehen von den familiären Verbindungen, meine Eltern lebten ja noch in Leipzig.

Dann kam die Berliner Periode: Du warst für 13 Jahre Chefdirigent am Theater des Westens.

Helmut Baumann bekam das Angebot, als künstlerischer Leiter ans Theater des Westens zu gehen, und fragte mich unvermittelt, ob ich Lust hätte, das mit ihm zusammen zu machen. Es war eine große Herausforderung, ich habe das Orchester so übernommen, wie es war, und wir haben hart gearbeitet, Orchesterarbeit und Bühne sind zwei ganz verschiedene Dinge. Ich sehe es als Erweiterung des musikalischen Horizonts. Die Bühne war eine ganz wichtige Zeit für mich, um andere Musikarten kennenzulernen.

Was kannst Du heute besser als vor 70 Jahren?

Ich versuche, immer Neues in Bezug auf das Instrument rauszufinden, um alles noch mehr zu perfektionieren. Es ist nach wie vor

spannend, und ich hoffe, diese Art Spannung hört nie auf.

Bist Du gerne mit älteren Menschen zusammen?

Ältere Menschen interessieren mich eigentlich herzlich wenig, ganz einfach, weil viele von ihnen negativ eingestellt sind und keine Neugierde mehr haben. Die haben alles erlebt – glauben sie zumindest. Und die meisten werden leider im Alter zu Egomanen, und es geht um nichts weiter als um die eigenen Belange. Das heißt, sie verlieren jegliches Interesse, du kannst weder über Theater noch über Ausstellungen oder sonst was mit ihnen reden, nein. Es hat sich natürlich zusätzlich eine gewisse Gelassenheit eingestellt, dass man alle Dinge, mit denen man jetzt in diesem Alter zu tun hat, mit Abstand sehen

kann, das finde ich gut. Das wirst Du noch merken, in 40 Jahren etwa …

[Ich lache.] Ja, aber die Neugierde will ich mir auch weiterhin erhalten. Also fühlst Du Dich jetzt eigentlich Deinem Alter entsprechend?

Ich fühle mich jedenfalls nicht in dieser Altersklasse, in der ich mich bewege – mit Sicherheit nicht. Sonst könnte ich nicht eisern bei Wind und Wetter zum RIAS zum Üben gehen, täglich zwei Stunden konsequent. Das würde ich gar nicht schaffen.

Improvisierst Du viel?

Ich versuche, verschiedene Stimmungen auf dem Instrument herzustellen, was gar nicht so einfach ist. Das konnten nur diese paar Leute, die es auf diesem Instrument damals zu Weltruhm gebracht haben, wie Benny Goodman oder Artie Shaw. Die konnten ihre Persönlichkeit zeigen, genau wie ein Sänger das kann. Nach zwei Takten wusste man, das ist Sinatra und bei den Klarinettisten, das kann nur der Goodman sein. Nur, wie entwickelt man dieses ganz Eigene, was man nur selbst hat? Das sind bekanntlich die letzten drei Stufen, und die schwersten in diesem Beruf. Das ganz Eigenständige, das Unverwechselbare, das ist das größte Anliegen, das man als Musiker haben sollte. Man muss wegkommen von jeglicher Imitation, du darfst kein Nachahmer sein. Es gibt Millionen Saxofonisten, die spielen alle gut, die kennen ihr Instrument. Das hat nur keine Bedeutung, weil sie austauschbar sind, weil sie Imitatoren bleiben. Das ist der springende Punkt.

Hattest Du Angst vorm Älterwerden?

Nein, ich habe die Dinge immer so hingenommen, wie sie sind. Man kann sich wie 50

fühlen, aber man muss es ja nicht. Und ich habe mich für das Letztere entschieden.

Hältst Du es für wichtig, mit der Zeit zu gehen?

Ja natürlich. Ich kann nicht von der alten Zeit träumen, ohne die neue kennengelernt zu haben.

Ein schöner Satz. Dass Antisemitismus und Nationalismus leider wieder so auf dem Vormarsch sind, beängstigt Dich das?

Ja, da ich durch meine Familienverhältnisse eine Menge durchmachen musste, interessiert mich das schon. Es ist beängstigend, dass es nicht nur in diesem Land, sondern auch in vielen anderen Ländern in diese Richtung geht, das ist schwer nachzuvollziehen. Es ist sehr beunruhigend, dass die ganzen Schwerstverbrechen, die stattgefunden haben, langsam, aber sicher in Vergessenheit geraten.

Du hast in Deinem Buch von der Diskriminierung der schwarzen Musiker in den USA erzählt.

Ja, das war sehr erschütternd, und ich fühlte mich wieder in die Nazizeit zurückversetzt, weil ich die Stories schon kannte: »für Juden verboten.« Und wenn Du jetzt selbst mit weltberühmten schwarzen Musikern, die jeder Mensch auf dieser Welt kennt, unterwegs bist, kommst in den Süden Amerikas und die werden in jedem Hotel, das nur ein bisschen überdurchschnittlich ist, abgelehnt, weil sie schwarz sind, ist das verstörend.

Glaubst Du an ein Leben nach dem Tod?

Ja, ich glaube, es fehlt da oben ein guter Klarinettist …

Du kennst ja einige, die da oben sind …

… und die sollen auch mal Pause machen können. Ich glaube, mittlerweile kann ich ganz gut mit denen konkurrieren.

Ich habe in deiner Biografie »Clarinet Bird« drei Wünsche von Dir entdeckt, die ich gerne übernehmen würde.

Ich weiß, was Du meinst:

Dass mein innerer Spirit so bleibt, wie er es immer in meinem Leben war.

Dass mir meine unendliche Neugierde erhalten bleibt, immer offen zu sein für neue Dinge und Klänge.

Und Gesundheit, um meine Wünsche zu erfüllen.

PROF. HENNING WIESNER:

»Neue Besen kehren anders, ob es besser ist, bleibt eine Geschmacksfrage.«

Du bist am 22.11.44 geboren, gleich eine Schnapszahl. Wo hast Du denn Deine Kindheit verbracht?

Meine wesentliche Kindheit, mit Erinnerung, habe ich im Südbadischen verbracht. Geboren bin ich auf dem Treck von Königsberg über Tschechien. Meine Mutter ist mit meinen zwei Brüdern geflohen. Sie wollte so weit wie möglich von den Russen weg. So sind wir in Südbaden gelandet, und da bin ich aufgewachsen, im Alemannischen.

Du hast schon als Kind Eidechsen und Schlangen in der Hosentasche mit Dir herumgetragen.

Ja, das erzählte meine Mutter. Ich wäre als Vierjähriger nach Hause gekommen, sie hat meine Buchse gewaschen und da kam plötzlich eine Eidechse raus.

Wann hattest Du das erste Mal den Wunsch, Tierarzt zu werden?

Ich war lange Zeit nicht schlüssig, ob ich Schuster werden will. Unter uns war eine Schusterwerkstatt, und ich war sehr beeindruckt, wie da plötzlich so ein Schuh entstand. Dann kam aber relativ schnell die Frage auf, ob ich Zoodirektor oder lieber Tierarzt werden will. Das muss ich schon geäußert haben, da war ich fünf Jahre alt. Ich habe mich für den Zootierarzt entschieden, und der Direktor ist von selbst gekommen.

An der LMU in München hast Du unter anderem auch die Graugänse von Professor Konrad Lorenz behandelt. Was heißt das genau?

Ja, ich habe die ersten zwei Semester in Gießen studiert und bin dann nach München gegangen, habe da mein Examen gemacht und als Assistent im Institut für Geflügelkrankheiten der LMU angefangen. Zu der Zeit erkrankten die in Seewiesen gehaltenen Lorenz'schen Graugänse an einer Magenwurminfektion. Alle Gössel, also Junggänse, sind daran gestorben. Im Institut hatte ich schon gelernt, wie man große Tiereinheiten sinnvoll so medikiert, dass man sie auch erfolgreich behandeln kann. Nach einer Behandlung von 14 Tagen war die Sache gegessen, und es kamen wieder alle Gössel durch.

Du warst also zunächst Tierarzt in Hellabrunn und wurdest dann Direktor?

Ich war von 1972 bis 1980 Zootierarzt, bin 1980 in den Vorstand berufen worden, aber Zootierarzt geblieben. Außerdem hatte ich nach wie vor in Hellabrunn meine Tierpraxis, weil mir das einfach am Herzen lag und mir der Direktorensessel allein zu langweilig gewesen wäre.

Du hast dort im Tierpark richtig gewohnt?

Ja, ich hatte ein kleines Häuschen, so ein Austragshäusle. Ich habe von 1972 bis 2009 mit meiner Familie in diesem Hexenhäuschen gewohnt.

Es kommt immer wieder die Kritik an der Tierhaltung im Zoo auf, dass die Tiere ja doch in den Käfigen eingesperrt sind. Was antwortest Du da?

Das muss man relativ sehen. Einmal ist die goldene Freiheit, die wir glauben beim Tier zu sehen, längst nicht so golden. Wenn du rausschaust und etwa einem Rotkehlchen zusiehst, so lebt das in einem strikten Revier. Wenn das Tier über die Reviergrenze herausgeht, läuft es Gefahr, vom Nachbarn als Rivale totgehackt zu werden. Zum anderen ist es so, dass die gut geführten Zoos heutzutage den meisten Tieren die Bedingungen bieten können, die sie zum Wohlfühlen brauchen. Es ist keine Freiheit, ganz klar. Aber im Vergleich zum Haustier geht es manchem Zootier wesentlich besser.

Von Dir stammt der Satz: »Der pädagogische Auftrag von Zoos ist essenziell.«

Ich bin immer davon ausgegangen, dass man Tiere an die Kinder heranbringen muss – das lag mir am Herzen. Denn ich kann nur das schützen und lieben lernen, was ich auch kenne. Für mich heißt Zoopädagogik, dass ich das Tier zum Menschen bringe. Das ging so weit, dass ich mit Susi und Agathe, also mit Schlange und Spinne, in die Schulen gegangen bin, um dort den Kindern die Angst vor der Schlange und der Spinne, den sogenannten Gruseltieren, zu nehmen.

Wir haben ja auch Fotos in der Auffangstation München gemacht, bei der unsere gemeinsame Freundin Lucy Engler eine Schlange um den Hals und eine Vogelspinne auf der Brust hat. Ist es eine natürliche Reaktion, dass Kinder Angst haben vor sogenannten Gruseltieren?

Für Kinder ist es unheimlich wichtig, dass sie sich trauen, Gruseltiere anzufassen. Es war ganz selten, dass sich ein Kind nicht getraut hat, die Schlange anzufassen. Ich bin mir nicht sicher, woher die Angst kommt. Ich glaube, dass die Hauptangst von den Eltern übergeimpft wird.

Du hast eine ganz neue Narkosemethode erfunden, die sogenannte »Hellabrunner Mischung« mit dem Blasrohr. Warum hast Du diese Technik erfunden?

Als ich 1972 angefangen habe, gab es das Narkosegewehr, da wurde mit Patronenkartuschen aus Kalt- oder Heißgas geschossen, und das Geschoss kam mit einer sehr hohen Treffwucht an. Das musst du dir wie ein Armbrustbolzen vorstellen, der mit hoher Geschwindigkeit kommt, der bohrt sich wie ein Pfeil durch das Tier hindurch und ist sowieso nur bei großen Tieren verwendbar. Damals wurde das Blasrohr von einem deutschen Ingenieur so entwickelt, dass man umgebaute Einmalspritzen als Pfeile nutzen konnte. Da gingen aber immer nur dreieinhalb Milliliter Flüssigkeit rein. Es gab keine Möglichkeit, mit einem Pfeil einen großen Elefantenbullen, einen Löwen oder einen Hirsch in Narkose zu legen. Deshalb habe ich die Hellabrunner Mischung »erfunden«. Ich habe einfach zwei Substanzen anders zusammengemischt als üblicherweise, habe das Lösungsmittel weggelassen und hatte dadurch eine höhere konzentrierte Lösung, die sehr gut angeschlagen hat.

Da musst Du ja eine ganz schöne Luftkapazität haben.

Das eine ist die physikalische Geschichte. Das Pusten ins Blasrohr ist eine Trainingsfrage. Jeder Trompeter, der das hohe C blasen kann, ist mir wahrscheinlich technisch überlegen. Die Schwierigkeit dabei ist, die Luft darf sich nur im Rohr bewegen, du darfst das Rohr selbst nicht bewegen. Das braucht Übung. Ein zwei Meter langes Rohr darf nicht ein bisschen wackeln. Aber es hat den Vorteil, dass

man auf 30 Meter kommen kann. Auf der anderen Seite kann ich auf zehn Meter ein drei Zentimeter dickes Stück Fichtenholz durchschießen. Wenn man einmal kapiert hat, wie das geht, und man in Übung ist, ist das Blasrohr eine fantastische Möglichkeit, ein Tier auf Distanz zu behandeln. Du siehst, ich habe noch alle meine zehn Finger, ein Beweis, dass mir weder ein Affe noch irgendeine Raubkatze zu nahe gekommen wäre. Damit ist das Blasrohr unübertroffen.

Günter Mattei war der fantasievolle Grafiker für Hellabrunn. Es gibt das berühmte Plakat mit dem Affen, der eine Banane am Ohr hat und fragt: »Kommst Du?«

Ja, »Kommst Du?« war von mir. Als damals das Handy aufkam, beobachtete Günter, dass jeder Trottel das Handy am Ohr hatte und sich wichtig nahm. So haben wir damit das Einladungsplakat für den Tierpark entwickelt.

Ich habe ein paar Bücher von euch mit Titeln wie »Müssen Tiere Zähne putzen?« oder »Wenn Hunde sprechen könnten« und zauberhaften Zeichnungen.

Mit »Müssen Tiere Zähne putzen?« haben wir den internationalen Jugendbuchpreis bekommen. Das Tolle ist, man kann dem Günter etwas erzählen und dann setzt er das um und da lässt er sich auch nicht reinreden.

Darin werden auch so wunderbare Fragen beantwortet, etwa wie findet die Kuh die Kuhglocken? Haben Tiere Angst im Dunkeln? Klaut der Rabe wie ein Rabe? Die Antworten sind so plastisch, dass man sich das für immer merkt.

Das war das Ziel. Zum Beispiel wie findet die Kuh die Kuhglocken? Das weiß ich aus eigener Erfahrung. Wenn man die Kuhglocke nicht der Leitkuh umhängt, wird sie so narrisch und eifersüchtig, dass du in der Herde keine Ruhe mehr hast.

Ja, das ist lustig, ich dachte immer, das muss den Kühen doch wahnsinnig auf die Nerven gehen, dass das dauernd bimmelt.

Nein, die sind unheimlich stolz darauf, und wehe, du machst da einen Fehler. Wenn du auf der Alm bist und du hängst die Glocke einer falschen Kuh um, das gibt eine Riesenrauferei.

Kommen wir zum Thema Ruhestand: Wie das immer so ist, die Nachfolger ändern immer viel. Im Zoo beispielsweise waren vor jedem Käfig Zeichnungen von Günter Mattei, die Geschichten erzählten, in denen viel Tierisches erklärt wurde, eine ganz individuelle Zoobeschilderung für Hellabrunn. Das alles wurde auch zum Kummer vieler Besucher von Deinem Nachfolger entfernt. Wie geht man damit um?

Das sehe ich epikureisch, panta rhei – alles fließt, es gibt nichts Festes und nichts Fixes, alles läuft weiter, und der Nächste, der nach dem Nachfolger kommt, der wird auch wieder alles anders machen. Neue Besen kehren anders, ob es besser ist, bleibt eine Geschmacksfrage.

Welche Vision hattest Du für den Zoo?
Wir haben damals die Artenzahl deutlich reduziert, haben sehr große Gehege gebaut, meistens mit Trocken- oder mit Wassergräben, sodass man von einem Gehege oft ins andere Gehege rüberschauen konnte, ohne einen Zaun zu sehen. Isar-Auenlandschaft pur!

Als der Zeitpunkt immer näher rückte, dass Du aufhören musst, was hast Du empfunden?
Ich hatte damals schon in Hellabrunn die Bereiche »Tier, Natur und Artenschutz« aufs Tapet gebracht und mit Vorträgen Geld gesammelt, welches ich gezielt in Wiederausbürgerung gesteckt habe. Okay, wir »sperren« die Tiere hier ein, aber wir machen es so, dass wir bedrohte Arten züchten und die Nachfolger wieder in freie Wildbahn bringen. Dann ergibt der Zoo noch mehr Sinn. Das habe ich einfach weitergemacht. Wir haben die Akademie für Zoo- und Wildtierschutz e. V. in München gegründet und eine eigene Praxis aufgemacht. Ich glaube, wenn ich diese Akademie nicht gehabt hätte, wäre ich in ein sehr übles Loch gefallen, in ein Untätigkeitsloch.

Welches Ziel hat die Akademie?
Wir, meine langjährige Mitarbeiterin Julia Gräfin Maltzan und ich, haben uns gedacht, dass wir unser Wissen, gerade auf dem Gebiet der Blasrohrentwicklung, weitergeben wollen. Es gibt genug Drittländer, in denen das noch nicht gang und gäbe ist. Wir machen das jetzt auch sehr intensiv in Europa und Deutschland, wir wollen da vor Ort helfen, wo eigentlich kein großes Interesse ist. Wir kümmern uns beispielsweise auch um Marienkäfer. Die vielpunktigen Marienkäfer stammen aus Indien und verdrängen die einheimischen Marienkäferarten. Marienkäfer sind kannibalisch, das heißt, Marienkäfer frisst Marienkäfer und Larven fressen sich gegenseitig. Wenn es mehr indische gibt, fressen sie die einheimischen weg. Marienkäfer fressen Läuse, und deshalb wurden die indischen Marienkäfer zur Läusebekämpfung für Gärtnereien gekauft.

Gibt es etwas, das Du am Älterwerden schön findest?
[Lange Pause.] Für mich ist sehr wichtig, dass sich mir die Suche nach dem Sinn des Lebens allmählich erschließt. Durch die Philosophie entwickelt sich ein Verständnis vom Leben. Die ganzen Religionen und philosophischen Vorstellungen, all das, was man von Kindheit auf so mitbekommt und vorgebetet kriegt, entfaltet sich plötzlich individuell für mich, sodass es einen Sinn ergibt.

Wir haben ja auch Fotos im Wildpark Höllohe gemacht. Welches Ziel hat das Ziegenprojekt?
Der Wildpark Höllohe ist ein kleiner Park. Wir haben von jeder bedrohten Haustierrasse, es gibt über 200 Ziegenrassen, jeweils einen Bock genommen, der zum Züchten nicht geeignet ist und der sowieso getötet worden wäre. Wir haben ihn kastriert, und er ist der Repräsentant für seine Rasse. Denn wenn ich Ziegenböcke nicht kastriere, schlagen sie sich gegenseitig die Schädel ein. So kann man ganz viele Ziegenböcke nebeneinander halten, und jetzt kann also der Lehrer mit seiner Schulklasse kommen und sagen: Schaut her, das sind die verschiedenen Ziegenrassen, die der Mensch innerhalb von 8.000 Jahren rausgezüchtet hat aus der Wildform der Bezoarziege.

Was mich erstaunt hat, war, dass die Ziegen nicht mehr so stinken, wenn sie kastriert sind.
Die Ziegenböcke müssen stinken. Die spritzen sich ihren eigenen Urin in ihren Hängebart und wischen und wedeln damit rum. Im Urin sind Pheromone, also Duftstoffe, die durch dieses Herumschwenken weit getragen werden. Sie signalisieren den Geißen: Aha, da ist ein besonders toller Bock, der gibt an, der muss besonders super Gene haben, da lassen wir uns doch von dem decken.

Du hast ja schon lange vor dieser Corona-Pandemie vor Viren gewarnt. Hattest Du mit diesem Ausmaß gerechnet?

Ich hatte vor drei, vier Jahren gesagt, wenn das so weitergeht, wenn wir weiter die Meere ausplündern und den Urwald niedermachen, werden wir irgendwann zu groß als Menschenmasse, und dann kommt irgendein Virus. Das klassische Beispiel dafür ist die Spanische Grippe, die Anfang des letzten Jahrhunderts in zwei Wellen kam und allein in Europa 20 Millionen Tote gefordert hat. Wie viele es in der ganzen Welt waren, wissen wir gar nicht. Für eine ähnliche Entwicklung haben wir ein schönes Beispiel: Die Rinder sind im Zweistromland ungefähr 6.000 vor Christus domestiziert worden, gleichzeitig als der Mensch begann, Ackerbau zu betreiben. Die Anzahl der Tiere und der Menschen wurde gleichzeitig mehr. Ein Virus braucht immer eine große kritische Menge, sonst kann er sich nicht verbreiten. So ist die Rinderpest entstanden, die heutzutage durch die ganzen Rinderbestände in Asien und Afrika geht, mit hohen Todesfolgen. Das Virus ist auf den Menschen gehupft, und es entstanden die Masern. Das ist dasselbe Virus, es hat bloß ein bisschen die Oberfläche verändert. Christoph Kolumbus brachte es mit nach Mittelamerika, dort starb die ganze indigene Bevölkerung an den Masern. Die Spanier haben nicht Feuer und Schwert gebraucht. Dann hupfte das Virus weiter und wurde Anfang des 20. Jahrhunderts als Staupe beim Hund nachgewiesen, dasselbe Virus! 50, 60 Jahre später hatten wir es plötzlich im Zoo bei den Tigern. Dann kam vor zehn Jahren das große Robbensterben in der Ost- und der Nordsee. Und so habe ich gesagt, wenn irgendetwas die Menschheit eindämmt, kann es nur ein solches Virus sein, das wieder so schlagartig durchzieht. Im Moment – Gott sei Dank, muss man sagen – fehlt die Pathogenität. Es ist noch nicht so pathogen wie die Spanische Grippe, die praktisch dazu geführt hat, dass der Erste Weltkrieg aufhörte, weil die Soldaten auf beiden Seiten so schwach waren, die konnten aus den Schützengräben gar nicht mehr raus. Diese Grippe hatte damals richtig zugelangt.

Kann es sein, dass Covid-19 jetzt noch weiter mutiert?

Das ist die Gefahr, wenn das Virus mehrmals seinen Wirt wechselt. Dann entsteht eine Mutante, die gleichzeitig hochgradig infektiös ist, wie die neuen Mutanten, die wir schon in England, Brasilien, in Südafrika und jetzt auch in Garmisch-Partenkirchen haben. Und jetzt kam schon so ein »Hupfer«. Wir hatten Covid-19 bei den Nerzen in Dänemark, die alle eingeschläfert werden mussten. Wenn die Hupferei kunterbunt so weitergeht, von Mensch auf Tier dann wieder zurück auf den Mensch, kann dieses Virus für uns Menschen hochgradig infektiös und pathogen werden. Es ist fast zu erwarten, dass da plötzlich solch eine Variante kommt. Und die räumt dann richtig auf.

Lebst Du gerne?

Ob ich gerne liebe oder lebe? Beides! [Wir lachen beide.] Ja, ich genieße gerne und ich lebe gerne, ich habe meine Freude, und dadurch, dass ich sehr naturorientiert bin, habe ich mein Lebtag immer Neuschnee vor der Nase gehabt. Das ist von Tucholsky: Es gibt keinen Neuschnee. Er sagt immer, wenn er wohin trete, entdecke er Spuren im Schnee, es ist schon einer vor ihm dagewesen. Ich habe in meinem Beruf immer Neuschnee erlebt. Dadurch, dass es so viele unwahrscheinliche Wege im Wildtierbereich gibt. In der Medizin, in der Beobachtung, in der Therapie, gibt es so viel, was noch offen ist, was man noch sehen kann und was man noch mitmachen möchte. Das Leben ist wie ein Feuerwerk.

Hast Du Angst vor dem Tod?

Nein, da bin ich Epikureer. Das kommt von den alten Griechen, das ist mir – Gott sei Dank – von der Bildung geblieben, und das habe ich auch philosophisch sehr vertieft. »Sie fürchten den Tod, als ob sie wissen, dass es etwas Schlechtes wäre«, das ist Sokrates. Nein, ich habe keine Angst vor dem Tod, aber ich bin auch nicht mit irgendeinem Gott verbandelt.

Denkst Du manchmal daran, dass die Zeit, die man vor sich hat, in jedem Fall kürzer ist als die, die man hinter sich hat?

Das ist die falsche Einstellung zur Zeit. Bleiben wir beim carpe diem – nutze den Tag, genieße den Tag und schätze den kommenden so gering wie möglich ein, das ist Horaz. Wenn du dich da rantastet, dann bist du in der Zeit. Aber unsere Vorstellung, dass wir die Zeit wie eine Schublehre hin, und herschieben können, das ist falsch. Wir müssen uns klarmachen, dass alles, was die Zeit berührt hat, schon vergangen ist, schon gewesen ist. Das ist wichtig, zu verstehen, und das muss man ins Leben aufnehmen und einschließen. Da gibt es von Seneca einen Brief an Lucilius, da sagt er: »Darin täuschen wir uns, dass wir den Tod vor uns sehen, in Wirklichkeit hat er alles, was wir gelebt haben, bereits in seinem Besitz und das Teuerste und Köstlichste, was wir haben, die Zeit, dieses flüchtige Etwas, das vergeuden wir.« Insofern stellt sich mir diese Frage so nicht.

Stell Dir vor, die berühmte Fee käme und würde Dir sagen, Du hast drei Wünsche offen.

So – weiter – machen!

Du hast drei Wünsche.

Das sind sie!

PROF. RITA SÜSSMUTH:

»Das Morgen zum Heute zu machen, das ist ganz wichtig.«

Ich finde es ganz großartig, dass Sie mir für dieses Gespräch zugesagt haben!

Ich habe lange gezögert, weil ich dachte, jetzt keine Zeit mehr für Interviews zu haben. Das bisschen Zeit, was ich noch habe, will ich dem Frauenthema widmen.

Dennoch sind die Alten auch wichtig in unserer Gesellschaft, finde ich.

Die nehmen sich viel zu wichtig. Aber es gibt nicht nur Positives im Alter ...

Das ist richtig, aber es gibt auch nicht nur Negatives.

Nein, dann würden wir uns ja selbst kaputtmachen. Ich frage nicht, was kann ich nicht mehr, sondern was kann ich noch? Darf ich mal eine Frage an Sie stellen? In Ihrem Beruf hat doch die Körpersprache eine besondere Bedeutung?

Ja, natürlich, die Körpersprache ist generell wichtig – für jeden. Man kann lernen, den Raum für sich einzunehmen. Für die eigene Wirkung anderen gegenüber.

Ja, und das habe ich nicht gelernt. Ich habe zum Beispiel bei Helmut Kohl – diese unfasslich große Gestalt – immer gedacht, wenn er diesen dunkelgrünen Mantel anhatte: Wie viele kriegt er da noch drunter? Ich hab mich immer bemüht, mir ein Räumchen für mich zu schaffen. Aber ich höre jetzt mal zu, was Ihr Thema ist.

Gerne. Sie sind vor Kurzem 84 geworden. Wie gehen Sie heute mit Ihrem Alter um? Hindert Sie manchmal das Alter in Ihren Aktivitäten?

Natürlich merke ich das. Ich habe lange Zeit nicht an das Alter gedacht, auch nicht mit 75. Es war für mich nur eine Zahl und eher die Frage, wie viele Jahre habe ich noch. Ich habe immer um die Begrenztheit der Lebenszeit gewusst. Früher habe ich noch gedacht, mit 60 wirst du sterben, aber die 60 habe ich überlebt, wie Sie merken. Keiner weiß, wie viele Tage, wie viele Jahre ihm noch geschenkt sind. Und eigentlich ging's mir immer darum, etwas mit der Zeit und den Menschen, mit denen ich zu tun habe, zu machen. Das ist bis heute geblieben, wobei ich natürlich merke, es ist im Alter manches schwieriger durchzusetzen. Leichter sind die Gedanken, schwieriger ist die Umsetzung. Aber zu arbeiten macht mir mehr Spaß, als ständig daran zu denken, ob ich morgen vielleicht sterbe. Dieses Morgen zum Heute zu machen, das ist ganz wichtig. Das ist eine schwierige Aufgabe, gebe ich zu, es ist mit Anstrengung verbunden, auch mit Menschen, die mitmachen. Insofern wünsche ich vielen älteren Menschen Kontakt mit Kindern und Jugendlichen.

Genau richtig! Sie haben schon sehr früh für sich erkannt, dass gewisse Schwierigkeiten erstaunliche Kräfte mobilisieren.

Ich war verrückt auf's Studieren, ich hätte mein Leben lang studieren können, wenn ich nicht auch hätte arbeiten müssen. Und ich habe das Glück gehabt, eine Tätigkeit gefunden zu haben, in der das Lernen nicht aufhörte, das ist auch heute noch so. Ich muss auch jetzt wieder lernen. Lernen, nach dem Tod meines Mannes allein zu leben –, ist nicht meine Stärke. Aber eine Herausforderung, die mich nicht dazu bringt, alles nur schwierig zu sehen, sondern zu entdecken, was man noch tun kann. Und mich auseinanderzusetzen mit Dingen, die immer noch sehr widerständig sind. Ich bin schon eine Kämpferin für bestimmte Ideen und für deren Umsetzung. Ich bin in die Politik gegangen, nicht, weil ich der Wissenschaft müde war, nein, es ging mir um die Frage, was sind die Erkenntnisse und was machen wir mit diesen Einsichten? Und ich muss Ihnen sagen, in Deutschland sind wir in bestimmten Bereichen schnell, in anderen langsamer als eine Schnecke. Und ja, die Erkenntnisse erfordern Geduld, aber die allein reicht nicht aus, man kann auch an der Geduld irre werden. Ich bin im Augenblick in einer Phase, wo die Geduld am Ende ist.

Oh, das klingt aber …
Ja doch, das ist gut. Das finde ich gut.

Ihr Motto ist: »Wer nicht kämpft, hat schon verloren.« Muss das Leben immer aus Kampf bestehen? Muss man immer als Sieger hervorgehen?
Eine berechtigte Frage, aber nee, ich bin nicht als Sieger hervorgegangen, ich habe oft verloren, aber nie aufgehört zu kämpfen. Das ist ein Unterschied! Es wäre schön, wenn uns die gebratenen Tauben in den Mund fliegen würden, so ist es aber nicht. Das, was uns wichtig ist, ist oft so widerständig, dass sie sich fragen: Mache ich weiter oder geht's doch nicht? Und ich habe bisher das Glück gehabt, doch immer wieder aufzustehen und

weiterzumachen. Vieles musste geduldig erkämpft werden, doch es gibt auch eine Grenze der Geduld.

Gab es auch Dinge, für die Sie gekämpft haben, bei denen Sie schon aufgeben wollten?
Nein. Es war zwar immer mal wieder die Frage: Soll ich aufgeben? Und es kann sein, dass ich sterbe, ohne das Ziel erreicht zu haben. Aber besser sterben mit Kampf als ohne.

Ja. Aber Sie haben ja sehr viel erreicht.
Aber ich bin noch nicht am Ziel.

Das gefällt mir! Hat sich im Alter Ihr persönlicher Kampf für Ihre Anliegen im Gegensatz zu früher verändert?
… ist verstärkt. Als junger Mensch habe ich die Rollenfestlegung oder die Ungleichheit nicht als mein Problem wahrgenommen. Gespräche sind das Wichtigste, nicht nur das Sprechen, sondern das Gespräch ist eine Interaktion. Beide sind wichtig, sonst gibt's diese Interaktion nicht. Das ist übrigens auch eine Gefahr der älteren Menschen, dass sie sich nicht mehr für andere interessieren. Ich war in der Lehre und Forschung tätig, aber ich habe auch von den jungen Menschen gelernt, und das ist mir bis heute wichtig. Was machen sie? Wie denken sie? Und deswegen interessieren mich nicht diese vordergründigen Jugendstudien, sei es zur Sexualität oder zu Freizeitaktivitäten. Sie schauen mir zu wenig auf deren Alltag, und zwar den Alltag, der nicht so spannend ist. Wo die Jungen auch still sind, wo sie auch für andere da sind. Diese verzerrten Bilder der Jugend mag ich nicht. Und: Es wird immer alles schlechter und früher war alles gut – das ist Unsinn! Ich erlebe heute viele junge Menschen positiv, nicht nur in der aktiven Klimabewegung. Da hatten wir auch gleich wieder Streit, sie sollten doch lieber zur Schule gehen und so

weiter. Ja, aber Schule kann man überall machen. Da muss ich mir als Lehrer überlegen, was mache ich mit denen? Es muss nicht unbedingt der Klassenraum sein. Man muss fragen: Wo ist die Welt, in der ich lerne?

Haben Sie Ihr aktuelles Buch »Überlasst die Welt nicht den Wahnsinnigen« geschrieben, als die Fridays for Future-Bewegung begann?
Ich habe es eigentlich geschrieben in der Absicht, eine Botschaft an meine Enkel zu geben, das war ein rein privates Buch mit dem Titel: »Brief an meine Enkel«. Und ich wollte das auch nicht veröffentlichen. Doch man hat mich schließlich überzeugt, dass es vielleicht auch für andere Menschen wichtig sein könnte. Wir suchten nach einem neuen Titel und sind plötzlich nicht nur in die Zeit der Klimabewegung gekommen, sondern auch in die der neuen autoritären Bewegung. Unsere Demokratie steht jetzt in einer ganz schwierigen Situation, in der es vor allem darum geht, alte Werte wieder zurückzuholen. Dazu gehört der Respekt voreinander, auch vor anderen Kulturen. Wir haben immer diesen Überlegenheitswahn, die anderen müssten von uns lernen, mir ist aber wichtig, auch von den anderen zu lernen.

Ich glaube auch, dass es ganz wichtig ist, dass die Generationen miteinander und nicht ausgegrenzt leben.

Ja, aber so haben wir jetzt unsere Gesellschaft eingerichtet. Wir haben die Altenheime und damit das Absondern. Bitte nicht falsch verstehen, es war gut gemeint, aber es ist schlecht gelungen. Doch wie können wir das ändern? Das ist immer meine Frage!
Deshalb schreibe ich dieses Buch! Ich kämpfe dafür, dass Menschen, die kurz vor dem Renteneintrittsalter stehen, sich damit beschäftigen, dass sie noch eine lange Zeit vor sich haben, und sich nicht nur aufs Nichtstun freuen sollten. Sicher kann man den Beruf,

den man gelernt hat, oft nicht mehr weiter-
führen, aber es gibt andere Möglichkeiten.
Und ich glaube, dass wir da was tun müssten.
Ja, aber es passiert auch schon was: Eine
Gruppe Münchener Frauen über 65 hatte zum
Beispiel die Idee, wir backen mal Kuchen, die
wir dann verschicken. Das sind für mich ganz
produktive Dinge. Jetzt wird man sagen, ja,
aber im Altersheim haben wir keine Vorrich-
tungen zum Backen – ja, dann schafft sie! Und
wenn ihr nicht gleich Geld habt, schafft euch
im Garten einen Ofen an, wie ihn die Bäcker
früher hatten, aus Stein gebaut. Fast jedes
Altenheim hat einen Ziergarten, aber in dem
kann man auch was anderes tun. Sucht Möglichkeiten, dass die Menschen nicht nur in
ihrem Rollstuhl sitzen und auf das nächste
Gericht warten, sondern achtet darauf, was
jeder als Mensch mitbringt. Und nicht nur
Angebote vorhalten, dass jemand kommt und
ihnen vorliest. Ältere Menschen können auch
selbst vorlesen, nicht alle haben Augen-
schwierigkeiten. Man sollte Gelegenheiten
schaffen, dass Menschen in fortgeschrittenem
Alter tätig bleiben. Aber wir müssen immer
konkrete Beispiele geben, und die gibt es
schon jetzt in unserer Gesellschaft. In ländli-
chen Gemeinden, wo kein Bäcker, kein Flei-
scher und kein Lebensmittelgeschäft mehr
war, wurden wieder Geschäfte geschaffen,
auch mobile Dienste. Also es ist ja nicht nur
alles weggenommen worden, sondern auch
wieder Neues geschaffen.

Ich plädiere dafür, dass ältere Menschen
durchaus noch aktiv im Beruf bleiben sollten,
doch das Gegenargument ist, sie müssen der
jüngeren Generation Platz machen. Das sehe
ich nicht so. Ich finde, ältere Menschen haben
genauso das Recht, am Leben teilzunehmen.
Völlig richtig. Ich nenne wieder ein Beispiel: Die
Bosch-Stiftung hat Projekte ins Leben gerufen,
bei denen Ältere und Jüngere gemeinsam

lernen. Warum schaffen wir nicht mehr davon?
Jede Gemeinde braucht Opas und Omas, die
mit den Jüngeren Dinge tun, die sie selbst nicht
tun oder nicht mehr tun können. Und das ist ja
Ihr Gedanke, schafft solche Gelegenheiten, und
mir ist es wichtig, immer Beispiele zu
benennen, das habe ich gelernt. Die Idee allein,
ohne Umsetzung, die bleibt trocken. Ich habe
zum Beispiel meine politische Zeit durchlebt
und bin zum Rebellen geworden. Als die 80er-
Jahre begannen, galt noch: Alter gleich Ruhestand, gleich Pflege, gleich Betreuung, und das
heißt ganz klar: indirekte Diskriminierung. Und
gegen diese Diskriminierung haben sich die
älteren Menschen gewehrt. Wenn Sie jüngere
Studien ansehen, in denen Ältere gefragt
werden, was ist das Wichtigste ist, heißt es:
Ein selbstbestimmtes Leben zu führen! Es ist
damals nicht daran gedacht worden, dass dazu
auch Verpflichtungen gehören. Jeder Mensch
ist zugleich ein beruflich Tätiger, möchte auch
bezahlt werden und leistet Sorgearbeit, die wir
nicht ständig in Heller und Pfennig aus-
rechnen – neuerdings in Cent. Aber das ist
genau dieses Umdenken: Wofür sind wir ver-
antwortlich? Ich fand das ganz toll, dass die
junge Generation sagte: Klima – da können wir
nicht auf die Älteren warten, wir müssen
vorangehen!

Ja, aber ich kämpfe auch dafür, dass die Groß-
eltern nicht nur Oma- und Opa-Funktionen
haben, sondern dass sie selbst auch weiterarbeiten können.
Wir haben ja inzwischen flexible Alters-
grenzen. Bei den Frauen ging es zunächst
bis 63, bei den Männern bis 65, dann sind wir
zu 67 gekommen. Und warum schaffen wir es
nicht, je nach Können – nicht nur kognitiv,
auch sozial – noch viel flexibler zu werden?
Wir sehen Beispiele in gehobenen Führungs-
positionen. Doch man geht noch allgemein
davon aus, dass mit 80 fast alle dement sind.

Ja genau! [Ich lache.]
Ich möchte das nicht verballhornen, aber
diese Einstellung, wir bräuchten feste Alters-
grenzen, davon müssen wir weg. Es gibt
natürlich auch Menschen, die von ihrer beruflichen Tätigkeit erschöpft sind, denken Sie an
Stahlkocher, oder …

… oder den berühmten Dachdecker.
Genau! Aber wir tun so, als wären nun alle
Dachdecker! Und davon müssen wir weg. Wir
brauchen Soziales, Gruppenbezogenes und
Individuelles. Ich sage immer, wir haben die
Individualisierung übertrieben, aber wir brau-
chen starke Menschen in starken Gemein-
schaften. Und dazu gehört auch das Alter.
Ältere Menschen möchten sich ihre eigene
Würde erhalten. Dazu kann man sie anregen,
ich würde nicht »erziehen« sagen, denn mit
der Pädagogik kann man auch viel kaputt
machen. Ich mag das nicht pädagogisieren.
Die Aufklärung ist was anderes als das
Pädagogisieren. Ich bin nicht nur Lehrmeister,
ich bin auch Lernender im Lehren.
Sie würden auf jeden Fall nicht für sich sagen:
So, jetzt mache ich gar nichts mehr …
So lange wie ich kann, lasse ich meine Ziele
nicht aus dem Auge. Auch beim Scheitern
nicht! Ich finde wichtig, dass in Ihrem Buch
auch noch was anderes vorkommen sollte: Wir
sind ja nicht nur Erfolgsmenschen. Jeder ihrer
Gesprächspartner hat seine eigene Lebens-
geschichte und hatte vielleicht schon in jungen
Jahren Erfolg. Doch ich nehme mal das Wort
»Scheitern«. Scheitern heißt Misslingen,
aber das Ziel muss das Ziel bleiben! Und da
ist es ganz wichtig, dass ich selbst auch
gegen Widerstände ankämpfe. Ich finde, zum
menschlichen Leben gehört Leidenschaft.
Etwas muss mir so wichtig sein, dass ich's nicht
aus dem Auge verliere. Ich sage auch immer
jungen Menschen: Nicht alles ist wichtig, aber
das, was ihr euch vorgenommen habt,

was in euerm Leben wichtig sein soll, lasst euch nicht so schnell davon abbringen, auch wenn ihr nicht gleich Erfolg habt. Einmal mehr aufstehen als hinfallen. Und geht nicht, gibt's nicht! Ich mag auch nicht das Wort »alternativlos«. Das hat sich so eingeprägt in unserem Sprachgebrauch, aber bis etwas für mich alternativlos ist, muss es viele Beweise geben, warum es alternativlos sein soll! Und das ist in der Tat meine Lebensphilosophie: Menschen in Kontakt zu bringen über das Misslingen oder das Scheitern oder die Macht des Widerstandes. Keiner kann das allein! Der Zusammenhalt und die Geschlossenheit sind essenzielle Voraussetzungen, aber schwer zu erreichen. Und Menschen, die sagen: Politik interessiert mich nicht, Politik geht mich nichts an – gerade dann in ihr Denken hineinzubringen, dass ihr Alltag voll von politischen Tatbeständen ist: wie viele Regeln gibt es in Kindergärten, in Krippen – und das alles ist politisch! Heute heißt es: Pflege sei systemrelevant. Ja, was für ein Unsinn, das war es immer! Oder auch die Frauen: Heute seien sie systemrelevant, die waren immer systemrelevant! Um noch mal auf's Thema zu kommen: Mir geht's darum, nicht nach drei Mal scheitern aufzugeben. Und da brauchen Menschen auch Rückhalt von anderen, die sie wieder ermutigen – brauche ich im Augenblick auch.

Ja. Rückhalt in der Familie ...

Nicht nur in der Familie. Rückhalt in erweiterten sozialen Verbänden wie Gewerkschaften, starken kirchlichen Gemeinschaften oder Sportgemeinschaften. Und das »Sich-Zusammenschließen« hat immer dazu geführt, dass je größer der Druck auf die Handelnden wurde, desto eher passierte was. Auch in der Politik. Das Grundgesetz zum Thema Gleichberechtigung hätten wir nie bekommen ohne Elisabeth Selbert, die Rechtsanwältin und Sozialdemokratin. Sie hat gegen große

Widerstände einen Artikel für die Gleichberechtigung eingebracht, der später ins Grundgesetz gekommen ist. So etwas erlebe ich auch heute bei anderen Frauen. Ich habe früher immer gedacht, Angela Merkel sei ganz anders sozialisiert, für sie sei Feminismus ein Fremdwort. Aber sie fühlte sich von ihrer Herkunft völlig gleichberechtigt und hat später in der Bundesrepublik gelernt, wie anders das hier war. Und heute setzt sie sich ein für ein Paritätsgesetz – gleiche Anteile von Männern und Frauen. Klingt selbstverständlich, kriegen wir aber zurzeit nicht durch. Und da muss man sich zusammenschließen, das erfordert Bewusstseinsarbeit, aber auch die Erkenntnis: Jetzt ist Schluss! Das meine ich mit Ende der Geduld. Man muss dann auch sagen: Bis

hierhin und nicht weiter! So wie man beim Ausbruch von Gewalt sagen muss: Schluss! Und wenn niemand Schluss sagt, dann geht's immer so weiter und läppert sich dahin.

Ihr Lieblingswort ist »dennoch«. Können Sie mir das konkretisieren?

Ich habe das nicht den ganzen Tag auf den Lippen ...

Bitte?

Ich habe dieses Wort »dennoch« nicht den ganzen Tag auf den Lippen!

Nicht?

Nein, man kann sich ja nicht selbst zulabern. Aber es ist ein entscheidender Satz, dass nämlich allen Widrigkeiten zum Trotz etwas durchsetzbar ist. Nehmen Sie zum Beispiel Schutz vor sexuellem Missbrauch von Kindern.

Da ist es mir schon wichtig, wenn mir jemand sagt, das geht nicht, dann sage ich »dennoch«! Ich habe auch einen einfachen Satz dafür: »Das wollen wir doch mal sehen!« Das ist vielleicht noch kräftiger als das, was in diesem »Dennoch« steckt. Entgegen allen Widerständen setze ich: Dennoch – es geht doch!

Verstehe. Und das Verständnis von Gegenargumenten ist auch ein »Dennoch«.

Ja, ich muss die Gegenargumente genauso ernst nehmen wie meine eigenen, sonst verabsolutiere ich mich ja selbst. Ich nenne wieder ein Beispiel, ich bin inzwischen gut darin: Die Grünen wollen immer die Verfassung ändern. Ich sage, unser Parteiengesetz lässt so viele Spielräume, etwa in den Artikeln 21 und 38 bei der Freiheit der Wählerinnen. Will man die Geschlechterfrage, die Geringschätzung von Frauen und die geringe Beteiligung der Frauen ändern, braucht man nur eine Partei, die zustimmt. Da braucht man nicht zum Verfassungsgericht. Das ist genau dieses Dennoch – guckt doch erst mal, was doch geht. Denn – noch!

Wunderbar, danke. Heute erleben wir mit der Covid-19-Pandemie eine unbekannte neue Zeit, vergleichbar mit der, als das Virus Aids in die Welt hereinbrach und Sie gerade Gesundheitsministerin waren. Auch damals wusste man in der Politik zunächst nicht, wie man richtig handeln sollte. Sie haben Ähnliches erlebt wie die heutigen Politiker, die ununterbrochen beschimpft werden. Eigentlich müsste man doch etwas rücksichtsvoller mit ihnen umgehen, da man auch diese Krise noch nie zuvor erlebt hat.

Ja, und auch wenn man sie schon mal erlebt hätte. Ich erkläre auch gleich warum. Aids war ein Virus, der in seinen Wirkungsformen zu massiven Todesfällen führte. Es gab kein Medikament. Ich stand vor einer Situation infizierter, sterbender Menschen mit dem Auftrag, aufzuklären, damit sie sich selbst und die anderen schützen vor dieser Krankheit, um zu überleben. Das hat die Virologie, die Virusforschung, damals immens angetrieben. Meine Situation war jedoch nicht so, dass ich viele Virologen fragen konnte, es gab nur zwei in der Welt, einen amerikanischen und einen französischen. Doch die Grundhaltung brachte ich mit, nämlich Menschen in dieser Not helfen zu wollen. Es ging darum, Jugendliche zu schützen und ihnen zu helfen, sie nicht allein zu lassen. Ich habe oft erlebt, wie verzweifelt sie waren. Ich habe die äußerste Not der unmittelbar und der mittelbar Betroffenen gespürt. Es war eine riesige Not. Und dann musste ich bei den Koalitionsverhandlungen erleben, dass nicht ich als Gesundheitsministerin fachlich als Erste gehört wurde, sondern Herr Gauweiler als Innenminister. Und er hatte eine völlig andere und beherrschende Auffassung wie zum Beispiel strengste Kontrollen. Er hoffte, mit dieser Härte gegenüber Aids-Infizierten die Not in den Griff zu bekommen. Wir hatten noch nicht die Medikamente, um in einem frühen Zeitraum etwas stoppen zu können. Ich fühlte mich auf der Verliererstraße, auch gegenüber den Parteimännern, die mir signalisierten: Dieses kleine Mädchen Rita kann so was sowieso nicht regeln, da müssen wir harte Gesetze haben. Doch ich hatte Geld losgeeist, um eine gute Aufklärungskampagne machen zu können. Sie konnten damals nicht in der Weise über Sexualität sprechen wie heute. Kondom war ein Unwort, und ich musste es trotzdem aussprechen. Und dann mit der Haltung der Christdemokraten im Rücken: Das wären alles sündige Menschen – furchtbar. Dennoch – ich gab nicht auf. Und jetzt werden Sie fragen, mit wem haben Sie's denn geschafft? Ja, nicht mit der Politik primär! Die beiden Virologen haben dem Kanzler bestätigt, meinen Weg der Prävention fortzusetzen, denn wir hatten keinen anderen. Hauptunterstützer aber kamen aus der Bürgerschaft, helfende Frauen und Männer und auch bekannte Musikbands wie Bläck Fööss und ABBA. Hilfe kam auch von Priestern, aber nicht von den Obrigkeiten, nicht von den Bischöfen. Wir haben es schließlich geschafft, die Infektionsrate zu senken. Ich habe heftige politische Gegner gehabt, aber die Menschen sind uns gefolgt. Doch was man mit heute nicht vergleichen kann, wir haben in kürzerer Zeit die Infektionswege und die Hauptgefahren benennen können, vor denen sich die Menschen damals schützen konnten.

Das konnte man im Verhältnis zu der heutigen Pandemie schneller eingrenzen.

Richtig. Das ist heute die große Schwierigkeit. Nehmen Sie die jüngste Diskussion um die Aerosole. Politiker müssen sagen können, wir wissen es auch nicht, man muss sich auch korrigieren dürfen.

Ja, aber das ist eben das, was mich so verärgert. Da sitzen sie in den Talkshows und wissen alles besser. Es ist immer so einfach, mit dem heutigen Wissen ein Urteil zu fällen über eventuell falsch getroffene Entscheidungen der vergangenen Zeit.

Ja, genau, aus der Retrospektive! Man hätte mehr einkaufen müssen, man hätte mehr zulassen müssen – hätte, hätte, Fahrradkette! Eigentlich muss man antworten: Und seid ihr denn alle fehlerfrei? Überlegen Sie mal, nach einem Jahr haben wir einen Impfstoff! Wenn wir den damals gehabt hätten ... Wir haben ihn heute noch nicht bei Aids! Und dann die Verbindung Impfung und Testverfahren, man könnte doch auch mal sagen: Tol, was da erreicht worden ist von der Forschung, für die Menschen, für den Lebenserhalt.

Ganz genau, aber so was hört man nie, man hört immer nur das Negative!

Und das ist natürlich auch Fluch und Segen der Demokratie, diese Selbstermächtigung eines jeden Bürgers. Ich kann sagen was ich will, das steht in unserem Grundgesetz. Doch wir reden nur noch von Rechten und nicht von Pflichten, aber wir haben auch Verpflichtungen! Dieses ständige Misstrauen in andere Menschen ist gefährlich, warum denkt ihr nicht auch mal, er kann auch anders? Das ist auch für mich ein Grundsatz: Hier stehe ich – ich kann auch anders!

[Ich lache.] Tun Ihnen Ihre Politikerkollegen leid, die momentan für die Bevölkerung nicht verständliche Entscheidungen treffen müssen? Im Moment können Politiker es doch eigentlich niemandem recht machen …

Mitleid hilft ja nichts. Wir müssen dafür kämpfen, dass mehr Menschen erkennen, was uns Positives widerfahren ist und woran wir jetzt arbeiten müssen. Wobei ich sagen muss, Corona hat die Lage der Frauen wieder verschlechtert, eindeutig. Rückfall zum Teil in die 50er-Jahre, und dagegen kämpfe ich jetzt. Vielleicht sterbe ich drüber, aber dann wird sich jemand finden, der weiterkämpft. Sehen Sie, wir haben jetzt zwei weibliche Personen bei den Linken, warum geht das nicht auch bei den Christdemokraten? Wenn ich unter den ersten zehn Plätzen keine einzige Frau habe, dann bleibt es, wie es ist. Wir haben so viele fähige Frauen, das haben wir in der Wissenschaft, in der Forschung und in der Kultur gezeigt. Aber man hat sehr lange gesagt: Frauen? – Nein! Wir haben jetzt 100 Jahre Wahlrecht seit der Weimarer Republik, dann kam das Naziregime und immer wieder die Diskriminierung. Frauen haben sich stets angestrengt, auch ihre Stimme zu erheben,

ohne genommen zu werden. Und jetzt sucht man wieder diese alten Klischees: Die wollen nicht, die interessieren sich nicht. Wenn ich als Frau nie genommen werde, dann höre ich irgendwann auf und sage, ich mache was anderes.

Ja, aber Sie sagten eben, ich gebe nicht auf …

Ja, weil die Politik für mich ein zentraler Bereich ist. Es ist die Gestaltung unseres Lebens, ob es das Klima ist, ob es Arbeit ist, ob es Technik ist – da können wir nicht sagen, das geht uns nichts an. Ich habe oftmals gesagt, man kriegt eher einen Haushalt für ein neues Stadion bewilligt, als dass ihr Toiletten in Friedhofsnähe bekommt. Manchmal muss man so drastisch und plump argumentieren. [Ich lache.] Und jetzt frage ich einmal: und dennoch? Ich beobachte im Freundeskreis, dass es größte Schwierigkeiten gibt, Karriere und Familie unter einen Hut zu bringen. Beide Elternteile sind berufstätig, beide wollen gleichberechtigt auf Augenhöhe Karriere machen, aber wollen auch gleichzeitig Kinder haben. Irgendjemand zieht doch den Kürzeren, entweder die Kinder, die Frau oder der Mann. Es ist nicht so einfach, dies gerecht hinzubekommen …

Es ist nicht einfach, aber machbar. Im Verlauf unseres Lebens gibt es Zeiten, in denen ich mehr Zeit für die Familie brauche, nicht nur bei Schwangerschaft und Geburt oder danach, sondern auch in den Lebenszyklen. Wenn man Kinder in der Pubertät hat, brauchen sie viel mehr Beachtung, Zuwendung und Begleitung als danach. Das heißt, wir haben es versäumt, die Aufgabenteilung zwischen Frauen und Männern in der Familie zu regeln. Die Mütter bleiben zu Hause und die Väter gehen in den Beruf – das trägt heute nicht mehr, bei einer beruflichen Beteiligung

der Frauen von über 73 Prozent. Dann haben wir die Frauen in Teilzeit geschickt, die Männer in Vollzeit. Wozu führt das? Dass die Frauen nicht voll respektiert sind im Beruf und auch keine oder wenige Aufstiegschancen haben. Von den Männer leisten acht Prozent Teilzeit, bei den Frauen über 70 Prozent. Wenn ich nicht an diesen Dingen arbeite, dann kommen wir aus dem Konflikt nicht heraus. Überlegen Sie mal, als ich '85 Ministerin wurde, wurde ich sehr verächtlich angesehen beim Thema Vereinbarkeit von Familie und Beruf. Ich bin eingetreten für frühkindliche Betreuung und Förderung, aber jetzt bei der Corona-Pandemie liegt die Hauptlast wieder bei den Frauen.

Eben. Und Sie befürworten, dass die Kinder lieber in eine Kita oder in eine Betreuung kommen?

Wir haben zwar ein Paritätsgesetz, aber nicht die Voraussetzung, ein Kind gut betreuen zu lassen und dennoch Zeit zu haben für das Kind. Die nächste Frage ist, was passiert in Konfliktsituationen? Über Jahrzehnte habe ich erlebt, dass es dann hieß, die Mutter muss sich krankschreiben lassen, damit sie beim Kind bleiben kann. Das sind alles Dinge, die sind zu verändern. Wenn aber die Frauen auf Gesetzgebung keinen Einfluss nehmen, die Frauen keinen öffentlichen Druck machen, dann werden sie in ihre alten Rollen zurückgeworfen, statt zu fragen, wie kommen wir zu besseren Lösungen? Wir haben nur für 30 Prozent der Kinder unter drei Jahren Einrichtungen. Es kann nicht nur um Wohnungsbau gehen, es muss auch um den Ausbau einer guten Betreuung für die Kinder im Vorschulalter gehen. Ab drei können sie in den Kindergarten, aber diese Dinge haben wir in einer Weise vernachlässigt – kaum vorstellbar.

Ja, aber ...

... aber bitte nicht die Antworten: Das geht nicht oder es ist zu schwierig! Die kenne ich alle.

Nein, nein. Was ich eben auch beobachte ist, dass Kinder wahnsinnig eingespannt werden, um zum Beispiel Tennis oder Klavier zu lernen, und von einem Termin zum anderen hetzen, damit sie ja beschäftigt sind und die Eltern kein ein schlechtes Gewissen haben, weil sie sich zu wenig kümmern.

Richtig, das hat damit angefangen, dass Kinder schon mit fünf Jahren in die Schule mussten. Unsere Tochter war sechseinhalb und somit in der Lage, ihre Schularbeiten auch allein zu machen, ich musste nicht ständig neben ihr sitzen. Und dieses: Sie muss eine gute Klavierspielerin werden und eine gute Sportlerin! Was soll das eigentlich? Angebote ja, aber lasst den Kindern auch ihre verfügbare Zeit. Diese Erfahrung habe ich jetzt wieder bei meinen Enkeln gemacht. Es geht leichter mit den Pflichtübungen, wenn man sich zunächst auf das einlässt, was das Kind gerade gern tut. Das ist keine Allerwelts-Regel, aber für mich ist ganz wichtig, dass wir auch den Bedürfnissen der Kinder gerecht werden.

Ein anderes großes Thema, was mich sehr beschäftigt, ist das Wiederaufkeimen des Populismus auf der ganzen Welt, des Nationalismus und dass es wieder möglich ist, dass man offenen Antisemitismus austrägt.

Sie sprechen ein ganz wichtiges Thema an. Seit Jahren arbeite ich an der Frage, wie gehen wir mit Flüchtlingen um, wie gehen wir mit Menschen aus anderen Kulturen um. Überlegen Sie mal, alle Flüchtlinge würden »nach Hause« gehen, wir kämen in eine schöne Notlage!

Ist das eine Gegenbewegung zu der großartigen Idee Europa oder woher kommt es, dass das plötzlich wieder da ist?

Das ist für mich eine ganz bedrückende Frage, hier kommen verschiedene Stränge zusammen. Ich habe heute keine Schwierigkeiten mehr, Deutsche zu sein. Ich bin gern Deutsche, ich kenne unsere Schwächen und Stärken, wie sie andere Nationen auch haben. Aber dieses Sich-Herausheben und nur Wir und wehe dem, uns stehen Kürzungen ins Haus, dafür habe ich nicht mein Leben lang gearbeitet! Jeder von uns könnte morgen in die Situation eines Syrers, eines Irakers, eines Iraners oder Afrikaners kommen. Nicht jeder davon ist ein Ausbeuter und Nutznießer unseres Wohlstands und diese Bilder haben wir zum Teil selbst erzeugt. Ich habe durchaus

Verständnis, dass die Aufnahme von Menschen in Not uns auch herausfordert und dass unsere Aufnahmekapazität nicht für alle zur Verfügung steht, aber durchaus weit mehr möglich ist als bisher! Das, was uns selbst vernichtet hat im Nationalsozialismus, nämlich die Ausrottung mit menschenverachtendsten Methoden ... »Nie wieder!« hieß es! Und heute sind wir wieder ganz nahe dran! Gott sei Dank noch in Minderheitsgruppen, aber die können ganz schnell auch mehr als Gruppen werden. Und die Anzahl der Morde zeigt uns ja, wie gewalttätig es zugeht und wie die Ausgrenzung fortschreitet und nicht das Füreinander-Sorge-Tragen. In unseren Krankenhäusern erleben Sie so viele Menschen aus verschiedensten Ländern, ohne die unsere Gesundheitsvor- und Fürsorge gar nicht mehr

bestehen könnte. Na ja, die sind ja auch in Ordnung, heißt es dann! Es gibt in allen Gesellschaften diejenigen, die Vorteile missbrauchen und die dem anderen nichts zugutekommen lassen, Deutsche wie Nichtdeutsche, und es gilt dagegen massiv die Menschenrechte zu verteidigen. In dieser Situation stehen wir heute. Wir können der Bundeskanzlerin gar nicht genug dankbar dafür sein, dass sie 2015 die Grenzen geöffnet hat. Bei der Aufnahme in Griechenland oder der Türkei ist vieles zu kritisieren, die haben bis zu sechs Millionen Flüchtlinge im Land. Und da gilt es, dass wir hier aufstehen! Da kann man nicht sagen: Das wird sich wieder legen, nein, das ist genau der Kampf! Das NEIN muss unüberhörbar sein! Und auch von Deutschland müssen die anderen Länder wissen, dass wir Menschrechte achten. Ich war damals in Vietnam, als Angela Merkel diesen Schritt vollzogen hatte. Welche Achtung aus dem Ausland auf einmal Deutschland entgegengebracht wurde, hatte man gar nicht erwartet. Und das wünsche ich mir von unserem Land.

Aber da sehe ich wirklich schwarz.

Ja, aber das Schwarz-sehen hilft uns ja nicht weiter! Ich sehe auch schwarz, aber da müssen wir was dagegen tun! Das Reden darüber ist noch nicht das Handeln. Wenn wir dem Handeln in negativer Ausrichtung Einhalt gebieten müssen, dann wünsche ich mir, dass 150.000 Menschen hier Berlin gezeigt werden, die dagegen sind und eine Kette gegen die Nationalisten bilden, denn im Kern ist es ein überzogener Egoismus. Ich nehme die Mahnung ernst, wie viele können wir gut aufnehmen, wie viele können wir gut unterbringen? Ich möchte auch nicht, dass sie in abbruchreifen Gemäuern untergebracht werden. Wir mussten verteilen, unsere Kapazitäten benennen und wir mussten auf andere

Länder verteilen. Ich sehe nicht ein, warum Ungarn und Polen als europäische Mitgliedstaaten nicht einen bestimmten Anteil Menschen aufnehmen können. Wir haben es nicht nur mit einer Gesundheitsvorsorge für alle zu tun, Einheimische und Hinzugekommene haben hier ein Zuhause, und wir können nicht einfach sagen: Wir ja – ihr nicht! Das ist auch in der Gesetzgebung für die hier Lebenden festgelegt. Aber es ist größte Gefahr angezeigt, wie wir uns entwickeln oder was bei steigender Arbeitslosigkeit passiert. Wir müssen uns auf raue Auseinandersetzungen einstellen!

Ich frage nun zum Abschluss: Wenn eine gute Fee käme und Ihnen drei Wünsche erfüllen würde, welche wären das?

Also der erste Wunsch wäre, dass wir Menschen uns nicht fremd werden, das wir nicht auseinanderfallen, sondern mehr zueinander kommen. Dass Menschen wieder lernen, füreinander und miteinander da zu sein. Dazu gehören auch die Menschen, die immer schon hier waren, und diejenigen, die neu hinzugekommen sind. Das ist eigentlich die Entwicklung von Kulturen. Wir sind eine gemischte Kultur, davon hat jede ihre Ausprägung. Und insofern brauchen wir nicht mehr Kapitalismus, sondern Eigenanstrengungen der Menschen, die auch darauf vertrauen können, dass ihre Anstrengungen beachtet werden. Der zweite Wunsch wäre, dass bei der Digitalisierung nicht die Apparate wichtiger werden als der Mensch. Und dann bleibt das Wichtigste im Schlusssatz, dass gerade wir Frauen Antreiber einer friedlichen, menschlichen Gesellschaft werden, in der Gewalt und Krieg endlich in die totale Verachtung führen. Jetzt werden Sie sagen, das ist eine Utopie, aber Utopien müssen wir denken, damit wir sie schrittweise verwirklichen.

Dankeschön, vielen Dank.

MARIO ADORF:

»Ich habe keine Angst vor dem Fliegen, aber vor dem Abstürzen.«

Sie sind vor Kurzem 90 geworden. Abgesehen von Ihrem tatsächlichen Alter – wie alt fühlen Sie sich?
Ich gehöre zu denen, die sich sehr wenig Gedanken über das Alter machen. Ich fühle mich am liebsten so alt, wie ich gerade bin – weder jünger noch älter. Das schützt einen vor Überraschungen und vor Ängsten!

Gibt es denn etwas, was Sie am Älterwerden schön finden?
Also – ich will ja ehrlich sein – ich bin kein Jubelgreis. Ich habe kein großes Verständnis für die Jubelszene der Senioren, die tanzen, singen und fröhlich sind, das liegt mir sehr fern. Aber ich leide nicht unter meinem Alter und nehme es so, wie es mir physisch möglich ist. Ich nehme es hin als etwas, was man nicht sehr beeinflussen kann. Offensichtlich gibt es Leute, die sehr gut damit umgehen können und sehr viel Positives darüber sagen können. Ich jedoch merke, wie ich älter werde, wie die Kräfte weniger werden, wie die Konzentration vielleicht nicht mehr so hundertprozentig ist. Ich habe noch ein relativ gutes Gedächtnis, und man staunt über mein gutes Gedächtnis. Aber ich kann nicht sagen, dass ich das Alter genieße, sondern ich lebe so, wie ich auch vorher gelebt habe. Ich habe keine wirkliche Meinung über das Altern.

Können Sie sich erinnern, wann Sie das erste Mal das Alter gespürt haben?

Ich habe selten kokettiert mit dem Alter, dass ich zum Beispiel gesagt hätte: Entschuldigt, ich bin immerhin schon so alt. Es liegt zwar nahe, dass man das tut, und vielleicht wird das noch deutlicher, je älter man wird und man dazu neigt, das Alter vorzuschieben als Erklärung für viele Dinge. Für mich ist Alter weniger eine physische Erscheinung als eine geistige. Was macht das Alter mit mir, oder habe ich vielleicht auch etwas eingebüßt, zum Beispiel die Neugier? Ich war immer ein sehr neugieriger Mensch, sehr neugierig auf das Leben anderer Menschen, weil ich ja andere Menschen darstelle. Das ist nicht selbstverständlich beim Schauspieler. Es gibt Kollegen, die spielen sich ein Leben lang selbst. Ich habe den Schauspielerberuf immer so angesehen, dass ich meine eigene Persönlichkeit ausweiten muss, durch die Erfahrung mit anderen Leben, mit anderen Charakteren. Das war für mich der Anlass, Schauspieler zu werden und nicht »nur« mich selbst zu spielen. Ich kannte Schauspieler, die sagten, ich bearbeite mir jede Rolle so lange, bis sie mir passt, bis sie auf mich selbst passt. Während ich immer sagte: Nein, ich muss so lange arbeiten, bis ich auf den anderen Menschen passe. Es gibt allerdings auch Schauspieler, die sich völlig versenken in die Rolle, bis sie einem identisch scheinen. Ich glaube daran nicht. Ich bin auch zu sehr von Brecht geprägt: Immer neben der Rolle stehen, sich beobachten, was willst du sagen, was willst du zeigen?

Sie sagten eben, dass Ihre Neugierde im Alter nachlässt?

Ja, denn erst einmal richtet sie sich nicht in die weite Zukunft. Ein Teil der Neugierde auf die Zukunft ist bei mir weniger geworden. Man ist weniger neugierig. Die Neugierde kann sich aber auch auf die Vergangenheit richten. Manchmal möchte man wissen, wie war das damals, wie warst du damals? Was war anders bei dir? Wie hast du geurteilt? Wie hast du das Leben gesehen? Wie jung hast du dich gefühlt? Oder hast du dich wirklich einmal sehr viel jünger gefühlt? Hast du der Jugend nachgetrauert? Eine zurückblickende Neugier … Und die alltägliche Neugier jetzt im Leben, die lässt nach. Man sagt sich viel mehr, ach, das werde ich nicht mehr erleben, oder ich will gar nicht mehr wissen, wie die Welt sich entwickeln wird. Aus meiner Sicht wird sie sich schlecht entwickeln. Ich konnte in meiner Jugend und auch noch sehr viel später ein sehr privilegiertes Leben führen. Wir haben in einer wohlhabenden Zeit gelebt, so leichtlebig werden wir nie wieder sein können. Ich habe 40 Jahre lang in Italien gelebt und die Italiener noch kennengelernt mit ihrer wunderbaren Leichtigkeit, mit ihrer Liebe zur Sonne, zum Nichtstun. Wir lebten damals in einer Zeit, die in unserer Lebenszeit vielleicht die glücklichste war, gerade weil wir seit Kriegsende eine so lange friedliche Zeit erlebt haben wie nie vorher. Das wird sich in der zu erwartenden Zukunft wohl eher negativ ändern.

Was bedeutet für Sie Glück?

Es gibt ja viele Menschen, die über sich sagen, sie seien glücklich. Ich sah das Glück immer als eine große Seltenheit an, als ein seltener Moment im Leben. Es gab für mich nie eine lange Glücksstrecke, sondern kurze Momente des Glücks. Einen gescheiten Gedanken über das Glück habe ich früh geliebt: Fortuna, das Sinnbild des Glücks, ist zwar blind, aber nicht unsichtbar. Das heißt also, man kann es packen! Man muss nach dem Glück Ausschau halten, man muss es suchen und dann zu packen verstehen. Das heißt aber auch, dass es einer Anstrengung bedarf: Man muss es sich verdienen! Man darf es nicht wie eine Gnade erwarten, die irgendwo oben vom Himmel kommt, sondern muss sich bewusst machen, dass man ein aktives Leben führt, das dann eben auch möglichst viele Glücksmomente hat.

Schön! Ein aktuelles Thema: Greta Thunberg hielt uns vor Augen, welche mitreißende Energie von jungen Menschen ausgehen kann. Die jungen Leute, die für den Klimawandel auf die Straße gehen und sich bewusst für die Umwelt einsetzen, haben die in Ihnen etwas bewegt? Haben Sie dadurch in Ihrem Leben etwas geändert?

Eigentlich nicht. Ich habe mich selbst auch nicht öffentlich engagiert, das war nicht mein Ding. Doch ich finde das gut, dass die Jugend heute so denkt und sich engagiert. Ja, man bedauert vielleicht sogar, dass man selbst nicht früher auf bewussten Klimaschutz gekommen ist, dass man selber nicht in dieser Zeit, als man jung war, ähnliche Gedanken schon gehabt hatte.

Ja, und ich glaube, dass durch die Fridays for Future-Bewegung, die unmittelbar vor der Pandemie aufkam, durchaus viele Menschen umgedacht haben. Jetzt meckern viele über die Corona-Einschränkungen, die ja nun mal sein müssen.

Ja, aber ich habe wenig Verständnis für die Meckerer. Ich mag auch überhaupt nicht, wie falsch heute der Begriff »querdenken« definiert wird. Querdenken soll man Genies überlassen wie Karl Valentin. Der war ein Querdenker, und querdenken ist eine geistige Leistung. Ein interessanter Wechsel des Blickpunkts, wie man Dinge auch sehen kann.

Das finde ich wunderbar, wenn einer das kann. Aber für die heutigen selbst ernannten Querdenker, die einfach nur meckern, dafür habe ich gar kein Verständnis. Ich nenne sie daher »Querstänker«.

[Ich lache.] Sehr gut! Sie sind Jahrgang 1930 und haben die Kriegszeit erlebt. Ich bin erschreckt, dass es in Deutschland wiederaufkeimenden Antisemitismus gibt, Nationalismus. Wie empfinden Sie das?

Dazu muss ich ausholen: Ich wuchs ab einem Alter von drei oder vier Jahren bis zum Kriegsbeginn am 1. September 1939 in einem katholischen Waisenhaus auf. Wir kannten damals noch den mitmenschlichen, ganz normalen Umgang mit jüdischen Menschen. Es gab in unserer kleinen Stadt Mayen in der Eifel eine jüdische Gemeinde und eine Synagoge. Wir sahen als Kinder die schwarz gekleideten Menschen, wenn sie zu ihrem Gottesdienst gingen. Und auf einmal hieß es, ihr dürft die Juden nicht mehr grüßen! Am 9. November '38 brannten in Deutschland die Synagogen, auch in unserer kleinen Stadt. Für mich gab es ein einschneidendes Erlebnis. Damals, mit acht Jahren im Waisenhaus, als ich am Morgen nach der sogenannten Kristallnacht wegen Fieber im Bett bleiben musste und nicht mit

den anderen Kindern in die Schule konnte, da hörte ich auf einmal vom gegenüberliegenden Stadtgefängnis laute Schreie und Lastwagengeräusche. Meine Saalschwester stand am Fenster, schaute lange hinaus und sagte auf einmal unter Tränen: »Die armen Menschen, die armen Menschen!« Ich ging zu ihr ans Fenster und sah, wie aus dem Gefängnis meist alte Leute in Lastwägen verfrachtet wurden. Ich fragte: »Was sind das für Leute?« Die Schwester sagte: »Das sind Juden.« »Was haben die denn verbrochen?« »Dass sie Juden sind«, sagte sie weinend. Nun kamen gegen Mittag meine Schulkameraden aus der Schule zurück und riefen: »Du hast ja was verpasst! Wir waren in der Marktstraße, da sind die ganzen Scheiben von den Judengeschäften eingeschlagen, und wir haben uns die Taschen vollgemacht mit Bonbons und Schokolade!« Ich dachte an mein Erlebnis am Morgen und mir wurde klar, dass ich wohl genau das Gleiche gemacht hätte, wenn ich auch in die Schule gegangen wäre! ... Auf einmal waren die Juden nicht mehr da, alle waren weggeschickt worden. Man machte sich damals als Kind keine Gedanken wieso und wohin. Erst nach dem Kriegsende erfuhr ich, was da alles passiert war.

Sie haben also während des Krieges nie davon erfahren, was ...

... nein, darüber hat man nicht gesprochen. Wir waren ja alle erzogen in dieser ganzen Nazi-Denkweise, wir waren dadurch sozusagen infiziert, und bis zu meinem Abitur wurde in der Schule nie über Zeitgeschichte gesprochen. Das war deshalb kein Thema, weil die Lehrer zum großen Teil noch die gleichen wie vorher waren.

Das habe ich auch erlebt. Die Nazizeit wurde im Geschichtsunterricht bewusst ausgeklammert, sie existierte einfach nicht.

Ich habe mir damals die Bücher besorgt über den Nationalsozialismus, das kam nicht von der Schule. Ja und als ich das alles erfuhr, hat sich bei mir die feste Gewissheit ausgebildet, dass so etwas nie wieder passieren würde. Ich wusste, die Menschen können so dumm nicht sein, das noch einmal passieren zu lassen! Ich habe nie an Neonazismus geglaubt, es war für mich klar: Das kann es nicht mehr geben! Und das nun heute wieder zu erleben, das ist für mich eine unglaubliche Entwicklung! Da müsste man die Leute wirklich wachrütteln und sagen: Denkt doch mal nach! Oder informiert euch doch, wie es war! Dann gibt es noch diese Holocaustleugner! Gott sei Dank gibt es Dokumentationen über diese schlimme Zeit, und deutlicher kann man das doch nicht zeigen! Die ganze Entwicklung nach rechts ist eine katastrophale, unglaubliche Entwicklung.

Sind Sie gläubig?

Nein. Ich bin katholisch bei Nonnen aufgewachsen, und das hat mir eine sehr kritische Haltung gegenüber der katholischen Religion eingebracht – ein Leben lang. Ich war immer sehr skeptisch gegenüber dem ganzen Katholizismus. Alle Religionen haben gemeinsam, dass sie irgendwo ein Jenseits vorgaukeln, und ich sage mir – da bin ich auch wieder bei Brecht –: »Ihr sterbt mit allen Tieren und es kommt nichts nachher.«

Künstler, so sagt man, sollten sich das innere Kind erhalten. Als Sie als junger Mensch in der Schauspielschule vorgesprochen haben, hieß es, Sie hätten Kraft und Naivität. Haben Sie sich Ihre Naivität erhalten?

Na ja, ich weiß nicht, ob einem das gelingen kann. Das war auch mehr eine spöttische Bemerkung vom Theaterdirektor, der meinte: So naiv kann man doch nicht sein! Oder wieso kann dieser Bursche so naiv sein der kommt aus einer kleinen Eifelstadt, ohne jede kulturelle eigene Erfahrung. Der kommt auf einmal hierher auf die Schauspielschule und will hier vorsprechen! Da ich in dieser Ze t auch auf dem Bau gearbeitet habe, war ich physisch ein sehr präsenter, kräftiger Bursche, daher die Kraft.

Früher war man als Darsteller regiegläubiger. Hat sich Ihrer Meinung nach heute im Schauspielberuf etwas verändert?

Ja. Ich sehe heute nicht mehr diese Regiegläubigkeit. Das war nur damals so, die Theaterregisseure waren Götter und bestimmten den Lauf der Dinge, sie waren auch zum Teil grausam. Ich erinnere mich, dass Kortner einem jungen Schauspieler einmal sagte: »Wissen Sie, was Sie sind? Sie sind blind, taub, faul und dumm!« Ich glaube, wenn sie das heute einem Schauspieler sagen, der würde sofort nach Hause gehen oder sie anzeigen! Und doch habe ich auch Kortner immer entschuldigt, weil ich sah, dass er ja nur das Beste aus einem herausholen wollte. Das war nun mal sein Mittel, einem auf seine Art das Beste zu entlocken. Kortner war für mich die ganz entscheidende Figur am Theater, im beruflichen und auch im menschlichen Sinne.

Gibt es Menschen, die Ihre Vorbilder waren oder sind?

Vorbilder waren für mich als junger Mensch damals eben Schauspieler wie Fritz Kortner, Friedrich Domin, Hans-Christian Blech und Robert Graf. Die Ausbildung der heutigen Schauspieler ist nicht mehr, wie das früher war. Man war sozusagen im Theater aufgewachsen, man hatte ein Handwerkszeug. Und heute merkt man bei jungen Schauspielern, das brauchen die gar nicht mehr oder sie gebrauchen es nicht. Ich habe keine Bewunderung dafür. Ganz selten gibt es Ausnahmen.

Würden Sie noch Theater spielen?

Ich habe mich 2004 vom Theater verabschiedet. Es hat mich nicht mehr so sehr gereizt, auch der Gedanke, zwei oder drei Monate zu probieren und dann noch monatelang zu spielen ... ich habe mich schon bei der 25. Aufführung gelangweilt. Es gab vielleicht den Gedanken: Ja, wenn jetzt noch der »Lear« käme – ich weiß nicht, ob mich das wirklich reizte.

Leben Sie gerne?

Ich esse und trinke gern, ich lebe gerne, ja. Und Gott sei Dank ist das auch noch nicht eingeschränkt. Ich esse immer noch alles, was mir schmeckt. Ich habe das alles bis zum 90. so hingenommen. Aber darüber hinaus habe ich mir nie Illusionen gemacht, dass man älter werden könnte. Ich bin auch niemand, der so einen Ehrgeiz entwickelt, 100 zu werden. Das sage ich ganz ehrlich.

Ich glaube, wenn man so aktiv ist, wie Sie es sind, wird man gesünder älter.

Sicher. Dieses letzte Corona-Jahr 2020, ohne Aktivität, das hat mich zumindest nachdenklich gemacht. Ich hatte auf einmal nicht mehr das präsente Gefühl, hier braucht man dich noch und hier will man was von dir. Das fiel auf einmal im ganzen Jahr weg.

Das war ein Vorgeschmack auf den Ruhestand.

Ja, den ich nie angestrebt habe. Ich habe nie gedacht, ich höre mal irgendwann auf, sondern ich habe immer gesagt, solange ich ein Gedächtnis habe, mich physisch gut fühle und man mir noch etwas zutraut, will ich das auch tun.

Heißt das, solange Sie wollen und können, werden Sie weitermachen?

Ja. Der Gedanke an den Ruhestand hat für mich nichts Tröstliches und nichts Erholsames, sondern eher eine gewisse ... nicht Angst, aber es ist die Vorstellung, was machst du dann? Blumen züchten oder Bilder malen oder was machst du dann? Du hast doch einen Beruf, das ist doch dein Leben und nicht Blumen züchten!

Malen oder zeichnen Sie noch?

Gerade in diesem letzten Jahr hat die ganze Stimmung dazu beigetragen, dass ich auch keine Lust mehr verspürte zu schreiben, zu malen, zu zeichnen. Ich hatte einfach keine Lust! Diese Pandemie hat sich bei mir als nicht sehr günstig ausgewirkt, wenn ich's mal so ausdrücke. Die Tage sind vergangen und merkwürdigerweise viel schneller als vorher. Die Tage sind im letzten Jahr weitgehend ungenutzt, unnütz vorbeigegangen. Das muss ich mir vielleicht vorwerfen: War das richtig? Hättest du nicht lieber sagen sollen, jetzt erst recht? ... Aber ich habe, ehrlich gesagt, den Impetus nicht gespürt.

Das kommt wieder.

Ich hoffe es. Ich merke auch zum Beispiel, dass die Impfung bei mir doch auslöst, dass diese Unbestimmtheit, diese Angst vor einer Atemmaschine und vor einem schweren Corona-Krankheitsverlauf, doch entscheidend weniger geworden ist, und das gibt mir ein bisschen Mut.

Nochmal zurück zum Malen: Arbeiten Sie mit Ölfarbe oder zeichnen Sie hauptsächlich?

Nein. Als ich als junger Mann gerne gemalt hätte, gab es keinen Pinsel, keine Leinwand und keine Farbe. Ich wäre gerne Maler geworden, alle haben gesagt, du musst Maler werden! Aber womit? Ich habe nie mit Öl oder mit Farben gemalt, ich habe viel gezeichnet, aber mit Bleistift.

Sie leben in München, Paris und Saint-Tropez. Reflektieren Sie, wenn Sie zum Beispiel an der Côte d'Azur in der Sonne sind, dass Sie besonderes Glück haben, an so einem schönen Platz zu sein? Machen Sie sich das bewusst?

Ich genieße es schon, ja. Ich habe mir diesen Ort nicht ausgesucht, meine Frau kommt aus Saint-Tropez, sie ist dort geboren. Wir selbst waren nicht Teil der Schickimicki-Gesellschaft. Wir kannten zwar von Anfang an Brigitte Bardot – eine Freundin meiner Frau. Wir sind aber bald aufs Land gezogen, wir mögen die ländliche Gegend dort schon sehr. Allerdings habe ich viel mehr unser Leben in Rom genossen. 40 wunderbare Jahre, die schönste Zeit unseres Lebens.

Ältere Menschen kleiden sich oft sehr eintönig, aber Sie sind immer sehr chic angezogen. Beeinflusst Sie diesbezüglich Ihre Frau?

Das war eher meine Mutter, die mich beeinflusst hat, als meine Frau, sie war ja noch im Krieg Schneidermeisterin geworden. Sie hat mir schon einen gewissen Geschmack für Mode beigebracht. »Anständig«, hat sie gesagt, »anständig gekleidet muss man sein!« Ich habe viele Rollen gespielt, wo ich nicht anständig aussah. Als ich dann den »Großen Bellheim« spielte, sagte meine Mutter: »Endlich ein Herr!«

Sie arbeiten mit der neuen Technik, unseren Termin haben wir per E-Mail vereinbart.

Ja. Ich bin zwar kein Profi, aber ich habe einen Laptop. Immer schon gehabt, in frühesten Jahren, schon seit Ende der 80er-Jahre. Manchmal telefoniere ich mit meiner Frau auch über FaceTime oder wie das heißt. Aber wie gesagt, ich habe immer schon meine Schreiben auf dem Computer gemacht, weil auf weißem Papier zu schreiben, zerknüllen, wegwerfen und noch mal neu zu schreiben hat mich gelangweilt.

Was können Sie heute besser als vor 70 Jahren?

[Er überlegt lange.] Da fällt mir nichts ein, nicht einmal das Lügen. Ich kann nicht lügen. Ich kann manchmal die Wahrheit verschweigen aus Rücksicht, jemanden nicht zu verletzen, wenn ich die Wahrheit sage.

Haben Sie Angst vor dem Tod?

Nein, also Angst ... das ist so, wie mit dem Fliegen: Ich habe keine Angst vor dem Fliegen, aber vor dem Abstürzen. Und ich habe Angst vor dem Sterben, aber nicht vor dem Tod. Der Tod ist für mich eine Tatsache, die so was von klar und absehbar ist.

In Ihrer Biografie hat mich dieses Kapitel »das letzte Mal« beeindruckt: Man sitzt im Flugzeug und sagt sich, heute fliege ich »das letzte Mal« – beispielsweise nach Saint-Tropez und dadurch würde man alles mehr genießen. Mich würde das traurig machen, wenn ich mir sagen würde: So, das ist jetzt das letzte Mal, dann würde ich alles mit Wehmut genießen.

Ich weiß ja nicht, ob das Glück ist oder Wehmut, aber es ist einfach das Gefühl, dass ich mehr genieße, mehr wahrnehme als vorher, wenn ich mir vorstellen, dass es das letzte Mal ist. Ich war beispielsweise 20-mal auf Capri, aber das letzte Mal habe ich gedacht, wenn es das letzte Mal ist, dann will ich das wirklich mehr genießen als früher, als ich dachte, ich komme ja sowieso nächstes Jahr wieder.

Also ein Trick?

Ja, das ist schon ein kleiner Trick, dass man es einfach bewusster erlebt.

Wenn nun die gute Fee käme und Ihnen drei Wünsche erfüllen könnte, was für Wünsche hätten Sie?

[Er überlegt lange.] Mhm ... kann ich Ihnen gar nicht sagen, da bin ich sehr unterentwickelt. Ich habe keine Wünsche. [Er macht wieder eine Pause.] Es gibt Wünsche, die man haben könnte, die aber sowieso unerfüllbar sind, also gehe ich ihnen gar nicht nach. Aber ein Wunsch ... [er denkt nach], vielleicht bitte nicht so elend zu sterben wie meine Mutter. Ich nehme es, wie es kommt, und wünsche mir, dass es gnädig sein möge.

Tja. Ich hätte lieber was Fröhlicheres von Ihnen gehört als das Sterben ...

Was könnte das sein? Ich habe keine Sehnsucht mehr, nach Honolulu oder sonst wohin zu fliegen. [Er überlegt weiter.]

Sie haben alles gesehen?

Ja, ich habe fast alles gehabt. Und ich sage mir nicht: Das wäre es noch mal, wenn ich dies oder das noch sehen könnte ...

Aber wir sind noch nicht durch mit den Wünschen! Ich möchte noch einen Wunsch von Ihnen, irgendeinen Wunsch. Und wenn Sie sagen würden: »Hören Sie auf mit dieser ewigen Fragerei.«

... Was könnte das denn sein? Ich habe wirklich nichts. [Er überlegt weiter.]

Sie sind eigentlich der Erste von meinen Gesprächspartnern, der sagt: »Mir fällt nichts ein.« Man könnte annehmen, dass Sie wunschlos glücklich sind!

[Er lacht.] Doch, natürlich habe ich einen Wunsch: Guter Schlaf und gute Verdauung!

Danke auch an alle weiteren
abgebildeten Personen:

Karsten Troyke und Sharon Brauner (26)
Marcus Strahl, Sohn (38)
Denise Taureg, Lichttechnikerin (54)
Christiane Zander, Lebenspartnerin (57)
Geraldine Schramm, Regieassistentin (102)
Jutta Wemlinger, Herstellungsleiterin (115)
Nicolas Vieillard, Kameramann (116)
Maria Stülpnagel, Malerin (134)
Markus Gahlen (155)
Andreas Hofmeister, Gießereimitarbeiter (169)
»Self Portrait«, Bob Dylan (209 und 214)

Mehr über unsere Autor*innen und Bücher:
www.westendverlag.de

Die Deutsche Nationalbibliothek verzeichnet
diese Publikation in der Deutschen National-
bibliografie; detaillierte bibliografische Daten
sind im Internet über http://dnb.d-nb.de abrufbar.

Alle Fotos: Simone Rethel-Heesters
www.simone-rethel.de

ISBN 978-3-86489-286-4
1. Auflage 2021
© Westend Verlag GmbH, Frankfurt / Main 2021
Konzept und Gestaltung: Buchgut, Berlin
Papier: Galaxi Keramik 135 g/m² von Inapa
Bezugsleinen: Duo 222 von Bamberger Kaliko
Druck und Bindung: Pustet, Regensburg
Printed in Germany

All meinen Freunden und Bekannten, die zum
Gelingen dieses Buches beigetragen haben,
möchte ich danke sagen:

Gwendolyn von Ambesser, Stella Adorf, Gudrun
Baltissen, Markus Bohnet-Lorenz, Xenja Fischer, Karl
Haas, Gaby und Dieter Herbrecht, Wiesje Herold,
Vivian Kanner, Gabrysia Kramer, Anita Lochner,
Walter Luthi, Paolo Masaracchia, Maksymilian Mencel,
Hanns Christian Müller, Sibylle Nicolai, Michaela
Niemeyer, Regina Opladen, Rita und Dieter Posmik,
Claudia Rieschel, Beatrix Ross, Conny und Willi
Rupprecht, Jutta Schafmeister, Hans Jürgen Schatz,
Jasmin Tabatabai, Cordula Treml, Andrea Wildner.

Christina Lamraich und Robert Schumann, die für
die sehr gelungene Grafik und Gestaltung zuständig
waren, und meiner ausgezeichneten Lektorin,
Viviane Richarz, bin ich sicher so manches Mal nach
dem Motto von Rita Süssmuth »wer nicht kämpft,
hat schon verloren« mächtig auf die Nerven
gegangen. Dafür möchte ich mich entschuldigen,
diesem Team bin ich sehr dankbar.

Aber mein größter Dank geht an meinen Freund und
Agenten, Thorsten Groneberg. Er hat mir stets mit
Rat, enorm viel Tat und nicht zuletzt mit seinen täglich lustigen und aufbauenden Telefongesprächen
beigestanden, dem Leitsatz folgend: »Lachen ist die
beste Medizin«. Durch seine kluge Unterstützung
und seinen Einsatz konnte ich meine Ideen für dieses
Buchprojekt umsetzen, er hat einen wesentlichen
Teil dazu beigetragen, ohne ihn hätte ich das nicht
geschafft, danke!